长银财智

长银财智丛书 4

讲给您听——

财税疑难解答

★ 葛长银 编著

電子工業出版社
PUBLISHING HOUSE OF ELECTRONICS INDUSTRY

http://www.phei.com.cn

内容简介

本书由实战派财税专家葛长银先生在深入我国企业财税实务活动的基础上编写而成，他创造性地从企业流程入手，系统地归纳了企业在生产经营活动中存在的财税疑难问题，并给出了解决方案。本书采用问答式，结合实际，语言通俗且专业实用。全书分为八章，依次解答了企业创建与终结过程、采购过程、生产过程、销售过程、职工薪酬、财务成果核算过程、货币资金核算过程和其他环节中存在的财税疑难问题，同时给出疑难问题的会计处理方法，具有很强的指导性，是广大企业财会实务工作者的案头速查手册。

本书适合企业、事业单位各级财务人员和管理者学习参考，也可作为相关专业教学和培训用书。

图书在版编目（CIP）数据

讲给您听：财税疑难解答/葛长银编著. 一北京：电子工业出版社，2012.9
（长银财智丛书）
ISBN 978-7-121-17795-8

Ⅰ. ①讲…　Ⅱ. ①葛…　Ⅲ. ①企业管理—税收管理—中国—问题解答　Ⅳ. ①F812.423-44

中国版本图书馆 CIP 数据核字（2012）第 178139 号

责任编辑：董亚峰
印　　刷：三河市鑫金马印装有限公司
装　　订：三河市鑫金马印装有限公司
出版发行：电子工业出版社
北京市海淀区万寿路 173 信箱　邮编 100036
开　　本：720×1 000　1/16　印张：18　字数：346 千字
印　　次：2012 年 9 月第 1 次印刷
印　　数：4 000 册　　定价：45.00 元

凡所购买电子工业出版社图书有缺损问题，请向购买书店调换。若书店售缺，请与本社发行部联系，联系及邮购电话：（010）88254888。

质量投诉请发邮件至 zlts@phei.com.cn，盗版侵权举报请发邮件至 dbqq@phei.com.cn。

服务热线：（010）88258888。

前言

在老子、庄子、孔子、孟子等伟大先贤的光辉著作中，“问答式”是一种常见的文体，如《孔子问礼》记录了老子与孔子的对话，庄子与惠子游于濠梁共话“子非鱼，安知鱼之乐”等，都是“问答式”的经典之作。“问答式”文体简洁、明快、直白、不矫情，是人们普遍喜欢的表述形式之一。而伟大的作品往往是简单而真实的描述，如现代会计之父卢卡·帕乔利撰写的人类历史上第一部会计著作《计算与记录要论》(或译为《簿记学》)，就是教人们如何利用“借贷”二字记账，简单得像一本记账员的操作手册。

本书也采用“问答式”编写，当然我们不敢与先贤的伟大著作相提并论。我们选取的是我国企业财税实务中普遍存在的疑难问题，并给出解决方案，属于操作层面的技能。如果说先贤的著作是引导人类的灯塔，那我们的书籍就是指导财税人员、管理者及其他相关人员的实务操作手册。不过在编写本书时，我们谨记先贤的“天下大事必作于细”(老子《道德经》)的教诲，以期积小成大，集腋成裘。

近年来，我们在面向社会咨询、培训及开展财税实务研究过程中，从企业一线财会人员那里，收集和了解到很多财税方面的疑难问题，有些问题也是普遍存在于我国各类企业之中，相信很多被这些疑难问题困扰的朋友迫切需要答疑解惑。基于此，我们对这些问题进行筛选、归类、整理，创造性地从企业流程入手，将流程各个阶段存在的具体问题分为“疑难问题解答”和“会计处理方法”两大部分并给出答案，编写出这本“问答式”的财税疑难问题解决手册。我们坚信，本书能为财税实务人员提供解决财税疑难问题的方法，本书所倡导的“流程教学”模式也会给我国相关专业的教学提供参考。

本书内容分为八章，依次介绍了企业创建与终结过程、采购过程、生产过程、销售过程、职工薪酬、财务成果核算过程、货币资金核算过程和其他环节中存在的财税疑难问题；每章又分为疑难问题解答和会计处理方法两部分，以期让读者在解惑的同时，也能掌握会计处理的基本方法或特殊处理技巧。

书中引用的我国相关税收政策及其法律条文均来源于国家税务总局等政府部门网站和其他一些专业网站，在此表示感谢。读者如果需要引用相关条款，请到权威部门查阅。

张雅静参与本书大量的编写工作，在此表示感谢；同时，对支持我们工作的朋友一并表示谢意！

虽尽力而为，但差错在所难免，敬请广大读者、同行批评指正。有关本书内容和其他财税专业问题，读者可发送邮件至 poemist.cau@263.net，或关注新浪微博@葛长银或@长银财智。

葛长银

2012 年 6 月 28 日于北京观园堂

目 录

第一章

企业创建与终结过程中的财税疑难问题与会计处理

第一节 创建过程涉及的问题及会计处理

一、疑难问题解答

主题 1 分次出资，注册资本到底是指哪个数？

问题：某公司为有限责任公司，注册资本 100 万元，但是分期出资：第一期出资 30 万元人民币，余下的资金在 2 年内补齐。会计师事务所第一期出具验资报告时所检验的资金是 100 万元还是 30 万元？营业执照上的注册资本是 100 万元还是 30 万元？

解答：事务所第一期出具验资报告时所检验的资金为 30 万元。因为会计师事务所检验的是公司的首次实际出资额，以后每次出资都要进行验资。而营业执照上的注册资本为 100 万元。《中华人民共和国公司法》（以下简称《公司法》）第二十六条规定，有限责任公司的注册资本为在公司登记机关登记的全体股东认缴的出资额。公司全体股东的首次出资额不得低于注册资本的 20%，也不得低于法定注册资本的最低限额，其余部分由股东自公司成立之日起 2 年内缴足。其中，投资公司可以在 5 年内缴足。

有限责任公司法定注册资本的最低限额为人民币 3 万元。法律、行政法规对有限责任公司注册资本的最低限额有较高规定的，从其规定。

《公司法》第二十七条还规定，股东可以以货币出资，也可以以实物、知识产权、土地使用权等可以用货币估价并可以依法转让的非货币财产作价出资。但是，法律、行政法规规定不得作为出资的财产除外。

对作为出资的非货币财产应当评估作价、核实财产，不得高估或者低估作价。法律、行政法规对评估作价有规定的，从其规定。

全体股东的货币出资金额不得低于有限责任公司注册资本的 30%。

主题 2 子公司的企业所得税按规定应到地税还是到国税缴纳？

问题：某公司新投资注册一子公司，该公司持股比例为 88%，另两位出资人为自然人，均为货币出资。该子公司的企业所得税按规定应到地税还是到国税缴纳？

解答：根据《国家税务总局关于调整新增企业所得税征管范围问题的通知》（国税发［2008］120号）的规定，以2008年为基年，2008年年底之前国家税务局、地方税务局各自管理的企业所得税纳税人不做调整。2009年起新增企业所得税纳税人中，应缴纳增值税的企业，其企业所得税由国家税务局征收（管理）；应缴纳营业税的企业，其企业所得税由地方税务局征收（管理）。

同时，2009年起下列新增企业的所得税征管范围实行以下规定：

（1）企业所得税全额为中央收入的企业和在国家税务局缴纳营业税的企业，其企业所得税由国家税务局管理。

（2）银行（信用社）、保险公司的企业所得税由国家税务局管理，除上述规定外的其他各类金融企业的企业所得税由地方税务局管理。

主题3　新成立的分支机构应去哪里缴纳企业所得税？

问题：某公司新设立一家分支机构，该分支机构应到哪里缴纳企业所得税？

解答：具备法人资格的分支机构，按国税发［2008］120号文件规定缴纳企业所得税。不具有法人资格的分支机构，以是否独立核算确定主管税务机关。

新成立的分支机构，不具备独立核算条件的，应当由总公司原来的主管税务机关负责征收和管理。

新成立的分支机构，具备独立核算条件的，还要看总公司的主管税务机关是国税还是地税：若总公司的主管税务机关是国税，那么，该分支机构就应当由分支机构所在地的国税机关征管；若总公司的主管税务机关是地税，那么，该分支机构就应当由分支机构所在地的地税机关征管。

主题4　用房屋投资具体涉及哪些税金？

问题：某企业将自有房屋作价入股，投资到一个新办的法人企业。在用房屋投资的过程中具体涉及哪些税金呢？

解答：（1）涉及营业税及其附加税。根据《国家税务总局关于以不动产或无形资产投资入股收取固定利润征收营业税问题的批复》（国税函［1997］490号）规定，以不动产、土地使用权投资入股，收取固定利润的，属于将场地、房屋等转让他人使用的业务，应按“服务业”税目中“租赁业”征收营业税。

根据《财政部、国家税务总局关于股权转让有关营业税问题的通知》（财税［2002］191 号）的规定，以无形资产、不动产投资入股，参与接受投资方利润分配，共同承担投资风险的行为，不征收营业税。

用房屋投资入股，若属于“收取固定利润”，就要按取得固定利润的 5%的税率缴纳“服务业——租赁业”营业税，并按规定计算缴纳营业税附加（城建税、教育费附加、地方教育费附加）；若属于“参与接受投资方利润分配”，就不征收营业税。

（2）涉及财产与行为税。根据《中华人民共和国契税暂行条例》及其细则的规定，以土地、房屋权属作价投资、入股，视同土地使用权转让、房屋买卖征税。应按照房屋的评估价格乘以税率计算缴纳契税。

（3）涉及印花税。根据《中华人民共和国印花税暂行条例》及其实施细则的规定，产权转移书据的立据人应按合同或协议所载金额的万分之五贴花完税。

主题 5　用土地投资具体涉及哪些税金?

问题：某公司用 3 000 万元买下一块土地，经评估后作价 5 000 万元投入到一家房地产公司，双方合作经营，但该公司只给房地产公司开具 3 000 万元的发票。该投资行为涉及哪些税金？

解答：（1）涉及土地增值税、企业所得税、契税、印花税，不征收营业税。

① 土地增值税。根据财税［2006］21 号文件的规定，对于以土地（房地产）作价入股进行投资或联营的，凡所投资、联营的企业从事房地产开发的，或者房地产开发企业以其建造的商品房进行投资和联营的，均不适用《财政部、国家税务总局关于土地增值税一些具体问题规定的通知》（财税字［1995］48 号）第一条暂免征收土地增值税的规定。

② 企业所得税。企业取得收入应该缴纳企业所得税，根据《中华人民共和国企业所得税法实施条例》第十二条的规定，企业取得收入的非货币形式包括固定资产、生物资产、无形资产、股权投资、存货、不准备持有至到期的债券投资、劳务以及有关权益等。

③ 印花税。根据《中华人民共和国印花税暂行条例》第二条的规定，以土地使用权、房屋、机器设备作价投资，应按应税凭证“产权转移书据”缴纳印花税。

④ 契税。根据《中华人民共和国契税暂行条例细则》第八条第（一）项的规定，土地、房屋权属以作价投资、入股方式转移的，视同土地使用权转让、房屋买卖或房屋赠与征税。

⑤ 营业税。根据财税［2002］191 号文件的规定，以无形资产、不动产投资入股，参与接受投资方利润分配，共同承担投资风险的行为，不征收营业税。

（2）该公司要给房地产公司补足发票。如果不补足，根据《公司法》的规定，有可能涉嫌虚假出资，同时还有逃税的嫌疑。

主题 6　用产品投资具体涉及哪些税金?

问题：某公司投资 200 万元注册一个全资子公司后，又用 50 万元的产品对该子公司进行投资，并且记入子公司资本公积账户（未占有股权）。在用产品投资中会涉及哪些税金?

解答：（1）用产品进行投资涉及增值税和企业所得税。投资的产品视同销售处理，该公司要据以计算缴纳增值税和企业所得税。

（2）子公司不应该将 50 万元记入资本公积账户，而应记入实收资本账户。若是追加的投资还要进行工商变更。

（3）若用原材料平价投资，原材料的进项税金则要转出；高价投资则视同销售。

主题 7　开办费的含义及其列支范围?

问题：某企业从申请成立到正式经营时发生了一些费用，哪些费用属于开办费列支范围?

解答：开办费的具体含义就是从申请成立企业时始到企业正式经营时止发生的不能计入资产成本的费用（固定资产除外）。开办费的列支范围包括：

（1）筹建人员开支的费用。

① 筹建人员的劳务费用：具体包括筹建人员的工资奖金等工资性支出，以及应缴纳的各种社会保险。在筹建期间发生的医疗费等福利性费用，如果筹建期较短可据实列支，筹建期较长的，可按工资总额的 14%计提职工福利费予以解决。

② 差旅费：包括市内交通费和外埠差旅费。

③ 董事会费和联合委员会费。

（2）企业登记、公证的费用主要包括登记费、验资费、税务登记费、公证费等。

（3）筹措资本的费用。主要是指筹资支付的手续费，以及不计入固定资产和无形资产的汇兑损益和利息等。

（4）人员培训费。主要有以下两种情况：

① 引进设备和技术需要消化吸收，选派一些职工在筹建期间外出进修学习的费用。

② 聘请专家进行技术指导和培训的劳务费及相关费用。

（5）企业资产的摊销、报废和毁损。

（6）其他费用。

① 筹建期间发生的办公费、广告费、交际应酬费。

② 印花税。

③ 经投资人确认由企业负担的进行可行性研究所发生的费用。

④ 其他与筹建有关的费用，如信息调查费、诉讼费、文件印刷费、通信费、庆典礼品费等支出。

主题 8　开办费如何摊销?

问题：某企业成立时列支了开办费，应如何摊销?

解答：实行新会计准则的企业，开办费在发生时可直接计入管理费用；新税法也不再将开办费列为长期待摊费用，与会计准则及会计制度的处理一致，即企业可以从生产经营当期一次性扣除。如果企业执行新会计准则，那么会计和税法规定一致，开办费一次性计入管理费用扣除。

没有实行新会计准则的企业，开办费计入长期待摊费用，分 5 年摊销。

主题 9　开办期间的业务招待如何处理?

问题：某企业在开办期间发生了部分业务招待费和业务宣传费。业务招待费和业务宣传费能否计入开办费一次性全额扣除?

解答：根据国税函［2009］98 号文件的规定，开办费可以一次性计入费用税前扣除。所以，实行新会计准则的企业，能计入开办费的费用都可以一次性全额扣除。

业务宣传费可以计入开办费，且没有限额限制。交际应酬费用（包括礼品）也可以计入开办费，但业务招待费计入开办费没有依据。

新的《企业会计准则应用指南》规定，企业在筹建期内发生的开办费包括人员工资、办公费、培训费、差旅费、印刷费、注册登记费，以及不计入固定资产价值的借款费用等。没有业务招待费。

考虑到实务中的招待费是为企业（公家）还是为私人不易判断，为了防止招待费任意扩大，财政部、国税总局均专门针对招待费的税前扣除做出了规定，假如计入开办费，则规避了国家的限额控制，与立法初衷是相违背的。

所以，开办期间的业务招待费应计入“管理费用——招待费”，不计入“管理费用——开办费”。

二、会计处理方法

主题 1　开办期间购买或支出如何进行会计处理？

问题：某公司正处于开办期，发生了一些购买或支出行为。开办期的购买或支出行为如何进行会计处理？

解答：按企业会计准则和企业会计制度的规定进行核算。

如果公司的一些资产有一定的建设期间，在建设期内，建设工程设置“在建工程”科目核算，完工后转入固定资产。

购入的固定资产、存货等实物应设置相应的固定资产和存货科目进行核算。

其他开办费用可以在发生的时候直接计入管理费用。例如：

（1）公司开办期间购买的办公设备需要计提折旧，计提折旧时做以下会计分录。

借：管理费——开办费

　贷：累计折旧

（2）筹建期间发生的银行手续费及账户管理费，做以下会计分录。

借：管理费用——开办费

　贷：银行存款

主题 2　如何核算企业开办初期发生的装修等费用？

问题：某公司是新开公司，装修费用 5 万元，如何进行会计处理？

解答：要分情况处理。

（1）如果是自有房屋，装修费用应计入固定资产成本，单独设置明细科目核算，通常按 5 年期间计提折旧。会计分录如下。

装修时：

借：在建工程

　贷：银行存款等

完工时：

借：固定资产——装修费用

贷：在建工程

装修费用单独计提折旧时：

借：管理费用

贷：累计折旧

（2）如果房屋是租赁的，则需要做以下处理。

借：长期待摊费用——租入固定资产改良支出

贷：银行存款

按租赁期进行摊销：

借：管理费用

贷：长期待摊费用——租入固定资产改良支出

主题 3　新公司购买房屋的装修费如何进行会计处理？

问题：某公司于 2009 年 6 月领取营业执照，购买了办公房屋并开始装修。6 月发生了装修费、装修材料费、工商登记费和办理产权费（其中有印花税、契税、手续费）等前期费用。会计上如何处理上述费用？

解答：（1）对于支付工商登记费等前期费用可以按开办费处理。

借：管理费用

贷：银行存款

（2）6 月购买了办公室房屋并开始装修。

购买办公室时：

借：在建工程

贷：银行存款

支付装修费时：

借：在建工程

贷：银行存款

购买装修材料时：

借：工程物资

贷：银行存款

领用装修材料时：

借：在建工程

贷：工程物资

办理产权费（其中有印花税、契税、手续费等）时：

借：在建工程

　　贷：银行存款

办公室装修结束达到预定可使用状态时：

借：固定资产

　　贷：在建工程

第二节　变更与注销涉及的问题及会计处理

一、疑难问题解答

主题 1　出售股权涉及哪些税种？

问题：某公司 2009 年年末与另一家公司共同投资注册新公司，该公司占 70%的股份。由于新公司没有达到预期目标，所以该公司准备将拥有的股权出售。这一事项涉及哪些税种？

解答：若是单纯的股权转让，涉及的税种主要有印花税和企业所得税。

印花税按照产权转移书据及其相应税率贴花。

企业所得税按照转让财产收入计算缴纳。《企业所得税法实施条例》规定，企业所得税法第六条所称转让财产所得，是指企业转让固定资产、生物资产、无形资产、股权、债权等财产取得的收入。

主题 2　小规模纳税人转为一般纳税人的账簿如何衔接？

问题：某企业从小规模纳税人转为一般纳税人后，小规模纳税人的账簿还能接着用吗？是否需要更换新的账簿？

解答：一般情况下，年度终结才更换新账簿。

小规模纳税人转为一般纳税人，若不在年头年尾，就不用更换新账簿。原先的账簿还可以用，但“应交税费——应交增值税”相关明细科目需要变更：小规模纳税人只有“应交税费——应交增值税”一个二级科目，没有三级明细，而一般纳税人则需设置“应交税费——应交增值税”、“应交税费——未交增值税”两个二级科目，并在“应交税费——应交增值税”下设“进项税额”、“销项税额”、“进项税额转出”、“转出未交增值税”和“出口退税”三级明细科目。

主题 3 企业合并成本如何确认？

问题：某公司近几个月发生了一系列的并购业务。同一控制下企业合并与非同一控制下企业合并的投资成本如何进行确认？

解答：对于企业合并形成的长期股权投资应当按照下列规定确定其初始投资成本：

（1）同一控制下的企业合并。

合并方以支付现金、转让非现金资产或承担债务方式作为合并对价的，应当在合并日按照取得被合并方所有者权益账面价值的份额作为长期股权投资的初始投资成本。长期股权投资初始投资成本与支付的现金、转让的非现金资产及所承担债务账面价值之间的差额，应当调整资本公积；资本公积不足冲减的，调整留存收益。

合并方以发行权益性证券作为合并对价的，应当在合并日按照取得被合并方所有者权益账面价值的份额作为长期股权投资的初始投资成本。按照发行股份的面值总额作为股本，长期股权投资初始投资成本与所发行股份面值总额之间的差额，应当调整资本公积；资本公积不足冲减的，调整留存收益。

实际支付的价款或对价中包含的已宣告但尚未发放的现金股利或利润应作为应收项目处理。

同一控制下企业合并形成的长期股权投资，应在合并日按取得被合并方所有者权益账面价值的份额，借记“长期股权投资”科目，按享有被投资单位已宣告但尚未发放的现金股利或利润，借记“应收股利”科目，按支付的合并对价的账面价值，贷记有关资产或借记有关负债科目，按其差额，贷记“资本公积——资本溢价或股本溢价”科目；为借方差额的，借记“资本公积——资本溢价或股本溢价”科目，资本公积（资本溢价或股本溢价）不足冲减的，借记“盈余公积”、“利润分配——未分配利润”科目。

（2）非同一控制下的企业合并。

非同一控制下的企业合并，购买方在购买日应当区别下列情况确定企业合并成本，并将其作为长期股权投资的初始投资成本。

① 一次交换交易实现的企业合并，合并成本为购买方在购买日为取得对被购买方的控制权而付出的资产、发生或承担的负债及发行的权益性证券的公允价值。

② 通过多次交换交易分步实现的企业合并，合并成本为每一单项交易成本之和。

③ 购买方为进行企业合并发生的各项直接相关费用也应当计入企业合并成本。

④ 在合并合同或协议中对可能影响合并成本的未来事项做出约定的，购买日如果估计未来事项很可能发生并且对合并成本的影响金额能够可靠计量的，购买方应当将其计入合并成本。

实际支付的价款或对价中包含的已宣告但尚未发放的现金股利或利润应作为应收项目处理。

非同一控制下企业合并形成的长期股权投资，应在购买日按企业合并成本（不含应由被投资单位收取的现金股利或利润），借记“长期股权投资”科目，按享有被投资单位已宣告但尚未发放的现金股利或利润，借记“应收股利”科目，按支付合并对价的账面价值，贷记有关资产或借记有关负债科目，按发生的直接相关费用，贷记“银行存款”等科目，按其差额，贷记“营业外收入”或借记“营业外支出”等科目。非同一控制下企业合并涉及以库存商品等作为合并对价的，应按库存商品的公允价值，贷记“主营业务收入”科目，并同时结转相关的成本，涉及增值税的，还应进行相应处理。

主题 4　取得的政策性搬迁收入，如何进行所得税处理?

问题： 某企业搬迁，取得政策性搬迁收入，其所得税如何进行处理?

解答：（1）对企业取得的政策性搬迁收入，应按以下方式进行企业所得税处理。

① 搬迁企业根据搬迁规则，用企业搬迁收入购置或建造与搬迁前相同或类似性质、用途的固定资产和土地（以下简称重置固定资产），以及进行技术改造或安置职工的，准予搬迁企业的搬迁收入扣除重置固定资产、技术改造和安置职工费用，其余额计入企业应纳税所得额。

② 企业因转换生产经营方向等原因，没有用上述搬迁收入进行重置固定资产或技术改造，而将搬迁收入用于购置其他固定资产或进行其他技术改造项

目的，可在企业政策性搬迁收入中将相关成本扣除，其余额计入企业应纳税所得额。

③ 搬迁企业没有重置固定资产、技术改造或购置其他固定资产的计划或立项报告，应将搬迁收入加上各类拆迁固定资产的变卖收入，减除各类拆迁固定资产的折余价值和处置费用后的余额计入企业当年应纳税所得额。

④ 搬迁企业利用政策性搬迁收入购置的固定资产，可以按照现行税收规定计算折旧或摊销，并在企业所得税税前扣除。

⑤ 搬迁企业从规划搬迁第 2 年起的 5 年内，其取得的搬迁收入暂不计入企业当年应纳税所得额，在 5 年期内完成搬迁的，企业搬迁收入按上述规定扣除相关成本费用后，其余额计入搬迁企业当年应纳税所得额，缴纳企业所得税。

（2）《关于企业收到政府拨给的搬迁补偿款有关财务处理问题的通知》（财企［2005］123 号）仍然是有效的。其主要内容如下。

① 企业收到政府拨给的搬迁补偿款，作为专项应付款核算。搬迁补偿款存款利息，一并转增专项应付款。

② 企业在搬迁和重建过程中发生的损失或费用，区分以下情况进行处理：

A. 因搬迁出售、报废或毁损的固定资产，作为固定资产清理业务核算，其净损失核销专项应付款；

B. 机器设备因拆卸、运输、重新安装、调试等原因发生的费用，直接核销专项应付款；

C. 企业因搬迁而灭失的、原已作为资产单独入账的土地使用权，直接核销专项应付款；

D. 用于安置职工的费用支出，直接核销专项应付款。

③ 企业搬迁结束后，专项应付款如有余额，做调增资本公积金处理，由此增加的资本公积金由全体股东共享；专项应付款如有不足，应计入当期损益。企业收到的政府拨给的搬迁补偿款的总额及搬迁结束后计入资本公积金或当期损益的金额应当单独披露。

主题 5 公司清算涉及的财税问题如何处理？

问题：某公司准备注销，已进入清算程序。公司清算有何程序？资产应怎样处置？

解答：清算一般程序是将资产拍卖、变卖所得清偿债务，在拍卖的过程中应保护清算人的利益，不能将优质资产低价出售。另外要保护债权人的利益公平受偿。处置清算资产的方式一般是拍卖或变卖。

主题 6　公司注销已过公告期，公告中需列明债务单位吗？

问题：某公司拟清算注销，已过公告期。请问公告中需要列明债务单位吗？

解答：公告中不用列明债务单位，债权人没有在规定的时间申报债权，视为放弃债权，就不用偿还该债务了。

主题 7　债权债务清理结束后，投资者的固定资产需重新评估吗？

问题：某公司在清理完债权、债务后，只剩固定资产了，这部分固定资产需要重新评估吗？

解答：剩余固定资产属于投资人所有，投资人可以协商解决处置分配问题，没有特别规定要求评估，可以由投资人自己决定。

主题 8　公司注销时的账务问题如何处理？

问题：A、B、C、D、E 公司均为同一集团企业的分公司，都是独立核算的纳税企业。A 公司是中国的居民企业，记账本位币是人民币，B、C、D、E 均为国外的居民企业，B 公司的记账本位币是欧元，C 公司的记账本位币是日元，D 公司和 E 公司的记账本位币都是港元。现在 A 公司准备注销。A 公司与 B、C、D、E 公司的债权债务关系是：A 公司欠 E 公司 RMB100 万元，A 公司应收 B、C、D 公司款项分别为 RMB20 万元、RMB30 万元、RMB50 万元。E 公司目前已经注销，A 公司无法支付所欠 E 公司的款项。

问题（1）：A 公司的领导人打算通过债权债务相互抵销，也就是 A 公司不用挂 E 公司 100 万元的债务，B、C、D 公司将其所欠的款项转为欠 E 公司的。这个方法是否可行？依据是什么？

解答（1）：这样操作不可行，因为 E 公司的主体资格已经不存在，E 公司在注销之前进行清算时，未申报对 A 公司的债权，故 A 公司和 E 公司的关系已经结清，所以此方法是行不通的。

问题（2）：如 A 公司无法支付 E 公司的 100 万元且无法收回 B、C、D 公司的款项，在税务上是否可以相互抵销不用缴纳企业所得税？

解答（2）：税务上没有抵销的规定，但实质上是抵销了，要分别对待。无法支付 E 公司的 100 万元作为企业所得税的其他收入计征企业所得税，同时，无法收回的坏账符合可以税前扣除的条件。

问题（3）：注销公司银行账户需要哪些文件、章证？该如何办手续？A 公司开了 30 多个银行账户，职员、法人代表、公司经营地换了又换，现在想注销账户都注销不掉，这可能吗？应该如何解决？

解答（3）：企业银行账户的注销手续比较简单，向银行提出申请并提交相关的资料（注销申请书、营业执照、组织机构代码证、税务登记证、开户许可证等），到银行办理即可。一些企业担心法院封户，故建立许多账户便于资金转移，但用完后又不注销，导致大量不用的账户在账面上挂着。

主题 9　企业资产拍卖财税业务如何处理？

问题：某公司由于经营状况不佳，正办理注销手续。又因所在地段属于拆迁范围，需要对企业所有资产（大部分指固定资产）进行拍卖。

问题（1）：如果购买方向公司索要发票，该怎么办？

解答（1）：不能将已做到凭证中的发票撕下来给购买方，因为这个发票上的抬头是原公司的名称，对方拿去也不能做账。企业正在办理注销，如果相关的发票已经缴销了，则可以到税务机关申请代开发票给购买方据以入账。

问题（2）：在税务方面，应当如何处理？

解答（2）：公司资产拍卖过程中，对于动产的销售应当按增值税法的规定缴纳增值税，对于不动产应当按营业税法的规定缴纳营业税。相应的城建税和教育费附加也应当正常缴纳，还可能涉及土地增值税，对于转让所得还应当缴纳企业所得税，即与企业正常转让资产是一样的。如果企业是转让全部产权，那么，根据《国家税务总局关于纳税人资产重组有关增值税问题的公告》（国家税务总局公告 2011 年第 13 号）的规定，纳税人在资产重组过程中，通过合并、分立、出售、置换等方式，将全部或者部分实物资产以及与其相关联的债权、负债和劳动力一并转让给其他单位和个人，不属于增值税的征税范围，其中涉及的货物转让，不征收增值税，故转让企业全部产权涉及的应税货物的转让不属于增值税的征税范围，不征收增值税。根据《国家税务总局关于纳税人资产重组有关营业税问题的公告》（国家税务总局公告 2011 年第 51 号）的规定，纳税人在资产重组过程中，通过合并、分立、出售、置换等方式，将全部或者部分实物资产以及与其相关联的债权、债务和劳动力一并转让给其他单位和个人的行为，不属于营业税征收范围，其中涉及的不动产、土地使用权转让，不征收营业税。但对于转让所得要计征企业所得税。

问题（3）：在资产拍卖过程中，拍卖手续费、资产过户手续费由哪一方缴纳？

解答（3）：《中华人民共和国拍卖法》第五十六条规定，委托人、买受人可以与拍卖人约定佣金的比例。委托人、买受人与拍卖人对佣金比例未作约定，拍卖成交的，拍卖人可以向委托人、买受人各收取不超过拍卖成交价 5% 的佣金，收取佣金的比例按照同拍卖成交价成反比的原则确定；拍卖未成交的，拍卖人可以向委托人收取约定的费用，未作约定的，可以向委托人收取为拍卖支出的合理费用。

同时，该法第五十七条规定，拍卖本法第九条规定的物品成交的，拍卖人可以向买受人收取不超过拍卖成交价 5%的佣金，收取佣金的比例按照同拍卖成交价成反比的原则确定；拍卖未成交的，适用本法第五十六条第三款的规定。

因此，根据法律规定，由拍卖行按约定向双方收取手续费，如果未约定的，可以按规定的比例或合理费用收取手续费。

问题（4）：资产拍卖的账务如何处理？

解答（4）：与正常销售的处理是一样的，只是增加了手续费，可以直接计入销售费用中。

二、会计处理方法

主题 1　企业增资如何进行账务处理？

问题：鉴于扩大生产和市场的需要，某企业股东拟用现金增资 100 万元。100 万元的增资款应如何进行账务处理？是否需要开设一个临时账户？

解答：企业办理增资，应以企业的名义开立临时账户进行验资，以便会计师事务所确认银行存款增加。会计分录如下。

（1）增资款拨入临时账户。

借：银行存款——临时户　　1 000 000

　贷：其他应付款　　1 000 000

（2）办理完验资手续后，转入基本户，撤销临时户。

借：其他应付款　　1 000 000

　贷：实收资本　　1 000 000

同时：

借：银行存款——基本户　　1 000 000

　贷：银行存款——临时户　　1 000 000

（3）临时户产生的利息计入“资本公积”账户。

借：银行存款

　贷：资本公积

（4）若是从资本公积或盈余公积转增资本，会计师事务所要对资本公积或盈余公积的形成进行审计，出具审计报告，到工商部门办理变更后，会计分录如下。

借：资本公积

　　盈余公积

　贷：实收资本

主题 2　出售股权如何进行会计处理？

问题：某公司准备将拥有的股权出售以换取存款，如何进行账务处理？

解答：股权转让换取货币，也就是处置长期股权投资。处置长期股权投资时，将实际取得的价款与长期股权投资账面价值的差额确认为当期投资损益。

借：银行存款

　　投资损益（亏）

　贷：长期股权投资

　　　投资损益（盈）

主题 3　个体户转企业的账务如何处理？

问题：某企业原先是个体户，老板觉得核定税收不划算，就把原来的个体户注销了，重新注册了这家公司。现在公司已办理了临时营业执照，也开立了基本户，但实收资本还未投入，工商局要求 3 个月内投入注册资金才能办理正式营业执照。公司购买发票要从新基本户中划款，老板存入基本户 2 000 元，该怎样进行账务处理？一些老客户欠原个体户的账款，老板让其将账款转入该企业的银行基本户里面，造成公司还没营业就取得了几笔收入，该收入如何进行会计处理？

解答：（1）老板存入买发票的 2 000 元，视同公司向他借钱，可以做以下会计分录。

借：银行存款　　2 000

　贷：其他应付款　　2 000

待公司注册资本金到位并验资办完所有手续后，再提现归还老板。

借：其他应付款　　2000

　贷：库存现金　　2 000

（2）把原欠个体户的款项转入该企业的银行基本户里面，造成还没营业就有收入，这不合常理。原来欠个体户的账款实质上是欠老板的钱，应当将欠款直接转给老板，再由老板转存到新公司账上，以作为资本金来使用。建议将汇入该企业的这笔钱退回原打款单位，按“实质”重新操作，因为在验资时，注册会计师会查看打款人与股东名称是否相符，如果不符，无法进行验资。

主题 4　企业拆迁补偿款如何处理？

问题：某公司为了配合当地市区改造的需要而进行拆迁，现收到设备拆迁补偿款、厂房装修补偿款、员工离职补偿款等。对收到的补偿款应如何进行账务处理？相关固定资产的变卖该如何处理？

解答：（1）为规范企业因城镇规划、库区建设等公共利益需要搬迁而收到政府给予的相应补偿款的有关财务处理问题，财政部发出通知规定，企业收到政府拨给的搬迁补偿款，应作为专项应付款核算；搬迁补偿款存款利息一并转增专项应付款。因搬迁出售、报废或毁损的固定资产，作为固定资产清理业务核算，其净损失核销专项应付款。用于安置职工的费用支出则直接核销专项应付款。搬迁结束后，专项应付款如有余额，做调增资本公积金处理，由此增加的资本公积金由全体股东共享；专项应付款如有不足，则应确认为当期损失。由于该通知是在 2007 年发出的，根据新会计准则的核算精神，我们认为专项应付款如有余额，计入营业外收入更合理。

因此，原来的厂房转入固定资产清理，离职补偿款从拆迁补偿款中支付。

（1）收到拆迁补偿款的会计分录如下。

借：银行存款

　贷：其他应付款——拆迁补偿款

（2）处理变卖固定资产的会计分录如下。

① 将固定资产转为清理资产。

借：固定资产清理

　　累计折旧

　贷：固定资产

② 弥补清理损失。

借：其他应付款——拆迁补偿款

贷：固定资产清理

（3）支付离职补偿款的会计分录如下。

借：其他应付款——拆迁补偿费

贷：银行存款

（4）结转拆迁补偿费的会计分录如下。

① 如其他应付款还有贷方余额。

借：其他应付款——拆迁补偿款

贷：营业外收入

② 如其他应付款还有借方余额。

借：营业外支出

贷：其他应付款——拆迁补偿款

第二章

企业采购过程中的财税疑难问题与会计处理

第一节　进项税额抵扣涉及的问题及会计处理

一、疑难问题解答

主题 1　辅导期一般纳税人如何处理增值税？

问题：某公司为一般纳税人，目前正处于辅导期。应如何处理增值税？

解答：《增值税一般纳税人纳税辅导期管理办法》国税发［2010］40 号规定：

（1）新认定为一般纳税人的小型商贸批发企业实行纳税辅导期管理的期限为 3 个月；其他一般纳税人实行纳税辅导期管理的期限为 6 个月。

（2）辅导期纳税人取得的增值税专用发票（以下简称专用发票）抵扣联、海关进口增值税专用缴款书以及运输费用结算单据应当在交叉稽核比对无误后，方可抵扣进项税额。

（3）主管税务机关对辅导期纳税人实行限量限额发售专用发票。

实行纳税辅导期管理的小型商贸批发企业，领购专用发票的最高开票限额不得超过十万元；其他一般纳税人专用发票最高开票限额应根据企业实际经营情况重新核定。

辅导期纳税人专用发票的领购实行按次限量控制，主管税务机关可根据纳税人的经营情况核定每次专用发票的供应数量，但每次发售专用发票数量不得超过 25 份。

辅导期纳税人领购的专用发票未使用完而再次领购的，主管税务机关发售专用发票的份数不得超过核定的每次领购专用发票份数与未使用完的专用发票份数的差额。

辅导期纳税人一个月内多次领购专用发票的,应从当月第二次领购专用发票起，按照上一次已领购并开具的专用发票销售额的 3%预缴增值税，未预缴增值税的，主管税务机关不得向其发售专用发票。

（4）预缴增值税时，纳税人应提供已领购并开具的专用发票记账联，主管税务机关根据其提供的专用发票记账联计算应预缴的增值税。

辅导期纳税人按规定预缴的增值税可在本期增值税应纳税额中抵减，抵减后预缴增值税仍有余额的，可抵减下期再次领购专用发票时应当预缴的增值税。

（5）纳税辅导期结束后，纳税人因增购专用发票发生的预缴增值税有余额的，主管税务机关应在纳税辅导期结束后的第一个月内，一次性退还纳税人。

（6）辅导期纳税人应当在“应交税金”科目下增设“待抵扣进项税额”明细科目，核算尚未交叉稽核比对的专用发票抵扣联、海关进口增值税专用缴款书及运输费用结算单据（以下简称增值税抵扣凭证）注明或者计算的进项税额。

辅导期纳税人取得增值税抵扣凭证后，借记“应交税金——待抵扣进项税额”明细科目，贷记相关科目。交叉稽核比对无误后，借记“应交税金——应交增值税（进项税额）”科目，贷记“应交税金——待抵扣进项税额”科目。经核实不得抵扣的进项税额，红字借记“应交税金——待抵扣进项税额”，红字贷记相关科目。

主题 2 购买汽车轮胎进项税额是否可以抵扣？

问题：某企业购买汽车轮胎取得进项税发票，该进项税额可以抵扣吗？

解答：购买轮胎并没有增加汽车的成本，也就是固定资产入账价值并没有改变，所以该进项税额是可抵扣的。

主题 3 增值税普通发票能否抵扣？

问题：某企业为一般纳税人，为基本建设购买了水泥，但对方提供的是普通增值税发票，开票时间是上年 7 月 30 日，且购货单位不是这家企业全称。该增值税的普通发票能否抵扣？

解答：根据《关于进一步加强普通发票管理工作的通知》（国税发［2008］80 号）的规定，在日常检查中发现纳税人使用不符合规定发票特别是没有填开付款方全称的发票，不得允许纳税人用于税前扣除、抵扣税款、出口退税和财务报销。对应开不开发票、虚开发票、制售假发票、非法代开发票以及非法取得发票等违法行为，应严格按照《中华人民共和国发票管理办法》的规定处罚；有偷逃骗税行为的，依照《中华人民共和国税收征收管理法》的有关规定处罚；情节严重触犯刑律的，移送司法机关依法处理。

由此可知，增值税普通发票是开给非增值税纳税人的，不能抵扣；增值税专用发票填开项目不符也不能抵扣。这张开错的增值税普通发票肯定不能抵扣。

主题 4　未取得发票的资产如何处理?

问题：某公司购进一部分资产，但没有取得正规发票，对方只是开具了普通收据。公司的主管税务局不认可这些普通收据，认为这导致了对方偷逃税款，要求购买方补交税款才认可此部分资产。如此补交税款合适吗？有相关依据吗？

解答：税务机关不认可普通收据的处理符合规定。我国是以票管税，发票或其他合法的凭证才是企业合法的支付依据，才能对取得收入的一方实施管理，征收国家的相关税收，不然对方只是开具一个没有管理控制的收据，有可能会不交税，从而给国家带来损失。

《中华人民共和国发票管理办法》第二十条规定，销售商品、提供服务以及从事其他经营活动的单位和个人，对外发生经营业务收取款项，收款方应当向付款方开具发票；特殊情况下，由付款方向收款方开具发票。第二十一条规定，所有单位和从事生产、经营活动的个人在购买商品、接受服务以及从事其他经营活动支付款项时，应当向收款方取得发票，取得发票时，不得要求变更品名和金额。第二十二条规定，不符合规定的发票，不得作为财务报销凭证，任何单位和个人有权拒收。

税务机关要求补交税款的处理符合税法的规定，这实质是企业向税务机关申请代开发票，公司取得合法的发票作为入账凭证。而在代开发票中，需要向税务机关缴纳一定的税款，所以公司需要补交这部分税款。

这里补交的是增值税，具体金额需要根据购买的货物及来源而定。如购买的是一般纳税人销售的普通商品，适用 17%税率，补交时按支付的金额除以（1+17%）再乘以 17%补增值税，然后再以补交的增值税为依据补城建税（所在地为市的为 7%，县为 5%，镇为 1%）、教育费附加（3%）及其他当地规定的相关税费。

主题 5　运费抵扣有哪些规定?

问题：某企业采购材料常年发生运输费用。运输费用如何抵扣？

解答：依据《中华人民共和国增值税暂行条例》（以下简称《增值税暂行条例》）第八条第（四）项的规定，购进或销售货物以及在生产经营过程中支付运输费用的，按照运输费用结算单据上注明的运输费用金额和 7%的扣除率计算进项税额。进项税额计算公式为：

$$进项税额=运输费用金额\times扣除率$$

主题 6 从农民手中购买一些自制的扫把、木勺等，没有发票时应如何处理？

问题：某公司从农民手中购买自制的扫把、木勺等，这些物品都是农民自己做出来的，没有发票。这种情况应该如何处理？税务机关能否代开发票？

解答：根据《国家税务总局关于加强和规范税务机关代开普通发票工作的通知》（国税函［2004］1024 号）的规定，申请代开发票的单位和个人应当凭有关证明材料，向主管税务机关申请代开普通发票。

（1）凡已办理税务登记的单位和个人，应当按规定向主管税务机关申请领购并开具与其经营业务范围相应的普通发票。但在销售货物、提供应税劳务服务、转让无形资产、销售不动产以及税法规定的其他商事活动（餐饮、娱乐业除外）中有下列情形之一的，可以向主管税务机关申请代开普通发票：

① 纳税人虽已领购发票，但临时取得超出领购发票使用范围或者超过领用发票开具限额以外的业务收入，需要开具发票的；

② 被税务机关依法收缴发票或者停止发售发票的纳税人，取得经营收入需要开具发票的；

③ 外省（自治区、直辖市）纳税人来本辖区临时从事经营活动的，原则上应当按照国家税务总局令第 7 号《税务登记管理办法》的规定，持《外出经营活动税收管理证明》，向经营地税务机关办理报验登记领取发票自行开具；确因业务量小，开票频度低的，可以申请经营地税务机关代开。

（2）正在申请办理税务登记的单位和个人，对其自领取营业执照之日起至取得税务登记证件期间发生的业务收入需要开具发票的，主管税务机关可以为其代开发票。

（3）应办理税务登记而未办理的单位和个人，主管税务机关应当依法予以处理，并在补办税务登记手续后，对其自领取营业执照之日起至取得税务登记证件期间发生的业务收入需要开具发票的，为其代开发票。

（4）依法不需要办理税务登记的单位和个人，临时取得收入，需要开具发票的，主管税务机关可以为其代开发票。

所以，该公司从农民手中购买自制的扫把、木勺等物品，可以向税务机关申请代开发票。

主题 7　购买固定资产的购进时间和取得发票时间不一致如何处理?

问题：某企业 2009 年 1 月购进固定资产和自建厂房材料。购买固定资产的购进时间和取得发票时间不一致如何处理?

解答：从 2009 年 1 月开始，购进的固定资产可以适用抵扣政策。2008 年购进的固定资产，在 2009 年才取得专用发票的，不能抵扣其进项税额。同时，2008 年购进货物，在 2009 年才取得专用发票，会涉嫌未按规定时间开具发票的问题。

主题 8　企业购进钢材用于自建厂房的进项税额是否可以抵扣?

问题：某企业购进钢材用于自建厂房，钢材的进项税额是否可以抵扣?

解答：企业购进钢材用于自建厂房的进项税额不能抵扣。《增值税暂行条例》第十条规定，下列项目的进项税额不得从销项税额中抵扣：

(1) 用于非增值税应税项目、免征增值税项目、集体福利或者个人消费的购进货物或者应税劳务；

(2) 非正常损失的购进货物及相关的应税劳务；

(3) 非正常损失的在产品、产成品所耗用的购进货物或者应税劳务；

(4) 国务院财政、税务主管部门规定的纳税人自用消费品；

(5) 本条第 (1) 项至第 (4) 项规定的货物的运输费用和销售免税货物的运输费用。

主题 9　企业购进钢材用于机器设备的维修是否可以抵扣进项税额?

问题：某企业购进钢材用于机器设备的维修，其进项税额是否可以抵扣?

解答：若企业用于生产设备的维修，进项税额可以抵扣。

主题 10　销售自己使用过的 2009 年 1 月 1 日以后购进或者自制的固定资产，适用的税率是多少?

问题：某企业因业务变动，销售自己使用过的 2009 年 1 月 1 日以后购进和自制的固定资产，按照适用税率缴纳增值税，其适用的税率是多少?

解答：财税 [2008] 170 号文件规定，销售固定资产按照适用税率征收增值税，也就是适用货物的税率计征增值税，即适用 17%或 13%的税率。

主题 11　小规模纳税人提供修理、加工服务的增值税税率是多少？

问题：某企业为小规模纳税人，提供修理、加工服务，其增值税的税率是多少？

解答：小规模纳税人提供修理、加工服务，从 2009 年开始适用税率 3%。

主题 12　工程物资的进项税额能否抵扣？

问题：某企业购买的工程物资主要分为两类：一类是为安装设备所用的物资；另一类是为建造房屋所用的物资。这些物资的进项税额能否抵扣？

解答：《增值税暂行条例》规定，购买机器设备的增值税进项税额可以抵扣，但该条例第十条规定，下列项目的进项税额不得从销项税额中抵扣：

（1）用于非增值税应税项目、免征增值税项目、集体福利或者个人消费的购进货物或者应税劳务；

（2）非正常损失的购进货物及相关的应税劳务；

（3）非正常损失的在产品、产成品所耗用的购进货物或者应税劳务；

（4）国务院财政、税务主管部门规定的纳税人自用消费品；

（5）本条第（1）项至第（4）项规定的货物的运输费用和销售免税货物的运输费用。

根据上述规定，该企业购买用于机器设备安装工程的物资，进项税额可以抵扣；企业将购进的材料用于房屋建筑物，属于用于非增值税应税项目，即用于建造不动产所购进物资的进项税额不能抵扣。

主题 13　外购材料无增值税发票应如何处理？

问题：某企业从外购进原材料，有时有增值税发票，有时又没有。发生废品多时或用作其他用途，从进项转出，可原本没有那么多进项税，导致账务不平，应如何处理？

解答：没有发票的部分是不能入账的，税法也是不承认的，但是销售时是要确认收入的，还需要交税。发生废品多时或用作其他用途，需区分这些材料当初是否抵扣了增值税，如没有作增值税的进项税抵扣，则不用转出进项税。

当然，因为该公司属于没有取得发票而入账的，税务局要是查出来，严格来说会被重罚，严重的会构成偷税罪，所以作为会计人员，采购材料时必须要取得发票，否则风险太大了，要学会保护自己。

二、会计处理方法

主题 1　辅导期一般纳税人增值税抵扣如何做会计处理?

问题：某企业为处于辅导期的一般纳税人，增值税抵扣如何做会计处理?

解答：一般纳税人在辅导期中，本月认证的进项税额一般要在次月抵扣，并可以按下述方法进行账务处理：本月认证的进项税额可以设置“待抵扣进项税额”明细，以便与正常可以抵扣的进项税额区分。

（1）外购货物时。

借：原材料（库存商品）

　　应交税费——待抵扣进项税额

　贷：银行存款（应付账款等）

（2）次月允许抵扣时。

借：应交税费——应交增值税（进项税额）

　贷：应交税费——待抵扣进项税额

主题 2　抵扣但没做账的以前年度发票如何处理?

问题：某企业压着 30 万元以前年度的原材料采购发票，购入当时，即将进项税额予以抵扣，尚欠部分应付账款，但没有进行账务处理。这批发票现在应该如何进行账务处理?

解答：不论是什么原因，这样压票都是不对的，会给企业带来一定的风险。建议进行账务处理，会计分录如下。

（1）款项如果没有支付。

借：原材料

　　应交税费——应交增值税（进项税额）

　贷：应付账款

（2）款项如果已经支付（支付的款项也没有做账）。

借：原材料

　　应交税费——应交增值税（进项税额）

　贷：银行存款

主题 3 购入财务软件如何进行账务处理？

问题：某公司购入财务软件一套 3 200 元，凭证打印纸一箱 300 元，开在一张发票上。应如何进行账务处理？是否确认无形资产？如果确认无形资产，应如何摊销？

解答：购入财务软件 3 200 元确认为无形资产，打印纸 300 元作为办公费处理。

借：无形资产　　3 200

　　管理费用　　300

　贷：银行存款　　3 500

依据《财政部、国家税务总局关于企业所得税若干优惠政策的通知》(财税［2008］1 号）的规定，企事业单位购入软件，凡符合固定资产或无形资产确认条件的，可以按照固定资产或无形资产进行核算，经主管税务机关核准，其折旧或摊销年限可以适当缩短，最短可为 2 年。该公司应按以上规定执行，摊销时会计分录为：

借：管理费用

　贷：累计摊销

三、固定资产购销会计核算专题

1. 会计科目

（1）实行扩大增值税抵扣范围的企业，应在“应交税金”科目下增设“应抵扣固定资产增值税”明细科目，并在该明细科目下增设“固定资产进项税额”、“固定资产进项税额转出”、“已抵扣固定资产进项税额”等专栏。

“固定资产进项税额”专栏，记录企业购入固定资产或应税劳务等而支付的、准予抵扣的增值税进项税额。企业购入固定资产或应税劳务支付的进项税额，用蓝字登记；退回所购固定资产应冲销的进项税额，用红字登记。

“固定资产进项税额转出”专栏，记录企业购进的固定资产因某些原因而不能抵扣、按规定转出的进项税额。

“已抵扣固定资产进项税额”专栏，记录企业已抵扣的固定资产增值税进项税额。

（2）实行扩大增值税抵扣范围的企业，应在“应交税金——应交增值税”

科目下增设“新增增值税额抵扣固定资产进项税额”专栏，该专栏用于记录企业以当年新增的增值税额抵扣的固定资产进项税额。

2. 账务处理

（1）进项税额。

① 企业在国内采购的固定资产，按照专用发票上注明的增值税额，借记“应交税金——应抵扣固定资产增值税（固定资产进项税额）”科目，按照专用发票上记载的应计入固定资产价值的金额，借记“固定资产”等科目，按照应付或实际支付的金额，贷记“应付账款”、“应付票据”、“银行存款”、“长期应付款”等科目。购入固定资产发生的退货，做相反的会计分录。

例 2-1 A 企业从国内 B 企业采购机器设备一台供生产部门使用，专用发票上注明的价款为 500 000 元，增值税为 85 000 元，用银行存款支付。会计处理如下：

借：固定资产　　500 000

　　应交税金——应抵扣固定资产增值税（固定资产进项税额）85 000

　贷：银行存款　　585 000

② 为购进固定资产所支付的运输费用，按照可以抵扣的金额，借记“应交税金——应抵扣固定资产增值税（固定资产进项税额）”科目，按照应计入固定资产、工程物资等价值的金额，借记“固定资产”、“在建工程”、“工程物资”等科目，按照应付或实际支付的金额，贷记“应付账款”、“应付票据”、“银行存款”、“长期应付款”等科目。

例 2-2 承上例，若为购进固定资产所支付的运输费用为 5 000 元，取得发票，则运输费用可抵扣增值税为 5 000×7%=350 元。会计处理为：

借：固定资产　　4 650

　　应交税金——应抵扣固定资产增值税（固定资产进项税额）　350

　贷：银行存款　　5 000

③ 企业接受捐赠转入的固定资产，按照专用发票上注明的增值税额，借记“应交税金——应抵扣固定资产增值税（固定资产进项税额）”科目，按照确认的固定资产价值（已扣除增值税，下同），借记“固定资产”、“工程物资”等科目，如果捐出方代为支付了固定资产进项税额，则按照增值税进项税额与固定资产价值的合计数，贷记“待转资产价值”等科目，如果接受捐赠企业自行支付固定资产增值税，则应按支付的固定资产增值税进项税额，贷记“银行

存款”等科目，按接受捐赠固定资产的价值，贷记“待转资产价值”科目。

例 2-3 A 企业接受 C 企业捐赠转入的机器设备一台，专用发票上注明的价款为 500 000 元，增值税为 85 000 元。

如果 C 企业代为支付了固定资产进项税额，会计处理为：

借：固定资产　　500 000

　　应交税金——应抵扣固定资产增值税（固定资产进项税额）85 000

　贷：待转资产价值　　585 000

如果接受捐赠的 A 企业自行支付固定资产增值税，会计处理为：

借：固定资产　　500 000

　　应交税金——应抵扣固定资产增值税（固定资产进项税额）85 000

　贷：银行存款　　85 000

　　　待转资产价值　　500 000

④ 企业接受投资转入的固定资产，按照专用发票上注明的增值税额，借记“应交税金——应抵扣固定资产增值税（固定资产进项税额）”科目，按照确认的固定资产价值，借记“固定资产”、“工程物资”等科目，按照增值税与固定资产价值的合计数，贷记“实收资本”等科目。

例 2-4 A 企业接受 D 企业投资转入的汽车一辆，专用发票上注明的价款为 100 000 元，增值税为 17 000 元。会计处理为：

借：固定资产　　100 000

　　应交税金——应抵扣固定资产增值税（固定资产进项税额）17 000

　贷：实收资本　　117 000

⑤ 企业购进用于自制固定资产的货物，按照专用发票上注明的增值税额，借记“应交税金——应抵扣固定资产增值税（固定资产进项税额）”科目，按照专用发票上记载的应计入工程物资成本的金额，借记“工程物资”科目，按照应付或实际支付的金额，贷记“应付账款”、“应付票据”、“银行存款”、“长期应付款”等科目。购入货物发生的退货，做相反的会计分录。

例 2-5 A 企业购进材料一批用于在建工程，专用发票上注明的价款为 200 000 元，增值税为 34 000 元，以银行承兑汇票支付。会计处理为：

借：工程物资　　200 000

　　应交税金——应抵扣固定资产增值税（固定资产进项税额）34 000

　贷：应付票据　　234 000

⑥ 企业购入作为存货核算的原材料等，如用于自行建造固定资产，则应按该部分存货的成本，借记“在建工程”等科目，贷记“原材料”等科目，对于与该部分原材料相对应的增值税进项税额，应借记“应交税金——应抵扣固定资产增值税（固定资产进项税额）”科目，贷记“应交税金——应交增值税（进项税额转出）”科目。

例 2-6 A企业购入作为存货核算的原材料用于自建办公大楼，成本为30 000元。会计处理为：

借：在建工程 30 000

应交税金——应抵扣固定资产增值税（固定资产进项税额）5 100

贷：原材料 30 000

应交税金——应交增值税（进项税额转出） 5 100

⑦ 企业接受用于自制固定资产的应税劳务，按照专用发票上注明的增值税额，借记“应交税金——应抵扣固定资产增值税（固定资产进项税额）”科目，按照专用发票上记载的应计入在建工程成本的金额，借记“在建工程”科目，按照应付或实际支付的金额，贷记“应付账款”、“应付票据”、“银行存款”等科目。

⑧ 企业进口固定资产，按照海关提供的完税凭证上注明的增值税额，借记“应交税金——应抵扣固定资产增值税（固定资产进项税额）”科目，按照专用发票上记载的应计入固定资产价值的金额，借记“固定资产”、“工程物资”等科目，按照应付或实际支付的金额，贷记“应付账款”、“应付票据”、“银行存款”、“长期应付款”等科目。

（2）销项税额。

① 企业将自制或委托加工的固定资产用于非应税或免税项目，应视同销售货物计算应交增值税，借记“在建工程”等科目，贷记“应交税金——应交增值税（销项税额）”科目。

② 企业将自制、委托加工或购进的固定资产（包括接受捐赠取得的固定资产及投资者投入的固定资产）作为投资，提供给其他单位或个体经营者，应按视同销售货物计算应交的增值税，借记“长期股权投资”科目，贷记“应交税金——应交增值税（销项税额）”科目。

③ 企业将自制、委托加工或购进的固定资产分配给股东或投资者，应按视同销售货物计算应交的增值税，借记“利润分配——应付普通股股利”科

目，贷记“应交税金——应交增值税（销项税额）”科目。

④ 企业将自制、委托加工的固定资产用于集体福利和个人消费，应按视同销售货物计算应交的增值税，借记“应付福利费”等科目，贷记“应交税金——应交增值税（销项税额）”科目。

⑤ 企业将自制、委托加工或购进的固定资产无偿赠送他人，应按视同销售货物计算应交的增值税，借记“营业外支出”科目，贷记“应交税金——应交增值税（销项税额）”科目。

例 2-7 A 企业以自制的新固定资产铲车一部用于本企业办公楼的建设，价值为 10 000 元。会计处理为：

借：工程物资　　11 700

　贷：固定资产　　10 000

　　　应交税金——应交增值税（销项税额）　　1 700

⑥ 企业购入固定资产时已按规定将增值税进项税额记入“应交税金——应抵扣固定资产增值税（固定资产进项税额）”科目的，如果相关固定资产专用于非应税项目，或专用于免税项目，或专用于集体福利和个人消费，以及将固定资产给未纳入《增值税暂行条例》规定适用范围的机构使用等，应将原已记入“应交税金——应抵扣固定资产增值税（固定资产进项税额）”科目的金额予以转出，借记有关科目，贷记“应交税金——应抵扣固定资产增值税（固定资产进项税额转出）”科目。

企业购进的固定资产，其不得抵扣的进项税额，应计入固定资产的成本，并按企业会计制度及相关准则的规定进行会计处理。

例 2-8 承例 2-1，若 A 企业以此项固定资产专用于免税项目，则会计处理为：

借：固定资产　　85 000

　贷：应交税金——应抵扣固定资产增值税（固定资产进项税额转出）　　85 000

⑦ 企业销售本企业已使用过的固定资产，如该项固定资产原始取得时，其增值税进项税额已记入“应交税金——应抵扣固定资产增值税（固定资产进项税额）”科目的，销售时计算确定的增值税销项税额，应借记“固定资产清理”科目，贷记“应交税金——应交增值税（销项税额）”科目。

企业销售本企业已使用过的固定资产，如该项固定资产原始取得时，其增值税进项税额未记入“应交税金——应抵扣固定资产增值税（固定资产进项税额）”科目的，但按税法规定在销售时允许抵扣的增值税进项税额，应借记“应交税金——应抵扣固定资产增值税（固定资产进项税额）”，贷记“固定资产清理”科目；销售时计算确定的增值税销项税额，应借记“固定资产清理”科目，贷记“应交税金——应交增值税（销项税额）”科目。

例 2-9 承例 2-1，1 年后 A 企业将该机器设备转让给 B 企业（属于增值税转型范围内的行业），取得转让收入为 351 000 元。

A 企业做以下会计处理。

借：固定资产清理	400 000	
累计折旧	100 000	
贷：固定资产		500 000
借：固定资产清理	51 000	
贷：应交税金——应交增值税（销项税额）		51 000
借：银行存款	351 000	
贷：固定资产清理		351 000
借：营业外支出	100 000	
贷：固定资产清理		100 000

B 公司做以下会计处理。

借：固定资产	300 000	
应交税金——应抵扣固定资产增值税（固定资产进项税额）	51 000	
贷：银行存款		351 000

（3）期末结转。

① 按照规定，将应抵扣的固定资产进项税额抵减未交增值税时，借记“应交税金——未交增值税”科目，贷记“应交税金——应抵扣固定资产增值税（已抵扣固定资产进项税额）”科目。

例 2-10 期末固定资产进项税额抵扣未交增值税为 20 000 元。会计处理为：

借：应交税金——未交增值税	20 000	
贷：应交税金——应抵扣固定资产增值税（已抵扣固定资产进项税额）		20 000

② 期末，企业以当期新增增值税税额抵扣固定资产进项税额时，应借记

"应交税金——应交增值税（新增增值税额抵扣固定资产进项税额）"科目，贷记"应交税金——应抵扣固定资产增值税（已抵扣固定资产进项税额）"科目。

第二节 采购业务涉及的问题及会计处理

一、疑难问题解答

主题 1 交易过程中少收或少付的往来账款如何处理？

问题：某企业为一般纳税人，在交易过程中，对往来款项经常少收或少付，如抹零。少收的应收账款、少付的应付账款应如何处理？

解答：少收的应收账款可以作为现金折扣计入财务费用，但在计算所得税时不得税前抵扣。少付的应付账款是一定要计入营业外收入的，计入应纳税所得额。

主题 2 采购清单是否可以入账？

问题：某企业的食堂在自由市场采购原材料时，对方一般都没有税务发票。摊贩开具的采购清单可以入账吗？

解答：企业在自由市场采购原材料，没有发票是不能入账的。发票作为一种重要的外来凭证，既是纳税人接受税务管理的凭据，又是制作记账凭证、登记会计账簿的重要依据。根据《中华人民共和国发票管理办法》第十九条、第二十条的规定，销售商品、提供服务以及从事其他经营活动的单位和个人，对外发生经营业务收取款项，收款方应向付款方开具发票；特殊情况下由付款方向收款方开具发票。所有单位和从事生产、经营活动的个人在购买商品、接受服务以及从事其他经营活动支付款项，应当向收款方索取发票，取得发票时不得要求变更品名和金额。

另外，《国家税务总局关于印发〈加强中小企业所得税征收管理工作的意见〉的通知》规定，企业的税前扣除项目一律要凭合法的票证凭据确认；凡不能提供合法凭证的，一律不得在税前进行扣除。

在实务中，为了解决这个问题，自由市场中一般都会设立工商税务管理机构，企业在购货后可到此机构根据有关规定取得发票。

主题 3　物资报废如何进行处理?

问题：某企业物资存放时间久远，现已过期无法使用，故将其清理报废。处理报废物资是否要通过中介机构技术鉴定？是报税务机关备案还是审批？

解答：《企业资产损失所得税税前扣除管理办法》(国家税务总局公告 2011 年第 25 号)规定：

(1)准予在企业所得税税前扣除的资产损失，是指企业在实际处置、转让上述资产过程中发生的合理损失(以下简称实际资产损失)，以及企业虽未实际处置、转让上述资产，但符合本办法规定条件计算确认的损失(以下简称法定资产损失)。

(2)企业实际资产损失，应当在其实际发生且会计上已作损失处理的年度申报扣除；法定资产损失，应当在企业向主管税务机关提供证据资料证明该项资产已符合法定资产损失确认条件，且会计上已作损失处理的年度申报扣除。

(3)企业发生的资产损失，应按规定的程序和要求向主管税务机关申报后方能在税前扣除。未经申报的损失，不得在税前扣除。

(4)企业以前年度发生的资产损失未能在当年税前扣除的，可以按照本办法的规定，向税务机关说明并进行专项申报扣除。其中，属于实际资产损失，准予追补至该项损失发生年度扣除，其追补确认期限一般不得超过五年，但因计划经济体制转轨过程中遗留的资产损失、企业重组上市过程中因权属不清出现争议而未能及时扣除的资产损失、因承担国家政策性任务而形成的资产损失以及政策定性不明确而形成资产损失等特殊原因形成的资产损失，其追补确认期限经国家税务总局批准后可适当延长。属于法定资产损失，应在申报年度扣除。

(5)企业资产损失按其申报内容和要求的不同，分为清单申报和专项申报两种申报形式。其中，属于清单申报的资产损失，企业可按会计核算科目进行归类、汇总，然后再将汇总清单报送税务机关，有关会计核算资料和纳税资料留存备查；属于专项申报的资产损失，企业应逐项(或逐笔)报送申请报告，同时附送会计核算资料及其他相关的纳税资料。

企业在申报资产损失税前扣除过程中不符合上述要求的，税务机关应当要求其改正，企业拒绝改正的，税务机关有权不予受理。

(6)下列资产损失，应以清单申报的方式向税务机关申报扣除：

① 企业在正常经营管理活动中，按照公允价格销售、转让、变卖非货币

资产的损失；

② 企业各项存货发生的正常损耗；

③ 企业固定资产达到或超过使用年限而正常报废清理的损失；

④ 企业生产性生物资产达到或超过使用年限而正常死亡发生的资产损失；

⑤ 企业按照市场公平交易原则，通过各种交易场所、市场等买卖债券、股票、期货、基金以及金融衍生产品等发生的损失。

除此以外的资产损失，应以专项申报的方式向税务机关申报扣除。企业无法准确判别是否属于清单申报扣除的资产损失，可以采取专项申报的形式申报扣除。

主题 4　盘盈与盘亏是否可以相抵？

问题：某企业在盘库清理物资时，既有盘盈又有盘亏。两项能否相抵后再将盘亏部分上报税务机关？

解答：资产的盘亏是要经过税务机关批准的，也就是说，在税法上盘盈做收入，但盘亏需经批准才可税前扣除，不能用盘盈与盈亏相抵后的余额报批。

主题 5　进口化工原料和农产品的关税税率在哪里查？

问题：某公司为一家进出口公司，主要从事进口化工原料和农产品的业务。进出口化工原料和农产品的关税税率在哪里查？

解答：从《关税税则》中查找，第 3 列为“进口税率”，其中第 1 栏是最惠国税率，适用于原产于世贸组织成员或与我国签有互惠双边贸易协定的国家或地区进口的货物；第 2 栏是中巴税率，适用于原产于巴基斯坦部分进口的货物；第 3 栏为普通税率，适用于原产于上述 1、2 栏以外国家或地区进口的货物。

主题 6　根据关税完税价如何自行向海关申报？

问题：某公司为一家进出口公司，主要从事进口化工原料和农产品的业务。如果根据关税完税价自行向海关申报？

解答：一般贸易进口，首先要确定付款方式是 T/T（电汇）还是 L/C（信用证）。如果是 L/C，那就要先开证，等开完信用证后，确定进口的船期。等船到以后，开始进行进口的操作。

（1）首先是要得到国外客户的提单、发票、箱单。如果是从韩国或日本进口货物的话，还必须要有非木质包装证明。

（2）其次要拿提单到船公司去换单，即拿提单从船公司换回该批货物的提货单，也就是舱单。上面有公司进口货物的详细船务信息。

（3）需要提前做商检的进口货物，还要到商检局做商检。进口货物是否需要商检可通过商品编码书进行查询。实际上换单和商检应提前进行。

（4）换完单以后，如果需要且也进行商检了，填好进口报关单给货代进行报关。报关所需的资料有：发票、箱单、从船公司换回的提货单、报关委托书、进口货物报关单，需要商检的还包括商检证。

（5）一般贸易进口货物要交进口关税。所以，为了加快进口通关的速度，最好是开一张空白支票（不过这种方式一般企业的财务不会答应）。待海关打出缴款书以后，则要开支票，因为一般进口货物给海关的关税都要用支票交。交关税一般是到中国银行，待交完关税以后，银行会在缴款书上面加盖银行的印章。

（6）把缴款书交给货代，由货代给海关通关放行（这就是一般所说的一次放行）。

（7）海关收到关税以后会在提货单上盖海关的放行章。拿着这个提货单到船公司所在的码头提货（这就是一般所说的二次放行）。

主题 7　优惠税率和普通税率有什么区别?

问题：某公司为进出口贸易公司，涉及优惠税率与普通税率，这两者有何区别?

解答：优惠税率又称优惠关税（Preferential Duty），指对于来自受惠国家或地区的进口商品所适用的关税率，较一般关税率低，通常是由于均属于同一国家集团的成员或者由于政治因素的考虑而给予的优惠待遇，如同协优惠、共同体优惠及普遍化优惠关税制度（GSP）等。

普通税率是我国海关税税则中的一栏税率，即对产自与中华人民共和国未订有关税互惠条款的贸易条约或协定的国家的进口货物所适用的税率。

主题 8　商品进口后进项税额的抵扣什么时候前去认证?

问题：某公司为进出口贸易公司，其商品进口后进项税额的抵扣是 90 天内还是 90 天后第一个纳税申报期前去认证?

解答：商品进口后进项税额的抵扣是 90 天后第一个纳税期申报抵扣。

主题 9 进口设备有哪些税收优惠政策?

问题：某公司准备进口一台电子设备，进口设备有哪些税收优惠政策?

解答：目前，对于进口设备，国家仍采取免征进口环节税金的政策。

《财政部关于来料加工装配厂转型为法人企业进口设备税收问题的通知》（财关税［2009］48号）明确，自2009年7月1日至2011年6月30日，来料加工厂以外商提供的不作价设备出资设立法人企业的，准予对其在2008年12月31日及以前已经办理了加工贸易手册备案、并且在2009年6月30日及以前申报进口的尚处在海关监管年限内的不作价设备，免予补缴进口关税和进口环节增值税。有关不作价设备的海关监管年限可连续计算。

上述文件还规定，对以2009年1月1日及以后新备案的不作价设备及在2008年12月31日以前备案，但在2009年7月1日及以后申报进口的不作价设备出资设立法人企业的，按现行政策规定，除新成立的法人企业所从事的项目属于国家鼓励类产业条目或中西部地区外商投资的优势产业项目外，一律照章补征关税。

《财政部、海关总署、国家税务总局关于外国政府贷款和国际金融组织贷款项目进口设备增值税政策的通知》（财关税［2009］63号）明确，经国务院批准，自2009年1月1日起，对按有关规定其增值税进项税额无法抵扣的外国政府和国际金融组织贷款项目进口的自用设备，继续按《国务院关于调整进口设备税收政策的通知》（国发［1997］37号）中的相关规定执行，即除《外商投资项目不予免税的进口商品目录》所列商品外，免征进口环节增值税。

主题 10 境外供货商针对进口货物退还的款项是否要做进项税的调整?

问题：某公司进口货物，收到一笔境外供货商的退款。这笔退款如何做税务处理?

解答：从上述信息看，这是进口货物，支付价款后，又收到退还款项，要分清退还的性质和原因，据此分析后进行相关冲减成本或作为营业外收入处理。对是否做进项税转出处理的问题，《国家税务总局关于纳税人进口货物增值税进项税额抵扣有关问题的通知》（国税函［2007］350号）明确如下：

《增值税暂行条例》第八条规定，纳税人从海关取得的海关进口增值税专用缴款书上注明的增值税额准予从销项税额中抵扣。因此，纳税人进口货物取得的合法海关进口增值税专用缴款书是计算增值税进项税额的唯一依据，其价格差额部分以及从境外供应商取得的退还或返还的资金，不做进项税额转出处理。

从上述文件看，退还款项不对原进口的增值税进行调整，即按海关进口增值税专用缴款书上注明的增值税作为进项税的抵扣依据；假如是自用，则直接进入进口货物的成本。

二、会计处理方法

主题 1　外购原材料短缺如何进行会计处理？

问题：某公司是增值税一般纳税人，5 月购入一批商品，进货价格为 100 000 元，增值税额为 17 000 元，所购商品到达后验收发现短缺 20%，其中合理损耗 5%，另 15%的短缺尚待查明原因。对此应该如何进行账务处理？

解答：《企业会计准则第 1 号——存货》第六条规定，存货的采购成本包括购买价款、相关税费、运输费、装卸费、保险费以及其他可归属于存货采购成本的费用。

采购商品属于合理损失的部分，可以计入存货成本，其对应的进项税额也可以抵扣；对应尚未查明原因的短缺，应先记入“待处理财产损溢”，待查明原因后再进行账务处理。

采购时的账务处理如下：

借：库存商品　　（100 000×85%）85 000

　　应交税费——应交增值税（进项税额）　　17 000

　　待处理财产损溢　　15 000

　贷：银行存款或应付账款　　117 000

主题 2　采购物资短缺收到赔偿款如何进行会计处理？

问题：A 公司向 B 公司购买商品，由 C 物流公司负责保管及运输，并付给物流公司仓租费，但 C 物流公司在运输途中失误，导致部分货物破损，于是要付给购货方赔偿费。公司取得这笔赔偿收入要开发票给对方并交营业税吗？如何进行会计分录？

解答：收到的赔偿款不需要开发票，因为不是买卖关系，开收据就可以了。

这种情况导致部分货物破损，其完整的会计分录如下。

（1）采购时。

借：材料采购或在途物资

　　应交税费——应交增值税（进项税额）

　　贷：银行存款等

（2）入库时。

借：库存商品等

　　其他应收款——物流公司（破损货物）

　　贷：材料采购或在途物资

（3）将来收到赔偿款项时。

借：银行存款

　　贷：其他应收款——物流公司（破损货物）

同时注意部分货物破损，对于这部分货物的增值税是否可以抵扣，需要与主管税务机关进行沟通。一般情况是：赔钱涉及进项税额转出；赔材料就不涉及。

主题 3　商业汇票到期无力付款如何处理？

问题：某公司用商业汇票进行结算。开具或收到银行承兑汇票与商业承兑汇票时如何进行账务处理？银行承兑汇票与商业承兑汇票到期，本公司无力付款时如何进行账务处理？

解答：开具银行承兑汇票与商业承兑汇票的账务处理相似：

借：原材料等科目

　　应交税费——应交增值税（进项税额）

　　贷：应付票据

收到银行承兑汇票与商业承兑汇票的账务处理相似：

借：应收票据

　　贷：主营业务收入

　　　　应交税费——应交增值税（销项税额）

银行承兑汇票企业到期无力还款时：

借：应付票据

　　贷：短期借款

商业承兑汇票企业到期无力还款时：

借：应付票据

　　贷：应付账款

主题 4　向境外付汇如何核算？

问题：A 公司与境外 B 公司签订一份咨询合同，现需付汇给 B 公司，A 公司于 6 月收到 B 公司发票，而实际付汇时间为 9 月。应该如何进行会计处理？文件依据是什么？

解答：（1）发生业务时。

借：管理费用、销售费用等

　　贷：应付账款

按外币交易的核算规定，我国实行的是外币统账制，按应付外币折算成人民币记账，这时适用交易日即期汇率，同时设立二级辅助账，反映外币。

（2）9 月支付外币时。

借：应付账款

　　贷：银行存款

同时，要进行汇兑损益的折算。

上述业务是针对会计核算提问，那么应该遵照会计相关规定执行。

《企业会计准则第 19 号——外币折算》第九条明确，企业对于发生的外币交易，应当将外币金额折算为记账本位币金额。第十条明确外币交易应当在初始确认时，采用交易发生日的即期汇率将外币金额折算为记账本位币金额；也可以采用按照系统合理的方法确定的、与交易发生日即期汇率近似的汇率折算。

这个业务如果发生在境内，则该单位是预提所得税的扣缴义务人。

税法上采用的是中间价格：根据国税发［2009］3 号文件第九条的规定，扣缴义务人对外支付或者到期应支付的款项为人民币以外货币的，在申报扣缴企业所得税时，应当按照扣缴当日国家公布的人民币汇率中间价，折合成人民币计算应纳税所得额。

付外汇时，手续费（外币）应进财务费用的手续费科目。

第三章

企业生产过程中的财税疑难问题与会计处理

第一节 生产成本涉及的问题及会计处理

一、疑难问题解答

主题 1 生产制造型企业如何用计划成本进行成本核算?

问题：某企业是一家生产型企业。生产成本按计划成本核算，差异统一放到一个虚拟的其他产品中，当月全部结转主营业务成本，库存商品全部以计划成本计价，可以这么做吗？

解答：计划成本与实际成本的差额应该通过“材料成本差异”科目入账。目前准则和制度都没有关于虚拟账户的要求，即不能通过虚拟账户来核算。

主题 2 辅助材料与物料消耗科目有何区别?

问题：某企业是一家生产型企业。直接材料——辅助材料与制造费用——物料消耗的区别是什么？生产装配过程的一些碎布及价值较低小工具的消耗，应如何处理？

解答：这二者的主要区别在于能否直接归集到某种产品上，直接材料——辅助材料是用到某种产品上，可以直接区分出来的；制造费用——物料消耗无法具体区分出用到某种产品上的数量，所以先归集，再按照一定的标准进行分配。

主题 3 材料发出价格如何确定?

问题：A 企业为生产型企业。单位从不同卖家购进同一种原材料，价格是不一样的。领用材料时，按个别进价法核算成本，而材料总账用加权平均法，造成明细账与总账对不上。

例如，从 B 公司购花纸 1 张 1.5 元，从 C 公司购花纸 1 张 1.3 元，从 D 公司购花纸 1 张 1.2 元。领用 B 公司花纸时，如按个别进价法核算成本，则：

领用 B 公司花纸 1 张 1.5 元；

借：生产成本——材料　　1.5

　贷：原材料——花纸　　1.5

库存花纸余额为 2.5 元。

如果按加权平均法，单价应为 1.33 元，总账余额应为 2.66 元，造成账账不符。这种情况改如何进行会计处理？

解答：材料发出的核算方法有多种，加权平均法是经常采用的一种方法。不管采用什么方法，都不会存在总账和明细账不平的现象，因为总账和明细账使用的方法是相同的，账簿的不平是登记形成的，不是采用哪种核算方法造成的。

按照给出的例子，发出材料应该是按 1.33 元计算：

借：生产成本——材料　　1.33

　贷：原材料——花纸　　1.33

外购材料也是一样，只要方法确定，不会造成账簿不平。

主题 4　企业停工期间发生的费用如何处理？

问题：某公司是工业企业，最近几个月公司停产，但车间仍有水电费、折旧费用、人工费用和设备维修领用的材料消耗等。原本进入生产成本和制造费用的材料消耗和维修费用等，现在应该在哪个科目归集？

解答：如果停产是由于非正常原因造成的，那么这些水电费、折旧费用、人工费用和设备维修领用的材料消耗等应计入管理费用核算。

如果停产是季节性等正常原因造成的，那么水电费、折旧费用、人工费用可以计入制造费用，等生产产品的时候再转入生产成本。但生产车间设备的日常维修费不能计入制造费用，应计入管理费用。

主题 5　委托加工的物资存货成本如何确定？

问题：A 企业委托 B 企业加工一批材料（属于应税消费品）。原材料成本为 20 000 元，支付的加工费为 7 000 元（不含增值税），消费税税率为 10%，材料加工完成并已验收入库，加工费用等已经支付。双方适用的增值税税率为 17%，甲企业按实际成本核算原材料。委托加工物资收回后存货成本如何确定？

解答：委托加工物资收回后存货成本包括：

（1）发出材料的实际成本或实耗成本；

（2）加工费用；

（3）一般纳税人双方要按照加工费用收取 17%的增值税，对于受托方来讲是销项税，而对于委托方来讲是进项税。一般纳税人的增值税不计入委托加工物资成本，如果是小规模纳税人，发生的增值税要计入收回的委托加工物资的成本。

主题 6　企业内部委托加工的涉税问题如何处理？

问题：某总公司将主要材料发给分公司（异地，非独立核算），由分公司加工成产品后，根据客户与总公司签订的合同，直接将产品发往客户（总公司为节约运费，未先收回产品即发货）。该业务是否属于委托加工业务？分公司收取总公司加工费，并开具加工费增值税专用发票，是否存在问题？

解答：委托加工是指企业与外单位双方签订委托加工合同，由外单位代为加工，企业向其支付加工费用的一种加工方式。

总公司委托下属未独立核算的分公司进行加工后发货，实质是企业内部的加工行为，是企业内部的生产任务安排，只不过这个加工劳务的生产任务安排给了此分公司，不属于税法规定的委托加工。

总公司向分公司移送原辅料，假如是委托加工业务，则移送材料就是委托加工的移送，总公司不做销售收入处理。假如移送行为不清晰，被税务机构认为是移送销售，则根据《增值税暂行条例》第四条规定，总分机构间移送货物或调拨固定资产类货物，视同销售，要依法征收增值税。

二、会计处理方法

主题 1　企业试生产时增值税如何处理？

问题：某企业为生产型企业。在试生产过程中所耗用的原材料的进项税额能否进行抵扣？所生产的产品在销售时是否做销项税额处理？

解答：在试生产过程中所耗用的原材料的进项税额可以进行抵扣，所生产的产品在销售时按照售价计算销项税额。相关账务处理如下。

（1）产品试生产完工后。

借：库存商品

　　贷：生产成本等

（2）产品销售时。

借：银行存款

　　贷：在建工程

　　　　应交税费——应交增值税（销项税额）

（3）结转产品销售成本。

借：在建工程

　贷：库存商品

销售过程中不需结转损益。

主题2　原料抵来料加工收入如何进行会计处理？

问题：某单位是亚麻纺织企业，有一笔来料加工业务，对方提供原料，该单位配辅料，加工成品给对方。对方不付加工费，以原料抵加工费。收到原料、配辅料、加工成品该怎样进行账务处理？

解答：这种情况下要分清对方给贵单位的原料中有哪些原料是委托加工的，有哪些是用来付加工费的，对于用来付加工费的那部分原料应要求对方开具发票。

（1）收到受托的原料时，不做账务处理，但需要在备查簿进行登记。

（2）领用辅料生产时。

借：生产成本

　贷：原材料

（3）分配相应的制造费用时。

借：生产成本

　贷：制造费用

（4）完工时。

借：库存商品

　贷：生产成本

（5）把成品给对方时。

借：其他业务成本

　贷：库存商品

（6）确认加工费等收入。

借：应收账款

　贷：其他业务收入

　　应交税费——应交增值税（销项税额）

（7）收到对方抵加工费的原料时。

借：原材料

　应交税费——应交增值税（进项税额）

　贷：应收账款

主题 3　来料加工剩余材料如何处理？

问题：某公司是外商独资企业，现为一家来料加工厂提供加工服务，收取加工费。对方提供原料时，会计分录应怎样做？加工完成后，剩余材料怎么办？

解答：剩余材料应抵账或退回。相关会计处理如下。

（1）加工过程中发生的生产成本。

借：生产成本

　贷：原材料——辅助材料

　　　应付职工薪酬

　　　制造费用

（2）加工完成后按合同规定将产品交给委托方时。

① 确认销售收入。

借：应收账款（银行存款）

　贷：主营业务收入（加工费收入）

　　　应交税费——应交增值税（销项税额）

　　　应交税费——应交消费税

（如果加工的产品属于消费税应税产品的，受托方应该履行代收代缴消费税义务，这里的计税价格一般参照同类产品的价格或组成计税价格×消费税税率）

② 同时结转销售成本。

借：主营业务成本

　贷：生产成本

③ 在备查簿中将受托加工物资注销，贷记“受托加工物资——某公司”（注明物资数量）。

（3）受托方上交消费税时。

借：应交税费——应交消费税

　贷：银行存款

主题 4　来料加工综合会计处理

问题：某公司为外商独资企业，从事来料加工业务。有关业务如何进行税务和会计处理？

解答：根据增值税的相关规定，对于来料加工进口免税，出口不退，因此要特别注意对于来料加工业务中所耗用的国内进项税应当予以转出处理。

出口企业从事来料加工业务应持来料加工登记手册等，向主管国税机关申请办理《来料加工免税证明》，凭此证明据以免征工缴费的增值税和消费税。来料加工免税收入应与其他出口销售收入分开核算，对来料加工发生的运保佣应冲减来料加工销售收入，不得在其他出口销售中冲减。

（1）合同约定进口料件不作价的，只核算工缴费，做以下会计分录。

借：应收账款（工缴费部分）

　贷：主营业务收入——来料加工

（2）合同约定进口料件作价的，核算进口原辅料款和工缴费，做以下会计分录。

借：应收账款（工缴费部分）

　　应付账款（合同约定进口价格，汇率按原作价时的中间价）

　贷：主营业务收入——来料加工（原辅料款及加工费）

（3）外商投资企业转加工收回复出口。销售处理与（1）或（2）一致，只不过是要核算委托加工过程，分进口料件外商不作价和作价两种。

① 不作价。在发出加工时做以下会计分录。

借：拨出来料——加工厂名——来料名（只核算数量）

　贷：外商来料——国外客户名——来料名（只核算数量）

凭加工企业加工费发票，支付工厂加工费，做如下会计分录：

借：主营业务成本——来料加工

　贷：银行存款（应付账款）

委托加工的成品验收入库时做如下会计分录。

借：代管物资——国外客户名——加工成品名称（只核算数量）

　贷：拨出来料——加工厂名——来料名（核算原料规定耗用数量）

② 作价。在发出加工时，凭业务或储运部门开具的盖有“来料加工”戳记的出库单，按原材料金额做以下会计分录。

借：应收账款——来料加工厂

　贷：原材料——国外客户名——来料名称

交成品时，按合约价格及耗用原料，以及规定的加工费，根据业务部门或储运部门开具的盖有“来料加工”戳记的入库单做以下会计分录。

借：库存商品——国外客户名——加工成品名

　贷：应收账款——来料加工厂（按规定应耗用的原料成本）

　　　应付账款——来料加工厂（加工费，如外币按入库日汇率折算）

（4）对来料加工所耗用的国内进项税额进行转出。原则上按销售比例分摊，按分摊额做以下会计分录：

借：主营业务成本——来料加工

贷：应交税费——应交增值税（进项税额转出）

主题 5　委托加工如何进行会计处理？

问题：A 企业委托 B 企业加工一批材料（属于应税消费品）。原材料成本为 20 000 元，支付的加工费为 7 000 元（不含增值税），消费税税率为 10%，材料加工完成并已验收入库，加工费用等已经支付。双方适用的增值税税率为 17%，A 企业按实际成本核算原材料。如何进行会计处理？

解答：有关账务处理如下。

（1）发出委托加工材料。

借：委托加工物资——乙企业	20 000	
贷：原材料		20 000

（2）支付加工费用和税金。

消费税组成计税价格 =（20 000+7 000）÷（1–10%）=30 000（元）

［注：组成计税价格 =（发出加工材料成本 + 加工费）/（1 – 消费税税率）］

受托方代收代缴的消费税税额 = 30 000 × 10%=3 000（元）。

如果收回后继续用于生产应税消费品，消费税记入“应交税费——应交消费税”科目的借方，待以后环节抵扣；如果收回后直接用于对外销售，消费税就应该记入存货成本。

应交增值税税额 = 7 000 × 17%=1 190（元）。

若 A 企业收回加工后的材料用于连续生产应税消费品，则做以下会计分录。

借：委托加工物资	7 000	
应交税费——应交增值税（进项税额）	1 190	
——应交消费税	3 000	
贷：银行存款		11 190

主题 6　农业企业生产如何进行会计核算？

问题：某企业购进石斛苗种植，待长到一定程度后（3 ~ 4 个月）摘石斛鲜叶和枝条加工成药材进行销售。

问题（1）：购买石斛苗时有些种苗比较大，企业就将石斛鲜叶和枝条加工成药材销售（数量不多），这是在石斛还没达到成熟时进行的加工，该如何做领料、加工、加工完成后的账务处理？

问题（2）：成熟后可以进行大面积的药材加工时，从未成熟转入成熟后石斛种植地发生的费用是否记入当期费用？成熟后采摘石斛鲜叶加工成药材如何进行账务处理？

问题（3）：该企业购进石斛苗时因为手续不齐全被林业局罚款，开具的是罚没收入专用收据，但罚没收入名称是石斛种苗变价款收入，这笔罚款是进“营业外支出”还是“农业生产成本”？

解答（1）：购买石斛苗种植时：

借：原材料——种苗

　贷：银行存款

对于比较大的种苗，直接将石斛鲜叶和枝条加工时：

借：生产成本——农业生产成本

　贷：原材料、应付职工薪酬等

加工成成品后：

借：农产品

　贷：生产成本——农业生产成本

解答（2）：从种苗定植、抚育、管理到成熟之间发生的相关成本费用支出，做以下会计处理：

借：生产性生物资产——未成熟

　贷：原材料——种苗

　　　　　　——肥料及农药

　　　应付职工薪酬等

从未成熟转入成熟时：

借：生产性生物资产——成熟

　贷：生产性生物资产——未成熟

从未成熟转入成熟后，石斛种植地发生的费用：

借：生产成本——农业生产成本

　贷：应付职工薪酬、银行存款等

生产性生物资产通过计提折旧的形式转入成本费用。

成熟后采摘鲜叶和枝条加工成药材的账务核算同问题（1）的处理思路。

解答（3）：该企业进口石斛时因为手续不齐全被林业局罚款属于罚款支出，应计入“营业外支出”。

第二节　日常生产经营费用涉及的问题及会计处理

一、疑难问题解答

主题 1　费用报销审核要注意什么？

问题：某企业为一般纳税人，一财务人员刚被提升为财务经理，经验尚少。费用报销审批时应注意哪些问题？

解答：费用报销审批时应注意发票的合规性和报销的合理性，报销的合理性可以根据公司的内部制度来确定，发票的合规性审核一般看发票的内容与发票章是否匹配，比如，食品的发票由家具城开出就说明发票有问题，还有遇到连号的发票也要特别注意。

主题 2　员工到外地出差的费用都可以报销吗？

问题：某企业出差业务很多，但员工出差不给补助。出差员工在外地的一切费用都可以报销吗？对于差旅费都有哪些具体规定？

解答：企业可以自行制订出差时各项费用的报销标准，如什么情况下、什么职位的员工可以坐飞机，什么情况下只能坐火车、汽车；误餐补贴标准是多少钱一餐等，出差人员实际发生上述费用时，由其凭相应的税务发票和企业的限额标准报销即可。出差补助也是同样的思路，即由企业制订相应的标准。

但招待客人的餐费应该在业务招待费科目中核算，不计入差旅费中。

根据建议，这家公司制订了以下差旅费报销规定。

（1）省内各地市区县。

① 交通费、通信费：凭发票报销。

② 生活补助：30 元/人/天。

③ 住宿费：60 元/人/天。

（2）省外一般地区，报销规定同上。

（3）省城。

① 交通费、通信费报销规定同上。

② 生活补助：40 元/人/天。

③ 住宿费：80 元/人/天。

（4）京城、直辖市、沿海地区。

① 交通费、通信费报销规定同上。

② 生活补助：50 元/人/天。

③ 住宿费：100 元/人/天。

（5）其他。

① 公司地区经理级别，上述补助住房规定增加 30%报销。

② 公司老总级别，按上述补助住房规定增加 60%报销。

③ 路途连续坐车 8 小时以上者准补卧铺票。

④ 坐飞机由总经理特批有效。

主题 3　赔偿农户秧苗款如何处理？

问题：某公司在开展业务时，不小心毁损农户的秧苗，共计赔偿 53 200 元，对方打的全是白条。这种情况能否入账？对方应出具什么样的发票？

解答：对方是农户，只能提供收据。公司可以向税务机关申报损失，这种情况经过核查后一般是可以批准的，经过批准后在税前扣除。

因为是赔偿，所以是不用开发票的，但是要有相关的补偿协议，也就是合同书，然后可以与主管税务机关进行协商，批准后税前扣除。

主题 4　业务招待费税前扣除的标准和口径是什么？

问题：某公司正在进行所得税汇算清缴计算，业务招待费是最容易超标的支出项目。业务招待费的税前扣除标准如何规定？如何正确确认业务招待费税前扣除限额的计算基数？

解答：《中华人民共和国企业所得税法》第八条规定，企业实际发生的与取得收入有关的、合理的支出，包括成本、费用、税金、损失和其他支出，准予在计算应纳税所得额时扣除。《中华人民共和国企业所得税法实施条例》第四十三条规定，企业发生的与生产经营活动有关的业务招待费支出按照发生额的 60%扣除，但最高不得超过当年销售（营业）收入的 5‰。业务招待费的税前扣除应同时满足以上规定。

另据《国家税务总局关于〈中华人民共和国企业所得税年度纳税申报表〉的补充通知》（国税函［2008］1081 号）附件中附表一（1）《收入明细表》填报说明的规定，“销售（营业）收入合计”填报纳税人根据国家统一会计制度确认的主营业务收入、其他业务收入，以及根据税收规定确认的视同销售收入，该行数据作为计算业务招待费、广告费和业务宣传费支出扣除限额的计算基数。因此，业务招待费税前扣除限额的计算基数，应以税法口径下的收入为准，包括主营业务收入、其他业务收入和根据税收规定确认的视同销售收入，但不包括营业外收入。

主题 5　餐费就是业务招待费吗？

问题：某企业为一般纳税人，但经营业务比较繁杂，餐费较多。其餐费就是业务招待费吗？

解答：餐费不一定是业务招待费，业务招待费不仅仅是餐费。

在税务执法实践中，通常将业务招待费的支付范围界定为餐饮、香烟、水、食品、正常的娱乐活动等产生的费用支出。从定性的角度来讲，业务招待费应是指企事业单位为生产经营业务活动的需要而合理开支的接待费用。但是有的机构和个人往往一概而论，将餐费与业务招待费画上了等号，认为所有的餐费都是业务招待费，难道只要是吃饭就一定是业务招待吗？显然不是。

尽管在税务实践中无法对餐费发票进行区分，但是一刀切的做法肯定是不合理的。在公司内部，餐费产生的原因各种各样，如年末的员工大会餐、加班吃顿工作餐、拍摄宣传广告时吃饭等，这些与接待客户根本没有必然关系，所以，上述费用作为福利费或作为销售费用来核算。很显然，餐费不一定都是用于接待客户，也不一定就是业务招待费。

主题 6　招待外宾的住宿费和景点门票算不算招待费？

问题：某企业为涉外的一般纳税人，其招待外宾的住宿费和景点门票是否算招待费呢？

解答：在税收政策中并未对业务招待费的范围做出更多的解释，但在税务执法实践中，税务机关通常将业务招待费的支付范围界定为餐饮、住宿费（员工外出开会、出差，发生的住宿费为“差旅费”)、香烟、食品、茶叶、礼品、正常的娱乐活动、安排客户旅游产生的费用等其他支出。

根据《企业所得税法实施条例释义》的讲解，招待外宾的住宿费和景点门票可以作为业务招待费核算。

《企业所得税法实施条例释义》关于招待费的说明：必须有大量足够有效凭证证明企业相关性的陈述，比如费用金额、招待、娱乐、旅行的时间和地点、商业目的、企业与被招待人之间的业务关系。

主题7　员工在单位报销电话费，是否要缴纳个税？

问题：某企业因工作需要给职工个人报销电话费。这部分电话费是否应在福利费开支并代扣个人所得税？

解答：我国税法规定，只有经省级地方税务局根据纳税人公务交通、通信费的实际发放情况调查测算后，报经省级人民政府批准、税务总局备案的一定标准之内的公务交通、通信费用才可以扣除。除此之外，或者超出这一标准的公务费用，一律并入当月工资、薪金所得计征个税。

针对员工通信费，2009 年北京市国家税务局的答复是：发票抬头是个人的不能扣，是单位名称的可扣。

2011 年《北京市国家税务局所得税处就税务师事务所提出的相关业务问题的答复》：按照《企业所得税法实施条例》第三十四条的规定，工资薪金支出是指企业每一纳税年度支付给在本企业任职或者受雇员工的所有现金形式或者非现金形式的劳动报酬，包括补贴等。企业如向员工发放通信补贴，则应将其计入企业工资薪金支出；如采用以个人名义报销的方式，由于通信费发生的主体不是企业而是员工，因此作为企业发生的与生产经营无关的支出，不允许其从企业所得税税前扣除。

主题8　手机费报销涉及个税的应如何处理？

问题：某企业要给员工每月发放 300 元手机通信补助，是和工资一起发给员工，还是让员工拿票据来报销？

解答：手机费属于通信补贴的一种，通信补贴收入是指各单位以现金形式发放的个人通信补贴，或以报销方式支付的个人通信费用，以及发放含通信费用性质的工作性补贴。通信补贴的范围界定为单位为个人发放或支付的座机电话、移动电话、上网等费用。关于通信补贴是否需要缴纳个人所得税，以及企业以什么样的形式报销，各地都有不同的标准。

例如，大连规定，根据《国家税务总局关于个人所得税有关政策问题的通知》(国税发［1999］58 号）第二条规定，凡按照《大连市人民政府办公厅关于印发〈大连市市直党政机关公务移动通信费用补贴管理办法〉的通知》(大政发［2004］42 号）和《中共大连市委办公厅、大连市人民政府办公厅关于严格控制公款安装住宅电话配备移动电话的通知》(大委办发［1998］4 号）规定的范围和标准发放的移动通信费用补贴和住宅电话话费补贴不征个人所得税。对不符合规定范围、超标准发放的通信补贴，并入“工资、薪金”所得计征个人所得税。

广州市地税局《关于个人通信补贴收入征收个人所得税问题的通知》规定，对通信补贴收入征收个税允许税前扣除的额度标准，在省地税未有统一规定前，按照省市有关部门规定的通信费补贴标准执行，即补贴标准就是税前扣除标准。超过标准的补贴并入个人当月“工资、薪金”所得计征个税。通知还指出凭发票在单位报销通信费用的部分，准予税前扣除。

因此，对于上述 300 元的手机费，首先要根据当地具体规定的比例确定是否属于免征个人所得税的范围，如果属于这个范围，则可以免征个人所得税。如果个人可以提供票据证明，也可以税前扣除。如果支付的这 300 元超过当地规定的通信补贴的标准，那么单位是需要代扣代缴个人所得税的，即这部分通信补贴并入工资、薪金所得缴纳个人所得税。

综上可以看出，各地规定的通信补贴的扣除方法不同，有的是直接以工资形式发放，有的是以票据形式报销，同时，超过规定标准的，企业需要代扣代缴个人所得税。

主题 9　给客人送礼品是否要征收增值税?

问题：某公司买了几个名牌公文包送给客人，但是税务部门检查时认为，根据《增值税暂行条例》，企业买东西送人应当按视同销售收增值税。企业对此很不理解，自己买来公文包的时候已经承担了增值税，为何还要征收?

解答：税务机构的观点是有依据的。

《增值税暂行条例实施细则》第四条规定，单位或者个体工商户的下列行为，视同销售货物：

(1）将货物交付其他单位或者个人代销；

(2）销售代销货物；

（3）设有两个以上机构并实行统一核算的纳税人，将货物从一个机构移送其他机构用于销售，但相关机构设在同一县（市）的除外；

（4）将自产或者委托加工的货物用于非增值税应税项目；

（5）将自产、委托加工的货物用于集体福利或者个人消费；

（6）将自产、委托加工或者购进的货物作为投资，提供给其他单位或者个体工商户；

（7）将自产、委托加工或者购进的货物分配给股东或者投资者；

（8）将自产、委托加工或者购进的货物无偿赠送其他单位或者个人。

根据上述规定的第（8）条，外购名牌公文包进行赠送属于视同销售的行为，应该依法计算税金。

建议平时减少此类赠送，如需赠送，则需按规定进行计税处理。

若是非增值税纳税人，赠送的礼品按“偶然所得”补交个人所得税。

主题 10　企业用老板的车子、房子的费用如何处理？

问题：某商贸公司办公房用的是老板自己买的房子，送货的车也是老板自己的，因为费用小，净利润就很大，企业所得税交的也多，但是车辆费用、房租费用确实是公司发生的。车辆费用、房租费用该怎样进行账务处理？

解答：如果房产和车辆不在企业的账面上，那么所发生的费用是不得在企业所得税前扣除的。如果想在企业的所得税前扣除，有两种思路可以考虑：一是将资产过户到企业的名下；二是采用租赁的方式。

如果公司跟老板签一个车辆和房屋租赁合同，那么汽车加油、过路费、水电费等就可以计人公司的账内，这样就可以算做是公司的费用，只需要让老板去地税开个发票就可以。

主题 11　单位使用员工私车如何进行税务处理？

问题：某单位为了节省费用，少购车辆，少聘用专职司机，鼓励员工用自有车辆，为单位服务，发生的各项费用（过路过桥费、修理费、保险费、燃油费、停车费等与车辆有关的费用）实行限额报销。单位使用员工私车而报销的费用是否需缴纳个人所得税？单位使用员工私车的费用是否需进行纳税调整？

解答：国家税务总局对此没有给出明确规定，但一般各地都有相应规定。员工自有车辆与企业之间应是租赁关系，应该以签订租赁合同的形式体现，此租金要缴纳个人所得税，企业支付的租金可以在企业税前扣除，但应由个人负担的费用，如车辆保险费、维修费不得扣除。因此，公司应该重新规划此业务，先签订合同，在租赁期间的汽油费、过路过桥费和停车费据实扣除。

《北京市地方税务局关于明确若干企业所得税业务政策问题的通知》（京地税企［2003］646 号）第三条规定，对纳税人因工作需要租用个人汽车，按照租赁合同或协议支付的租金，在取得真实、合法、有效凭证的基础上，允许税前扣除；对在租赁期内汽车使用所发生的汽油费、过路过桥费和停车费，在取得真实、合法、有效凭证的基础上，允许税前扣除。其他应由个人负担的汽车费用，如车辆保险费、维修费等，不得在企业所得税税前扣除。

如果符合当地文件规定，合法进入税前的费用就不用进行纳税调整。

主题 12　个人将闲置的轿车出租给企业，收入如何进行税务处理？

问题：某股东将自己的一辆闲置轿车出租给自己投资的一个企业使用，企业支付该股东轿车的年租赁费（假设轿车的年租赁费为公允价格）为 6 000 元。该收入如何交税？

解答：上述股东将自有车辆租赁给被投资公司，取得租赁费用，这是关联交易。只要认为价格公允，可以提请税务机构代开租赁发票，根据租赁发票即可入账。同时，年终申报时，填写关联交易申报表的相关资料即可。假如税务机构认为不公允，税务机构可以调整。车辆租赁业务的公允价较好确定，一般只要不明显违背实际，税务机构都会认可。在本项交易中，需要缴纳营业税 6 000×5%，营业税附加 6 000×0.5%（城建税 7%+教育费附加 3%，合计为 10%，即 5%的 0.5%），印花税 6 000×1‰，此外还应缴纳个人所得税，计算公式为：应纳个人所得税税额=应税收入×20%。其中，应税收入=每次取得的财产租赁收入–合理费用–费用扣除标准。合理费用包括以下项目：

（1）纳税人在出租财产过程中缴纳的税金、教育费附加，可凭完税凭证，从财产租赁收入中扣除。

（2）由纳税人负担的该出租财产实际开支的修缮费用，必须是实际发生并能够提供有效准确凭证的支出，以每次扣除 800 元为限，一次扣除不完的，可以继续扣除，直至扣完为止。

费用扣除标准为：每次收入不超过 4 000 元的，可以扣除 800 元；每次收入超过 4 000 元的，可以扣除收入的 20%。财产租赁所得的个人所得税的适用税率为 20%。

主题 13　研发费用如何进行加计税前扣除?

问题：某公司的工程技术部最近发生了很多研发新产品的费用。这些费用能记入研发支出吗？税务局年终能认可在所得税前加计扣除吗？

解答：这些费用可以作为研发支出核算，但能否税前加计扣除还需看是否属于研究开发新技术、新产品、新工艺所发生的费用。企业在纳税申报时，凭项目立项计划及其研究开发费用预算、研究开发项目审核意见、研究开发费用审计报告等材料到主管税务机关办理核准手续，在计算应纳税所得额时才能予以加计扣除。相应的凭证后面也应附有发票审批报销单、薪资核算、项目立项计划及其研究开发费用预算等原始凭证。通常由省或市科技管理部门出具“研究开发项目审核意见”，企业自己出具“项目立项计划及其研究开发费用预算”，会计师事务所出具“研究开发费用专项审计报告”。

主题 14　用于做破坏性实验的设备如何核算?

问题：某企业工程技术部购买了一些设备用于做破坏性实验，应如何核算？

解答：该企业工程技术部购买设备用于做破坏性实验，如果该设备属于实验品，则一般可以先计入原材料或周转材料等破坏实验领用时相应转销（根据实验的目的计入管理费用、销售费用、制造费用等）。如果该设备是用于对其他实验品进行实验，则可以作为固定资产入账。

主题 15　研发费用如何进行会计核算?

问题：某单位是一家工业企业，承担新产品的研发任务。新产品研发时发生的人工费、领用的原材料、研发用的设备如何进行会计处理？

解答：工业企业的研发支出实际上分为研究支出和开发支出，先通过“研发支出”科目汇总，到期末，研究支出一律费用化计入管理费用；而符合资本化条件的开发支出准予资本化，计入“无形资产”，不符合资本化条件的开发支出一律费用化计入管理费用。

工业企业新产品研发时发生的人工费、领用的原材料计入“研发支出”科目，设备计入固定资产，计提折旧，折旧费用也计入研发支出。

新产品研发成功后，资本化的开发支出，形成无形资产。同时，对使用寿命确定的无形资产应当摊销，对使用寿命不确定的无形资产无须摊销。

二、会计处理方法

主题 1　预付装修费如何处理?

问题：某公司进行装修，预付了装修费，预付的装修费如何处理?

解答：会计处理如下。

（1）预付装修费时。

借：预付账款——装修费

　贷：银行存款

（2）装修完成时。

借：长期待摊费用——装修费

　贷：预付账款——装修费

（3）进行摊销。如果装修费用符合资本化条件，可以进行资本化处理，即计入固定资产成本，然后再计提折旧（目前实务中计入固定资产的比较多）。如果金额小则可以一次计入当期管理费用。

主题 2　研发费用的系统探讨

问题：某公司刚成立，是专业做网站的公司，目前处于网站的开发阶段，到开发成功可能需要两三年。从现在起研发人员的工资等研发费用能够资本化吗?

解答：（1）会计上，研究开发费的处理存在以下三种观点。

① 全部费用化。即将企业发生的研发费全部作为期间费用，计入当期损益。我国在 2006 年新准则出台之前采取的是这一观点，将企业研究阶段的研发支出称为“技术开发费”，于发生时直接计入“管理费用”账户。

② 全部资本化。即将企业发生的研究开发费在发生期内先归集起来，待其达到预定用途时予以资本化，记入“无形资产”账户。

③ 符合条件的资本化。即符合条件的研发费用资本化，其他则费用化计入当期损益。我国 2006 年出台的无形资产新准则采用此种方法，这与新企业所得税税法及其实施条例对研究开发费的税务处理具有一致性。

（2）《企业会计准则第 6 号——无形资产》对研究开发费用的会计处理规定。

① 将研究开发项目区分为研究阶段与开发阶段。

② 研究阶段的支出，于发生时计入当期损益；开发阶段的支出，满足资本化条件的，确认为无形资产，不符合资本化条件的，计入当期损益；若确实无法区分研究阶段的支出和开发阶段的支出，将其全部费用化，计入当期损益。

③ 满足资本化支出的条件包括五个方面：完成该无形资产以使其能够使用或出售在技术上具有可行性；具有完成该无形资产并使用或出售的意图；无形资产产生经济利益的方式包括能够证明运用该无形资产生产的产品存在市场或无形资产本身存在市场，无形资产将在内部使用的，应当证明其有用性；有足够的技术、财务资源和其他资源支持，以完成该无形资产的开发，并有能力使用或出售该无形资产；归属于该无形资产开发阶段的支出能够可靠地计量。

（3）研究阶段和开发阶段的区分。

根据《企业会计准则第6号——无形资产》及其应用指南的规定：

① 研究阶段是指为获取新的科学或技术知识并理解它们而进行的独创性的有计划调查。研究阶段是探索性的，它为进一步的开发活动进行资料及相关方面的准备，已进行的研究活动将来是否会转入开发、开发后是否会形成无形资产等均具有较大的不确定性。如意在获取知识而进行的活动，研究成果或其他知识的应用研究、评价和最终选择，材料、设备、产品、工序系统或服务替代品的研究，新的或经改进的材料、设备、产品、工序系统或服务的可能替代品的配置、设计、评价和最终选择等，均属于研究活动。

② 开发阶段是指在进行商业性生产或使用前，将研究成果或其他知识应用于某项计划或设计，以生产出新的或具有实质性改进的材料、装置、产品等。相对于研究阶段而言，开发阶段应当是已完成研究阶段的工作，在很大程度上具备了形成一项新产品或新技术的基本条件。如生产前或使用前的原型和模型的设计、建设和测试，不具有商业性生产经济规模的试生产设施的设计、建造和运营等，均属于开发活动。

综上所述，企业应当根据研究与开发的实际情况加以判断，将研究开发项目区分为研究阶段与开发阶段。

（4）研发费用的归集和核算。

① 账户的设置。按新《企业会计准则》的规定，企业应设置“研发支出”成本账户，用以归集企业研究开发项目中发生的各项研发费用；基于“符合条件的资本化”的会计处理方法，“研发支出”可按研究开发项目，分别“费用化支出”、“资本化支出”进行明细核算。

② 具体会计核算处理。

A. 相关研发费用发生时：

借：研发支出——费用化支出

——资本化支出

贷：原材料、应付职工薪酬等相关科目

B. 会计期末，将费用化支出结转到“管理费用”账户；对于资本化支出部分，则等到该无形资产达到预定用途时，再将其转入“无形资产”账户。

结转费用化支出：

借：管理费用

贷：研发支出——费用化支出

当资本化支出部分达到预定用途时：

借：无形资产

贷：研发支出——资本化支出

对于已形成无形资产的研究开发费用，从其达到预定用途的当月起，按直线法摊销（税法规定的摊销年限不低于 10 年）：

借：管理费用

贷：累计摊销

例 3-1 2008 年 1 月 1 日，甲公司经董事会批准研发某项新产品专利技术，本年度在研究开发过程中发生材料费 500 万元、研发人员工资 100 万元，以及其他费用 400 万元，总计 1 000 万元。假定以下三种情况：

（1）研发费用均不符合资本化条件，全部计入当期损益；

（2）研发费用均符合资本化条件，该专利技术于 2009 年 1 月达到预定用途，并采用直线法按 10 年摊销；

（3）研发费用中符合资本化条件的支出为 600 万元，该专利技术于 2009 年 1 月达到预定用途，并采用直线法按 10 年摊销。

相关处理如下。

（1）第一种情况的处理。

① 当各种研发费用发生时。

借：研发支出——费用化支出	10 000 000	
贷：原材料		5 000 000
应付职工薪酬		1 000 000
银行存款		4 000 000

② 会计期末。

借：管理费用　　10 000 000

　贷：研发支出——费用化支出　　10 000 000

（2）第二种情况的处理。

① 2008 年，当各种研发费用发生时。

借：研发支出——资本化支出　　10 000 000

　贷：原材料　　5 000 000

　　应付职工薪酬　　1 000 000

　　银行存款　　4 000 000

② 2008 年年末，因该专利技术未达到预定用途，无须结转“研发支出——资本化支出”账户。

③ 2009 年 1 月，该专利技术达到预定用途时。

借：无形资产　　10 000 000

　贷：研发支出——资本化支出　　10 000 000

④ 从 2009 年开始，分 10 年平均摊销。

借：管理费用　　1 000 000

　贷：累计摊销　　（10 000 000/10）1 000 000

（3）第三种情况的处理。

① 2008 年，当各种研发费用发生时。

借：研发支出——费用化支出　　4 000 000

　　研发支出——资本化支出　　6 000 000

　贷：原材料　　5 000 000

　　应付职工薪酬　　1 000 000

　　银行存款　　4 000 000

② 2008 年每月末，将费用化支出转入“管理费用”账户（此处做的是一笔汇总分录）。但由于资本化支出部分未达到预定用途，无须结转“研发支出——资本化支出”账户。

借：管理费用　　4 000 000

　贷：研发支出——费用化支出　　4 000 000

③ 2009 年 1 月，该专利技术达到预定用途时。

借：无形资产　　6 000 000

　贷：研发支出——资本化支出　　6 000 000

④ 从 2009 年开始，分 10 年平均摊销。

借：管理费用　　600 000

　贷：累计摊销　　（6 000 000/10）600 000

第三节　存货涉及的问题及会计处理

一、疑难问题解答

主题 1　录入库存期初数据时账面数大于实际数如何处理?

问题：某公司刚上财务软件，录入库存管理模块的期初数据时，遇到这样的问题：因为频繁更换会计，前期没有如实结转原材料进入生产成本，现在通过盘点得出准确的仓库的原材料数据以及生产线上的原材料和半成品数据。但是合计起来比账面数字少，应该如何处理这些差额?

解答：这个工作要分以下几步来做。

（1）要查明产生差额的原因，如果是以前没有结转成本造成的，现在要结转成本。

借：以前年度损益调整

　　生产成本

　　制造费用

　贷：原材料等

上面的处理需要经过相关领导的审批，做出处理意见书，然后才可以入账。

如果差额是发生的损失，则要计入当期损益——管理费用或营业外支出。这也需要经过相关领导的审批，做出处理意见书，然后才可以入账。

（2）若做盘亏处理，需要有发生损失的证明。

根据《企业财产损失所得税前扣除管理办法》规定，对盘亏的存货，扣除责任人赔偿后的余额部分，依据下列证据认定损失。

① 存货盘点表；

② 中介机构的经济鉴证证明；

③ 存货保管人对于盘亏的情况说明；

④ 盘亏存货的价值确定依据（包括相关入库手续、相同相近存货采购发票价格或其他确定依据）；

⑤ 企业内部有关责任认定、责任人赔偿说明和内部核批文件。

（3）对报废、毁损的存货，其账面价值扣除残值及保险赔偿或责任赔偿后的余额部分，依据下列证据认定损失。

① 单项或批量金额较小的存货由企业内部有关技术部门出具技术鉴定证明；

② 单项或批量金额较大的存货，应取得国家有关技术部门或具有技术鉴定资格的中介机构出具的技术鉴定证明；

③ 涉及保险索赔的，应当有保险公司理赔情况说明；

④ 企业内部关于存货报废、毁损情况说明及审批文件；

⑤ 残值情况说明；

⑥ 企业内部有关责任认定、责任赔偿说明和内部核批文件。

（4）对被盗的存货，其账面价值扣除保险理赔以及责任赔偿后的余额部分，依据下列证据认定损失。

① 向公安机关的报案记录，公安机关立案、破案和结案的证明材料；

② 涉及责任人的责任认定及赔偿情况说明；

③ 涉及保险索赔的，应当有保险公司理赔情况说明。

主题 2　存货被盗如何处理？

问题：某公司的库存商品或材料遭盗窃。存货被盗如何处理？

解答：《企业资产损失所得税税前扣除管理办法》（国家税务总局公告 2011 年第 25 号）第八条规定：企业资产损失按其申报内容和要求的不同，分为清单申报和专项申报两种申报形式。其中，属于清单申报的资产损失，企业可按会计核算科目进行归类、汇总，然后再将汇总清单报送税务机关，有关会计核算资料和纳税资料留存备查；属于专项申报的资产损失，企业应逐项（或逐笔）报送申请报告，同时附送会计核算资料及其他相关的纳税资料。

第九条规定，下列资产损失，应以清单申报的方式向税务机关申报扣除：

（1）企业在正常经营管理活动中，按照公允价格销售、转让、变卖非货币资产的损失；

（2）企业各项存货发生的正常损耗；

（3）企业固定资产达到或超过使用年限而正常报废清理的损失；

（4）企业生产性生物资产达到或超过使用年限而正常死亡发生的资产损失；

（5）企业按照市场公平交易原则，通过各种交易场所、市场等买卖债券、股票、期货、基金以及金融衍生产品等发生的损失。

第十条规定前条以外的资产损失，应以专项申报的方式向税务机关申报扣除。企业无法准确判别是否属于清单申报扣除的资产损失，可以采取专项申报的形式申报扣除。

从上述文件规定看，税法明确了不需要审批的资产损失分类，不在上述分类内的损失，属于需要审批的项目。经比对，财产失盗不属于上述自行计算扣除的项目，应该是需要审批的项目。

主题 3　企业报废的产品需要做进项税额转出吗？

问题：某企业产品报废，报废产品的进项税需要做转出吗？

解答：企业在生产经营中不免会发生各种情况的存货损失。根据《增值税暂行条例》规定，非正常损失的购进货物和非正常损失的在产品、产成品所耗用的购进货物或者应税劳务的进项税额都不得从销项税额中抵扣，已经抵扣的进项税应予转出。而存货损失是否可以做进项税转出，在实际操作中关键是要把握对非正常损失的界定。

《增值税暂行条例》第十条规定了以下几种情形的进项税额不得从销项税额中抵扣：

（1）用于非增值税应税项目、免征增值税项目、集体福利或者个人消费的购进货物或者应税劳务；

（2）非正常损失的购进货物及相关的应税劳务；

（3）非正常损失的在产品、产成品所耗用的购进货物或者应税劳务；

（4）国务院财政、税务主管部门规定的纳税人自用消费品；

（5）本条第（1）项至第（4）项规定的货物的运输费用和销售免税货物的运输费用。

对照以上规定可以看出，增值税进项税额转出的核心问题是正确区分和判断正常损失与非正常损失，这个问题明确了，才能正确处理正常损失与非正常损失的进项税及进项税转出。因而，对“非正常损失”界定更为重要。

《增值税暂行条例实施细则》第二十四条明确，条例第十条第（二）项所称非正常损失，是指因管理不善造成被盗、丢失、霉烂变质的损失。该规定对需要做进项税额转出的非正常损失给了限制性解释，仅列举了“因管理不善造成被盗、丢失、霉烂变质的损失”三种情形。

那么，企业在生产经营中哪些存货损失属于增值税规定中所称的“非正常损失”呢？

第一，由于国家产业政策和市场因素，导致公司存货发生价值减少，实际货物并未损失，这种情形也理解为“价损”。

价损的原因不是企业本身所能把控的，如前几年国家规定停止使用的“塑料餐盒”，因此，其所发生的损失不应界定为管理不善，其进项税额无须做转出处理。《国家税务总局关于企业改制中资产评估减值发生的流动资产损失进项税额抵扣问题的批复》（国税函［2002］1103 号）规定，对于企业由于资产评估减值而发生流动资产损失，如果流动资产未丢失或损坏，只是由于市场发生变化，价格降低，价值量减少，则不属于《增值税暂行条例实施细则》第二十一条规定的非正常损失，不做进项税额转出处理。同时，我们还需要注意的是，《国家税务总局关于修改若干增值税规范性文件引用法规规章条款依据的通知》（国税发［2009］10 号）明确规定，自 2009 年 1 月 1 日起，将其依据从“《中华人民共和国增值税暂行条例实施细则》第二十一条规定，‘非正常损失是指生产、经营过程中正常损耗外的损失’”修改为“《中华人民共和国增值税暂行条例实施细则》第二十四条规定，‘非正常损失是指因管理不善造成被盗、丢失、霉烂变质的损失’。”

第二，对有保质期的货物，假如没有保质期约束，其货物仍可继续使用，就不存在自行需要处理掉的问题。超过保质期存货不仅是出于质量管理的要求，而且这类存货往往都关系人身安全，如食品、药品等，同时国家相关部门对此也做出严格的保质期限。对于这种情况下的存货损失，其进项税额的处理也不属于管理不善。对此，国家尚无统一的税收政策，但安徽省曾经请示国家税务总局后，在《安徽省国家税务局关于若干增值税政策和管理问题的通知》（皖国税函［2008］10 号）中做出这样的解释：纳税人因库存商品已过保质期、商品滞销或被淘汰等原因，将库存货物报废或低价销售处理的，不属于非正常损失，不需要做进项税额转出处理。

第三，存货由于未到保质期而发生损失，通常情况下是与采购计划盲目、货物采购质量、验收入库、生产过程等诸多因素相关，这些现象不能排除管理责任，极有可能都会被税务机关认定为非正常损失。如能提供证明与管理不善无关的证据，被税务机关认可的，可不做非正常损失处理。

通过上述分析，对于处理一些可能不完全符合《增值税暂行条例》及实施细则中所说生产经营中的合理损耗（一般是指工艺损耗或保管中的自然挥发等合理的自然损耗），要注意收集符合客观情况的证据，以减少被认定为非正常损失的可能。

主题 4　存货损失如何进行税务处理？

问题：某企业为一般纳税人，盘点时发生存货的实际数与账面数不符。存货损失如何进行税务处理？

解答：增值税方面：企业发生非正常损失的购进货物，其进项税额不得从销项税额中抵扣。如果企业在货物发生非正常损失之前，已将该购进货物的增值税进项税额实际申报抵扣，则应当在该批货物发生非正常损失的当期，将该批货物的进项税额予以转出。

所得税方面：参照《企业资产损失所得税税前扣除管理办法》（国家税务总局公告 2011 年第 25 号）相关条款进行处理。

二、会计处理方法

主题 1　损失原材料的进项税金如何转出？

问题：由于保管不当，某公司有一批原材料发生损失。假设该批材料价值为 100 000 元，进项税额为 17 000 元，在得到税务机关鉴证后确认全部为财产损失。如果当初购入时的处理是：

借：原材料　　100 000

　　应交税费——应交增值税（进项税额）　　17 000

　贷：银行存款　　117 000

那么，该公司在确认损失后应怎样做进项税额转出的会计分录？

解答：这个情况属于正常的财产损失处理问题，按照《企业会计准则》的规定，应通过“待处理财产损溢”科目来核算，具体会计分录如下：

借：待处理财产损溢　　117 000

贷：原材料 100 000

应交税费——应交增值税（进项税额转出） 17 000

经过批准后，将“待处理财产损溢”转入“管理费用”：

借：管理费用 117 000

贷：待处理财产损溢 17 000

主题 2 养殖企业的生物资产盘亏如何进行账务处理?

问题：某公司是以养种羊为主的民营企业，有的羊因病死亡，该如何进行账务处理?

解答：《企业会计准则》规定：生物资产盘亏或死亡、毁损时，应当将处置收入扣除其账面价值和相关税费后的余额先记入“待处理财产损溢”科目，待查明原因后，根据企业的管理权限，经股东大会、董事会、经理（场长）会议或类似机构批准后，在期末结账前处理完毕。生物资产因盘亏或死亡、毁损造成的损失，在减去过失人或者保险公司等的赔款和残余价值之后，计入当期管理费用；属于自然灾害等非常损失的，计入营业外支出。

公司种羊因病死亡，可按如下分录处理：

借：待处理财产损溢

生产性生物资产累计折旧

贷：生产性生物资产

借：其他应收款（可收到的赔款）

管理费用（损失净额）

贷：待处理财产损溢

如果种羊的死亡正常且频繁，可以根据实际情况制定会计政策，规定一个比例，如果在比例范围内的种羊死亡可以不做账务处理，如果死亡超过该比例，则按上面列出的思路处理。

主题 3 存货损失如何进行会计处理?

问题：某企业为一般纳税人，盘点时发生存货的实际数与账面数不符。存货损失如何进行会计处理?

解答：对存货损失的处理，会计制度规定：由于预见存货可能遭受损失或不合市价，出于会计上的“谨慎性”，企业在期末要计提“存货跌价准备”，但税法上不予认可；对于正常的存货损失，会计处理等同于税法，在本年利润中直接扣除；对于存货的非正常损失，会计上分两种情况在本年利润中直接扣除，即自然灾害损失，在扣除保险公司等赔偿后记入“营业外支出”，而因管理不善造成货物被盗窃、发生霉烂变质等损失，扣除有关责任人员赔偿后记入“管理费用”。

例 3-2 企业 2009 年不包括以下经济业务的会计利润为 200 万元，应交增值税已足额上交，其他会计资料反映情况如下：

已计提存货跌价准备 15 万元；因仓库保管员王某放松责任心，导致仓库原材料被盗，经盘查，材料账面价值为 5 万元（其中含分摊的运费 4 650 元）；意外火灾造成库存产品全部烧毁，该产成品的非正常损失金额为 40 万元。已知全年总计耗用存货金额为 500 万元，全年生产成本金额为 800 万元；12 月盘亏一批 8 月购入的材料（已抵扣进项税额），盘亏金额为 9 万元，查明属于定额内自然损耗；以上材料进项税税率为 17%，不考虑其他税费和纳税调整。

根据上述材料，该企业应进行如下账务处理。

（1）存货跌价准备只影响计税所得额，即调增应纳税所得额 15 万元，并不影响会计利润额，故不必做调账分录；

（2）被盗材料进项税额转出 =（50 000 − 4 650）× 17% + 4 650 ÷（1 − 7%）× 7% = 8 059.50（元）。

借：待处理财产损溢　58 059.50

　贷：原材料　50 000

　　应交税费——应交增值税（进项税额转出）　8 059.50

12 月 20 日经董事会批准，由王某赔偿 2 万元，并报经税务机关审批同意后，会计处理如下：

借：管理费用　38 059.50

　其他应收款——王某　20 000

　贷：待处理财产损溢　58 059.50

（3）被毁产成品的进项税转出额 =（产成品的损失金额 × 全年耗用存货金额 ÷ 全年生产成本金额）× 适用税率 =（40 × 500 ÷ 800）× 17% = 4.25（万元）。

借：待处理财产损溢　442 500

　贷：产成品　400 000

　　应交税费——应交增值税（进项税额转出）　42 500

12 月 20 日经董事会批准，并报经税务机关审批同意后：

借：营业外支出　　442 500

　贷：待处理财产损溢　　442 500

（4）盘亏入账时：

借：待处理财产损溢　　105 300

　贷：原材料　　90 000

　　　应交税费——应交增值税（进项税额转出）　　15 300

定额内合理损耗，属正常损失，不必报经税务机关审批，直接在当年所得税前扣除：

借：管理费用——定额损耗　　105 300

　贷：待处理财产损溢　　105 300

根据上述业务，该企业应交增值税 = 8 059.50 + 42 500 + 15 300 = 65 859.50（元）。

应税所得额 = 2 000 000 + 150 000 − 38 059.50 − 442 500 − 105 300

= 1 564 140.50（元）

应交所得税 = 1 564 140.50 × 25% = 391 035.125（元）。

需要注意的是，如果以上非正常损失当年未报税务机关批准，则不允许在当年及以后年度抵扣；对于正常损耗，虽少了审批这一程序，但也要在证据确凿后才在当年扣除。

主题 4　存货盘盈盘亏如何进行会计处理?

问题：某企业进行存货盘点，存货盘盈盘亏如何进行会计处理?

解答：（1）存货盘盈的处理。企业盘盈的各种材料、产成品、库存商品等存货，借记"原材料"、"库存商品"等科目，贷记"待处理财产损溢"科目。

（2）存货盘亏的处理。存货发生的盘亏或毁损，应作为待处理财产损溢进行核算。按管理权限报经批准后，根据造成存货盘亏或毁损的原因，分别按以下情况进行处理：属于计量收发差错和管理不善等原因造成的存货短缺，应先扣除残料价值、可以收回的保险赔偿和过失人赔偿，将净损失计入管理费用；属于自然灾害等非常原因造成的存货毁损，应先扣除处置收入（如残料价值）、可以收回的保险赔偿和过失人赔偿，将净损失计入营业外支出。

例 3-3　企业因暴雨毁损库存材料一批，该批原材料实际成本为 20 000 元，收回残料价值 800 元，保险公司赔偿 11 600 元。该企业购入材料的增值税税率为 17%。

批准处理前：

借：待处理财产损溢——待处理流动资产损溢　23 400

　贷：原材料　20 000

　　应交税费——应交增值税（进项税额转出）　3 400

批准处理后：

借：原材料　800

　贷：待处理财产损溢——待处理流动资产损溢　800

借：其他应收款　11 600

　贷：待处理财产损溢——待处理流动资产损溢　11 600

借：营业外支出　11 000

　贷：待处理财产损溢——待处理流动资产损溢　11 000

主题 5　如何摊销低值易耗品？

问题：某企业在生产经营过程中使用不少周转材料。这些周转材料——低值易耗品在会计核算上设置了三个明细科目：在用、在库、摊销。这三个明细科目如何使用？

解答：除价值较低、极易损坏的低值易耗品可使用一次摊销法外，其余低值易耗品应当根据使用次数分次进行摊销，采用分次摊销法摊销低值易耗品，低值易耗品在领用时摊销其账面价值的单次平均摊销额。

（1）购买时。

借：周转材料——低值易耗品（在库）

　贷：银行存款

（2）领用时如下例。

例 3-4　某物业管理公司 5 月份领用办公桌 2 台，每台价值 400 元，估计使用次数为两次。

借：周转材料——低值易耗品（在用）　800

　贷：周转材料——低值易耗品（在库）　800

第一次领用时，摊销一半价值。

借：管理费用　400

　贷：周转材料——低值易耗品（摊销）　400

第二次领用时，摊销剩余价值。

借：管理费用 400

贷：周转材料——低值易耗品（摊销） 400

同时，注销低值易耗品明细账分录如下。

借：周转材料——低值易耗品（摊销） 800

贷：周转材料——低值易耗品（在用） 800

第四节 固定资产涉及的问题及会计处理

一、疑难问题解答

主题 1 原购车辆再次装潢如何计提折旧?

问题：某单位上月购买汽车就入账了，本来这个月开始计提折旧，但这个月又加了购置税和装潢。汽车的折旧如何计算？

解答：《企业会计准则第 4 号——固定资产》第八条明确规定，外购固定资产的成本，包括购买价款、相关税费、使固定资产达到预定可使用状态前所发生的可归属于该项资产的运输费、装卸费、安装费和专业人员服务费等，购置税属于购入车辆的必需费用，一般要计入车辆的价值中。可以调整车辆的入账价值，然后再计提折旧。由于该单位的入账时间跨度不大，可以在本月开始计提折旧。

主题 2 固定资产核算的标准是什么?

问题：最新企业会计准则下固定资产核算的标准是什么？固定资产明细账采用哪种？

解答：《企业会计准则第 4 号——固定资产》第三条规定，固定资产是指同时具有下列特征的有形资产：为生产商品、提供劳务、出租或经营管理而持有的；使用寿命超过一个会计年度（使用寿命是指企业使用固定资产的预计期间，或者该固定资产所能生产产品或提供劳务的数量）。

第四条规定固定资产同时满足下列条件的，才能予以确认：与该固定资产有关的经济利益很可能流入企业；该固定资产的成本能够可靠地计量。

固定资产明细账采用的是固定资产卡片账，也就是单独账页的那种。

主题 3　新税法下固定资产残值如何确定?

问题：某企业进行资产评估，在新税法下固定资产残值如何确定?

解答：按照《中华人民共和国企业所得税法实施条例》(以下简称《企业所得税法实施条例》)第五十九条的规定，企业应当根据固定资产的性质和使用情况，合理确定固定资产的预计净残值，固定资产的预计净残值一经确定，不得变更。企业可以根据职业判断按照税法的规定确定固定资产的预计净残值，预计的净残值可以为零，不再受原政策规定的比例限制。按照《国家税务总局关于企业所得税若干税务事项衔接问题的通知》(国税函 [2009] 98 号)第一条的规定，新税法实施前已投入使用的固定资产，企业已按原税法规定预计净残值并计提的折旧，不做调整；新税法实施后，对此类继续使用的固定资产，可以重新确定其残值，并就其尚未计提折旧的余额，按照新税法规定的折旧年限减去已经计提折旧的年限后的剩余年限，按照新税法规定的折旧方法计算折旧。因此，2008 年以后，企业可以重新确定预计净残值，并按照国税函 [2009] 98 号文件第一条的规定计算可以扣除的折旧额并从税前扣除。

主题 4　货架折旧的最低期限是如何规定的?

问题：某单位是商业贸易公司，销售商品的货架在该单位列入固定资产核算。货架的折旧年限税法上是如何规定的?

解答：《企业所得税法实施条例》第六十条规定，除国务院财政、税务主管部门另有规定外，固定资产计算折旧的最低年限如下：

(1)房屋、建筑物，为 20 年；

(2)飞机、火车、轮船、机器、机械和其他生产设备，为 10 年；

(3)与生产经营活动有关的器具、工具、家具等，为 5 年；

(4)飞机、火车、轮船以外的运输工具，为 4 年；

(5)电子设备，为 3 年。

该单位的货架主要是用来在卖场摆放货物，作为器具、工具比较合适，属于(3)的范围，所以税法上的最低折旧年限为 5 年。

主题 5　暂时闲置生产设备的折旧能否税前扣除?

问题：某公司一条生产线闲置未使用，根据《企业会计准则》，须计提折旧。暂时闲置生产设备的折旧能否税前扣除？

解答：根据《企业所得税法》第十一条规定，企业按照规定计算的固定资产折旧准予扣除。但下列固定资产不得计算折旧扣除：

（1）房屋、建筑物以外未投入使用的固定资产；

（2）以经营租赁方式租入的固定资产；

（3）以融资租赁方式租出的固定资产；

（4）已足额提取折旧仍继续使用的固定资产；

（5）与经营活动无关的固定资产；

（6）单独估价作为固定资产入账的土地；

（7）其他不得计算折旧扣除的固定资产。

从上述规定看，未投入使用的固定资产，除了房屋和建筑物外，均不得计提折旧在税前扣除。生产线不属于房屋、建筑物，根据上述规定，它的折旧在所得税前不能扣除。

主题 6　企业固定资产作废的鉴证，需要税务师事务所提交哪些证据材料？

问题：某企业进行固定资产作废的鉴证，需要税务师事务所提交哪些证据材料？

解答：税务师进行鉴证业务，要严格执行其职业准则。

作废毁损的固定资产，《企业财产损失所得税税前扣除鉴证业务准则（试行）》明确要出示的资料如下：

（1）企业内部有关部门出具的鉴证证明；

（2）单项或批量金额较大的固定资产作废、毁损，企业应逐项做出专项说明，并委托有技术鉴定资格的机构进行鉴定，出具鉴定说明；

（3）不可抗力原因（自然灾害、意外事故、战争等）造成固定资产毁损、报废的，应当有相关职能部门出具的鉴定报告，如消防部门出具的受灾证明，公安部门出具的事故现场处理报告、车辆报损证明，房管部门的房屋拆除证明，锅炉、电梯等安检部门的检验报告等；

（4）企业固定资产报废、毁损情况说明及内部核批文件；

（5）设计保险索赔的，应取得保险公司理赔情况的说明。

主题 7 固定资产处置损失如何处理?

问题: 某单位处理设备，资产处置损失 10 万元。如何进行会计处理？是否需要税务备案?

解答:《企业资产损失所得税税前扣除管理办法》(国家税务总局公告 2011 年第 25 号)第九条第一款明确，“企业在正常经营管理活动中，按照公允价格销售、转让、变卖非货币资产的损失”可以清单申报的方式向税务机关申报扣除。

该单位处置固定资产，适用上述规定，可以自行计算。

二、会计处理方法

主题 1 固定资产盘盈盘亏的会计处理

问题: 某企业进行资产评估，固定资产盘盈盘亏时如何进行会计处理?

解答: 第一，固定资产盘盈的处理。企业在财产清查中盘盈的固定资产，作为前期差错处理。盘盈的固定资产通过“以前年度损益调整”科目核算。

盘盈的固定资产应按以下规定确定其入账价值：如果同类或类似固定资产存在活跃市场的，按同类或类似固定资产的市场价格，减去按该项资产的新旧程度估计的价值损耗后的余额，作为入账价值；若同类或类似固定资产不存在活跃市场的，按该项固定资产的预计未来现金流量的现值，作为入账价值。按此确定的入账价值，借记“固定资产”科目，贷记“以前年度损益调整”科目。

盘盈固定资产作为前期差错处理的原因是：根据《企业会计准则第 4 号——固定资产》及其应用指南的有关规定，固定资产盘盈应作为前期差错记入“以前年度损益调整”科目，而之前规定则是作为当期损益处理。之所以新准则将固定资产盘盈作为前期差错进行会计处理，是因为固定资产出现盘盈的可能性极小甚至不可能，如果企业出现固定资产的盘盈，必定是由于企业以前会计期间少计、漏计固定资产，故应当作为会计差错进行更正处理，这样也能在一定程度上控制人为调整利润的可能性。

第二，固定资产盘亏的处理。企业在财产清查中盘亏的固定资产，通过“待处理财产损溢——待处理固定资产损溢”科目核算，盘亏造成的损失，应当计入当期损益，通过“营业外支出——盘亏损失”科目核算。

例 3-5 企业于 12 月 8 日对全部的固定资产进行盘查，盘盈一台六成新的机器设备，该设备同类产品市场价格为 100 000 元，企业所得税税率为 25%，按净利润的 10%提取法定盈余公积金。

有关会计处理为：

（1）借：固定资产　　100 000

　　贷：累计折旧　　40 000

　　　　以前年度损益调整　　60000

（2）借：以前年度损益调整　　（60 000×25%）15 000

　　贷：应交税费——应交所得税　　15 000

（3）借：以前年度损益调整　　[（60 000–15 000）×10%] 4 500

　　贷：盈余公积——法定盈余公积　　4 500

（4）借：以前年度损益调整　　（45 000–4 500）40 500

　　贷：利润分配——未分配利润　　40 500

主题 2　电脑更换主机如何进行会计处理?

问题：某公司有一台电脑作为固定资产核算，现在它的主机坏了，但是显示器还能使用，于是买了一台新的主机与原来旧的显示器组成一台新的电脑。这种情况该如何进行账务处理?

解答：可将原来的电脑账面价值转入清理，然后将继续使用的部件的价值和新购入部件的价值作为新的固定资产原值入账。

（1）旧电脑及旧显示器。

借：固定资产清理

　　累计折旧

　贷：固定资产——××电脑

借：在建工程（可以继续使用的旧部件的价值）

　贷：固定资产清理

（2）新购入部件。

借：在建工程

　　应交税费——应交增值税（进项税额）

　贷：银行存款

（3）整机转入固定资产。

借：固定资产

　贷：在建工程

（4）固定资产清理的余额转入营业外支出。

借：营业外支出

　贷：固定资产清理

主题 3　防汛工具如何进行会计处理?

问题：某公司经营市政园林工程建设及河道养护，近期购进了一批小型防汛水泵（2 000元/台）及一批附件（进水管、接扣等），该怎样进行会计处理？水泵如作为固定资产入账，折旧年限是多少？

解答：将水泵和附件一并计入“固定资产”进行核算，如果有安装期，可以先在“在建工程”科目进行核算，最后转入“固定资产”科目。

借：固定资产——防洪设备

　贷：银行存款等

水泵折旧年限的确定，建议咨询一下公司负责工程建设的专业人员，根据具体能使用的时间合理地确定折旧年限。残值可以请负责工程建设的专业人员对设备将来淘汰后还能收回多少钱进行估算后再行确定。

主题 4　捐赠物资的双方如何进行账务处理?

问题：某企业进行实物捐赠。在实物捐赠中，捐赠方是否需要按照视同销售开具销售发票做销售收入处理并申报增值税？受赠方收到专用发票后，对非固定资产进项税是否可以进行抵扣？同时，捐赠方与受赠方如何进行会计处理？

解答：（1）对外捐赠的账务处理。

借：固定资产清理

　　累计折旧

　贷：固定资产

借：营业外支出

　　累计摊销

　贷：固定资产清理

　　　无形资产

　　　库存商品（这里不确认收入、直接按账面价值结转）

　　　应交税费——应交增值税

（2）接受捐赠的账务处理。

借：固定资产

无形资产

库存商品

应交税费——应交增值税（进项税额）

贷：营业外收入

接受捐赠取得的固定资产如果能够取得增值税专用发票，可以按规定抵扣增值税专用发票注明的进项税额。

主题 5　汽车意外报废如何进行账务处理？

问题：某单位有一辆桑塔纳轿车，还没有计提折旧就出现事故，车已报废，现有相关的报废手续。该车残值为 800 元。如何进行账务处理？

解答：首先应该补提折旧（如果是新车就不需要）。

借：以前年度损益调整（补提以前年度折旧）

管理费用（补提本年折旧）

贷：累计折旧

借：固定资产清理

累计折旧

贷：固定资产

借：银行存款

其他应收款（保险赔偿）

贷：固定资产清理

借：营业外支出

贷：固定资产清理

主题 6　环保设备处置损失如何处理？

问题：某公司的环保设备因工艺过时而拆除，但拆除的资产如风机、电机、配电柜等设备仍可以使用，但一时又卖不出去，只能先保存起来。这种情况下，应如何进行账务处理？如果此固定资产技术落后不再使用了，放置一边，又应该如何进行账务处理？

解答：如果固定资产没有到期提前报废，需要经税务机关审批。如固定资产已到期，则正常报废不用经税务机关审批。固定资产报废的账务处理如下。

（1）将固定资产的账面价值转入固定资产清理。

借：固定资产清理

累计折旧

固定资产减值准备

贷：固定资产——风机等

（2）将拆下的零部件入库。

借：低值易耗品等存货类科目（可变现净值或重置成本）

库存现金或银行存款（材料变价收入）

贷：固定资产清理

（3）将固定资产清理的科目余额转入“营业外收入”或“营业外支出”科目。

如果资产因技术落后不能再使用，又不打算处置，应该估计资产的可收回金额，对该资产账面价值与可收回金额之间的差额计提减值准备。

借：资产减值损失

贷：固定资产减值准备

主题 7　在建工程如何进行财税处理？

例 3-6　某单位有一旧厂房现因重建而拆除，作为翻修处理；同时购入一批需要安装的固定资产。

问题（1）：原有建筑物上拆除物资回收如何入账，直接冲减在建工程还是作为营业外收入？原建筑物价值可作报废处理吗？如何进行账务处理？

解答（1）：原建筑物价值可作报废处理。

借：固定资产清理

累计折旧

贷：固定资产

借：固定资产清理（发生的清理费用）

贷：银行存款

拆除物资回收时，进行如下会计处理：

借：银行存款等

贷：固定资产清理

最后把固定资产清理账户的余额转入“营业外收入”或“营业外支出”。

问题（2）：购入需要安装的固定资产计入在建工程，而购入为建造仓库准备的有关物资，为什么是计入工程物资然后再转入在建工程？都是没有安装好的固定资产，为什么进不同的科目？

解答（2）：建筑物的建造过程比设备的安装过程要复杂得多，而且安装过程中发生的材料物资一般是需要多少就购多少，通常比较少，主要是安装劳务。房屋的建造过程使用的材料数量、品种都很多，每次购进直接计入在建工程，不便于工程物资使用的管理，所以在核算上是先计入工程物资，再办理领用。

问题（3）：为什么预付工程价款是计入在建工程科目，而不是预付账款科目？

解答（3）：预付的工程款的核算，在实务中如果未开始施工：

借：预付账款

　贷：银行存款

如果已经开始施工，预付下期工程款：

借：在建工程

　贷：银行存款

问题（4）：工程领用原材料，进项税额转出的是成本的 17%，还是计税价格的 17%？原材料有计税价格吗？

解答（4）：在建工程领用原材料，应按该材料购入时的进项税额转出，通常是材料的成本乘以 17%，不是销售材料时的计税价格乘以 17%。如果原材料改变用途不再用于生产，而是用作销售，则通常销售价格就是其计税价格，但是通常材料都是用于生产的，一般不会改为销售，所以一般不会有计税价格。

问题（5）：在建工程在达到预定可使用状态情况下，是在当月还是次月转成固定资产？

解答（5）：应在当月转为固定资产。

问题（6）：厂房建设所占用的土地是租来的，请问厂房的价值是不是不能算土地租赁费用，而只能是地上建筑物才能购成厂房本身的价值？

解答（6）：只能是地上建筑物才能构成厂房本身的价值；发生的土地租赁费用应在实际支付时计入生产成本或当期损益。

主题 8　涉及固定资产的非货币性资产交换如何进行会计处理？

问题：甲公司以 2009 年购入的生产经营用设备交换了另一家公司生产的一批钢材，换入的钢材准备作为原材料用于生产，甲公司设备的账面原价为 1 500 000 元，在交换日的累计折旧为 525 000 元，公允价值为 1 404 000 元，此前没有为该设备计提资产减值准备。此外，甲公司以银行存款支付了清理费 1 500 元。换入钢材在交换日的市场价格为 1 404 000 元，计税价格等于市场价格。甲公司为增值税一般纳税人，适用的增值税税率为 17%。这个账务应该如何处理？

解答：根据题目所说的问题，整个资产交换过程没有涉及收付货币性资产，因此，该项交换属于非货币性资产交换。甲公司以固定资产换入存货，换入的钢材是生产过程中的原材料，另一公司换入的设备是生产用设备，两项资产交换后对换入企业的特定价值显著不同，两项资产的交换具有商业实质；同时，两项资产的公允价值都能够可靠地计量，符合公允价值计量的两个条件。因此，甲公司应当以换出资产的公允价值为基础确定换入资产的成本，并确认产生的相关损益。

注意这里关于增值税处理的新变化：除了存货资产涉及增值税外，企业以设备换入其他资产，也涉及增值税。因为，根据《财政部、国家税务总局关于全国实施增值税转型改革若干问题的通知》（财税［2008］170 号）要求，自 2009 年 1 月 1 日起，纳税人销售自己使用过的 2009 年 1 月 1 日以后购进或者自制的固定资产，按照适用税率征收增值税。甲公司的账务处理如下。

换出设备的增值税销项税额为 1 404 000 × 17% = 238 680（元）。

借：固定资产清理	975 000	
累计折旧	525 000	
贷：固定资产——××设备		1 500 000
借：固定资产清理	1 500	
贷：银行存款		1 500
借：原材料——钢材	1 404 000	
应交税费——应交增值税（进项税额）	238 680	
贷：固定资产清理		976 500
营业外收入		427 500
应交税费——应交增值税（销项税额）		238 680

第五节　无形资产涉及的问题及会计处理

一、疑难问题解答

主题 1　划拨获得的土地是否归属无形资产？

问题：某公司是一家国有粮食加工企业，所占用土地都是原先划拨的，并于去年抵押贷款的时候做了评估，价值 600 万元。公司是否可以将土地作为无形资产按评估价入账？

解答：根据所提供的情况，该公司不能对土地按评估价确认无形资产。如果土地使用权的抵押办理了相关手续，且补交了土地出让金，可以按补交的土地出让金的金额，确认“无形资产——土地使用权”的入账价值。

可以参考以下法规资料。

《中华人民共和国城镇国有土地使用权出让和转让暂行条例》第四十四条规定，划拨土地使用权，除本条例第四十五条规定的情况外，不得转让、出租、抵押。

第四十五条规定，符合下列条件的，经市、县人民政府土地管理部门和房产管理部门批准，其划拨土地使用权和地上建筑物、其他附属物所有权可以转让、出租、抵押：

（1）土地使用者为公司、企业、其他经济组织和个人；

（2）领有国有土地使用证；

（3）具有地上建筑物、其他附着物合法的产权证明；

（4）依照本条例第二章的规定签订土地使用权出让合同，向当地市、县人民政府补交土地使用权出让金或者以转让、出租、抵押所获效益抵交土地使用权出让金。

转让、出租、抵押前款划拨土地使用权的，分别依照有关规定办理。

主题 2　土地置换楼房但没有办理产权如何纳税？

问题：某单位用一块土地和某个人交换两层楼房，目前，由于对方的手续不全，产权证书无法办理，但双方已经通过合同交割。土地置换楼房但没有办理产权如何纳税？

解答：上述行为应该缴纳税金。《国家税务总局关于未办理土地使用权证转让土地有关税收问题的批复》（国税函［2007］645 号）规定，土地使用者转让、抵押或置换土地，无论其是否取得了该土地的使用权属证书，无论其在转让、抵押或置换土地过程中是否与对方当事人办理了土地使用权属证书变更登记手续，只要土地使用者享有占有、使用收益或处分该土地的权利，且有合同等证据表明其实质转让、抵押或置换了土地并取得了相应的经济利益，土地使用者及其对方当事人应当依照税法规定缴纳营业税、土地增值税和契税等相关税款。

营业税的征收依据如下：《中华人民共和国营业税暂行条例》第一条规

定，在中华人民共和国境内提供本条例规定的劳务（以下简称应税劳务）、转让无形资产或者销售不动产的单位和个人，为营业税的纳税义务人（以下简称纳税人），应当依照本条例缴纳营业税。

《中华人民共和国营业税暂行条例实施细则》第三条规定，条例第一条所称提供应税劳务、转让无形资产或销售不动产，是指有偿提供应税劳务、有偿转让无形资产或者有偿转让不动产所有权的行为（以下简称应税行为），但单位或个体经营者聘用的员工为本单位或雇主提供应税劳务不包括在内。前款所称有偿，包括取得货币、货物或其他经济利益。转让不动产有限产权或永久使用权，以及单位将不动产无偿赠与他人，视同销售不动产，应按 5%的税率计算应缴纳的营业税，同时缴纳随营业税附征的附加税费。

土地增值税征收依据如下。

《中华人民共和国土地增值税暂行条例》规定，转让国有土地使用权、地上的建筑物及附着物（以下简称转让房地产）并取得收入的单位和个人，为土地增值税的纳税义务人（以下简称纳税人），应当依照本条例缴纳土地增值税。土地增值税按照纳税人转让房地产所取得的增值额和本条例第七条规定的税率计算征收。应按照适用税率计算缴纳土地增值税。

印花税征收依据如下。

依据《中华人民共和国印花税暂行条例》，应按产权转移书据上所载金额的 0.5‰贴花。

企业所得税征收依据如下。

按照《企业所得税法》及其实施条例的规定，就取得的应纳税所得额按适用税率计算缴纳企业所得税。

主题 3　无形资产如何确认和披露?

问题：某企业归属为技术企业，按新的《企业会计准则》，报表附注上无形资产部分要披露费用化金额与资本化金额。如果公司有一大笔技术开发费用于项目研究，但研究成果没有出售的想法，所有技术开发费都费用化，是否就不需在无形资产中披露?

解答：无形资产资本化的标准不是看该资产是否用于出售，只要符合准则规定的无形资产的开发支出就应该资本化。

根据《企业会计准则第 6 号——无形资产》第九条的规定，企业内部研究开发项目开发阶段的支出，同时满足下列条件的，才能确认为无形资产：

（1）完成该无形资产以使其能够使用或出售，在技术上具有可行性；

（2）具有完成该无形资产并使用或出售的意图；

（3）无形资产产生经济利益的方式，包括能够证明运用该无形资产生产的产品存在市场或无形资产自身存在市场，无形资产将在内部使用的，应当证明其有用性；

（4）有足够的技术、财务资源和其他资源支持，以完成该无形资产的开发，并有能力使用或出售该无形资产；

（5）归属于该无形资产开发阶段的支出能够可靠地计量。

另外，对于无形资产的披露，在准则第二十四条也有具体说明。企业应当按照无形资产的类别在附注中披露与无形资产有关的下列信息：

（1）无形资产的期初和期末账面余额、累计摊销额及减值准备累计金额。

（2）使用寿命有限的无形资产，其使用寿命的估计情况；使用寿命不确定的无形资产，其使用寿命不确定的判断依据。

（3）无形资产的摊销方法。

（4）用于担保的无形资产账面价值、当期摊销额等情况。

（5）计入当期损益和确认为无形资产的研究开发支出金额。

该单位应严格按照准则的要求和规定来确认和披露。

二、会计处理方法

主题 1　无形资产会计核算的难点如何处理？

问题：某企业外购技术并进行技术开发，但对无形资产的核算比较模糊。无形资产核算有哪些难点？应如何处理？

解答：难点之一：哪些支出可计入外购无形资产成本中的其他支出？

《企业会计准则第 6 号——无形资产》第十二条规定，外购无形资产的成本包括购买价款、相关税费以及直接归属于使该项资产达到预定用途所发生的其他支出。

能计入外购无形资产成本的其他支出，是指直接归属于使该项资产达到预定用途所发生的其他支出，如使无形资产达到预定用途所发生的专业服务费用、测试无形资产是否能够正常发挥作用的费用等；不能计入外购无形资产成本的其他支出，是指为引入新产品进行宣传发生的广告费、管理费用及其他间接费用，也不包括在无形资产已达到预定用途以后发生的费用，因为无形资产达到预定用途后所发生的支出，不构成无形资产的成本。

例如，在形成预定经济规模之前发生的初始运作损失，以及在无形资产达到预定用途之前发生的其他经营活动的支出，如果该经营活动并非是无形资产达到预定用途必不可少的，则有关经营活动的损益应于发生时计入当期损益，而不应计入无形资产成本。

难点之二：外购无形资产价款超过正常信用条件延期支付的会计处理。

《企业会计准则第 6 号——无形资产》规定，购买无形资产的价款超过正常信用条件延期支付，实质上具有融资性质的，无形资产的成本以购买价款的现值为基础确定，实际支付的价款与购买价款的现值之间的差额，除按照《企业会计准则第 17 号——借款费用》应予资本化的以外，应当在信用期间内计入当期损益。

然而在实务中，一些企业财会人员遇到此类情形时却很为难。实际上，这属于以分期付款方式购买无形资产，无形资产的成本为购买价款的现值。这是因为，企业发生此类业务时，应视同发生两项业务进行会计处理，一项业务是购买无形资产，另一项业务是向销售方借款，因此，所支付的货款必须考虑货币的时间价值，即采用现值计价的模式，以购买价款的现值来确定此类外购无形资产的成本。下面以实例说明此情形的会计处理。

例 3-7 A 上市公司 2006 年 1 月 8 日从 B 公司购买一项商标权，由于 A 公司资金周转比较紧张，经与 B 公司协商采用分期付款方式支付款项。合同规定，该项商标权总计 300 万元，每年年末付款 100 万元，3 年付清。假定银行同期贷款利率为 10%，并假定不考虑其他有关税费，则 A 公司的会计处理如下。

（1）计算：无形资产现值 = $1\ 000\ 000\times(1+10\%)^{-1}+1\ 000\ 000\times(1+10\%)^{-2}+1\ 000\ 000\times(1+10\%)^{-3}=909\ 100+826\ 400+751\ 300=2\ 486\ 800$（元）；

未确认融资费用 = $3\ 000\ 000-2\ 486\ 800=513\ 200$（元）；

第一年应确认的融资费用 = $2\ 486\ 800\times10\%=248\ 680$（元）；

第二年应确认的融资费用 = $(2\ 486\ 800-1\ 000\ 000+248\ 680)\times10\%=173\ 548$（元）；

第三年应确认的融资费用 = $513\ 200-248\ 680-173\ 548=90\ 972$（元）。

（2）账务处理。

借：无形资产——商标权　　2 486 800

　　未确认融资费用　　513 200

　贷：长期应付款　　3 000 000

第一年年末付款时：

借：长期应付款　　1 000 000

　贷：银行存款　　1 000 000

借：财务费用　　248 680

　贷：未确认融资费用　　248 680

第二年年末付款时：

借：长期应付款　　1 000 000

　贷：银行存款　　1 000 000

借：财务费用　　173 548

　贷：未确认融资费用　　173 548

第三年年末付款时：

借：长期应付款　　1 000 000

　贷：银行存款　　1 000 000

借：财务费用　　90 972

　贷：未确认融资费用　　90 972

难点之三：企业内部研发费用的会计判断。

由于《企业会计准则第 6 号——无形资产》将企业内部研究开发项目区分为研究阶段与开发阶段，并且规定，研究阶段的支出应当于发生时计入当期损益，开发阶段的支出应同时满足以下 5 个条件时，才能确认为无形资产。

（1）完成该无形资产以使其能够使用或出售在技术上具有可行性。判断无形资产的开发在技术上是否具有可行性，应当以目前阶段的成果为基础，并提供相关证据和材料，证明企业进行开发所需的技术条件等已经具备，不存在技术上的障碍或其他不确定性。比如，企业已经完成了全部计划、设计和测试活动，这些活动是使资产能够达到设计规划书中的功能、特征和技术所必需的活动或经过专家鉴定等。

（2）具有完成该无形资产并使用或出售的意图。

（3）无形资产能够为企业带来未来经济利益，企业应当对运用该无形资产生产产品的市场情况进行可靠预计，以证明所生产的产品存在市场并能够带来经济利益的流入，或能够证明市场上存在对该类无形资产的需求。

（4）企业有足够的技术、财务资源和其他资源支持，以完成该无形资产的开发，并有能力使用或出售该无形资产。比如，企业自有资金不足以提供支持的，是否存在外部其他方面的资金支持，如银行等金融机构愿意为该无形资产的开发提供所需资金的声明等。

（5）归属于该无形资产开发阶段的支出能够可靠地计量。企业对研究开发的支出应当能够单独核算，比如，直接发生的研发人员工资、材料费，以及相关设备折旧费等能够对象化；同时从事多项研究开发活动的，所发生的支出能够按照合理的标准在各项研究开发活动之间进行分配。研发支出无法明确分配的，说明不能满足这一条件要求，即不能资本化，应当计入当期损益，不计入开发活动的成本。

难点之四：估计无形资产使用寿命应当考虑的因素。

《企业会计准则第 6 号——无形资产》规定，无形资产的后续计量是以其使用寿命为基础的，使用寿命有限的无形资产，应当估计该使用寿命的年限或者构成使用寿命的产量等类似计量单位数量，并需要摊销，其应摊销金额应当在使用寿命内系统合理摊销；而对于无法预见无形资产为企业带来未来经济利益期限的，应当视为使用寿命不确定的无形资产，则不需要摊销。那么，如何估计无形资产使用寿命？在实务中主要掌握以下两点：

第一，来源于合同性权利或其他法定权利的无形资产，其使用寿命不应超过合同性权利或其他法定权利的期限；如果合同性权利或其他法定权利能够在到期时因续约等延续，且有证据表明企业续约不需要付出大额成本，续约期才能够包括在使用寿命的估计中。

下列情况一般说明企业无须付出重大成本，即可延续合同性权利或其他法定权利：有证据表明合同性权利或其他法定权利将被重新延续，如果在延续之前需要第三方同意，则还需有第三方将会同意的证据；有证据表明为重新获得延续所必需的所有条件将被满足，以及企业为延续持有无形资产付出的成本，相对于预期从重新延续中流入企业的未来经济利益相比不具有重要性。如合同或法律没有规定使用寿命的，企业应当综合各方面情况判断，以确定无形资产能为企业带来未来经济利益的期限，比如，与同行业的情况进行比较、参考历史经验或聘请相关专家进行论证等。

第二，企业确定无形资产使用寿命，通常应当考虑以下 7 个因素：该资产通常的产品寿命周期、可获得的类似资产使用寿命的信息；技术、工艺等方面的现阶段情况及对未来发展趋势的估计；该资产生产的产品（或服务）的市场需求情况；现在或潜在的竞争者预期采取的行动；为维持该资产产生未来经济利益能力的预期维护支出，以及企业预计支付有关支出的能力；对该资产的控制期限，使用的法律或类似限制，如特许使用期间、租赁期间等；与企业持有的其他资产使用寿命的关联性等。

主题 2　出租无形资产摊销如何进行会计处理?

问题：某企业将软件的使用权让渡给他人，并收取租金，受让方只能在合同规定的范围内合理使用而无权转让。出让方仍保留对该无形资产的所有权，对其仍拥有占有、使用、收益、处分的权利。出租的无形资产如何进行摊销?

解答：出租无形资产与出售无形资产所有权会计处理上有很大区别，其中转让无形资产所有权不再涉及该项无形资产的摊销问题，而转让无形资产使用权即出租无形资产却仍然涉及无形资产的摊销问题。

我国新企业会计准则中并未具体提到出租无形资产的会计处理方法。对于出租无形资产的价值摊销，现行最常见的一种会计处理方法是：企业出租无形资产时，取得租金按《企业会计准则第 14 号——收入》的规定予以确认，记入其他业务收入；同时按配比原则，对发生的与转让有关的各种费用记入其他业务成本科目，以后每期摊销出租无形资产的成本时也记入其他业务成本科目。笔者认为这种会计处理方法简单且易于理解，但却有失真实。如果无形资产所有者将无形资产使用权转让给他人后，不再使用该项无形资产，则上述会计处理是可行的。但若无形资产所有者将无形资产使用权转让给他人后，仍然保留着对该项无形资产的使用权，则出租无形资产的摊销计入其他业务支出与其他业务收入不合理。

例 3-8　甲公司将拥有的一项专利技术使用权转让给 A 企业使用，双方在合同中约定转让期限为两年。甲公司承诺合同生效后，只许可 A 企业一家使用该项专利技术，并在转让期限内，甲公司也不得使用该项专利技术。A 企业每年须向甲公司支付技术转让费 10 万元，甲公司提供技术指导及其他相关费用由 A 企业负担。该项专利技术的账面价值为 50 万元，预计使用期限为 10 年。则甲公司会计处理为：

（1）取得转让收入时。

借：银行存款　　100 000

　贷：其他业务收入　　100 000

（2）结转转让成本和计交营业税时。

借：其他业务成本　　55 000

　贷：累计摊销　　50 000

　　应交税费——应交营业税　　5 000

上述会计处理是可行的，因为甲公司将该项专利技术的使用权转让给 A 企业后，至少在合同存续的两年内不会再为甲公司自身业务带来经济利益流入，其账面价值摊销不能按自用无形资产价值摊销处理，按照收入和费用配比的原则，摊销该项专利技术的成本应计入其他业务成本。

例 3-9　甲公司将拥有的一项专利技术使用权转让给 A 企业使用，双方在合同中约定转让期限为两年。甲公司承诺合同生效后，只许可本公司和 A 企业两家使用该项专利技术，不得再将该项专利技术转让给第三方。A 企业每年须向甲公司支付技术转让费 10 万元，甲公司提供技术指导及其他相关费用由 A 企业负担。该项专利技术的账面价值为 200 万元，预计使用期限为 10 年，已经使用了两年。甲公司对该项业务进行以下会计处理。

（1）取得转让收入时。

借：银行存款　　100 000

　贷：其他业务收入　　100 000

（2）结转转让成本和计交营业税时。

借：其他业务成本　　205 000

　贷：累计摊销　　200 000

　　应交税费——应交营业税　　5 000

例 3-9 中，甲公司转让给 A 企业的收入为 10 万元，而第一年计入的成本却达到了 20.5 万元，显然不现实。甲公司注重转让收入与成本的配比原则，却忽视了自身使用该项专利技术的成本，甲公司虽然将该项专利技术的使用权转让给了 A 企业，但甲公司仍然是该项专利技术的主要使用者，而只是将部分使用权转让给了 A 企业。如果将该项专利技术的价值全部摊入出租无形资产的成本，显然违背了收入与成本的配比原则。

例 3-10　甲公司将拥有的一项专利技术使用权先后转让给 A、B、C 三家企业使用，每份合同中约定转让期限均为四年。甲公司承诺合同生效后，只许可本公司和 A、B、C 企业使用该项专利技术，不得再将该项专利技术另行转让，并免费为 A、B、C 企业提供技术指导。A、B、C 三家企业每年须向甲公司各自支付技术转让费 10 万元。该项专利技术的账面价值为 50 万元，预计使用期限为 10 年，已经使用了两年。则甲公司将该项专利技术的使用权转让给 A 企业时，应进行以下会计处理。

（1）取得转让收入时。

借：银行存款　　100 000

　贷：其他业务收入　　100 000

（2）结转转让成本和计交营业税时。

借：其他业务成本　　55 000

　贷：累计摊销　　50 000

　　应交税费——应交营业税　　5 000

当甲公司分别将该项专利技术转让给 B、C 两家企业时，通常的会计处理如下。

（1）取得转让收入时。

借：银行存款　　100 000

　贷：其他业务收入　　100 000

（2）结转转让成本和计交营业税时。

借：其他业务成本　　55 000

　贷：累计摊销　　50 000

　　应交税费——应交营业税　　5 000

从例 3-10 可以看出，如果企业向 B、C 企业转让该项专利技术的使用权时也按照 A 企业的会计处理方法进行处理，则明显存在重复摊销的问题，在合同期满后，甲公司该项专利技术的账面价值已全部摊销完毕，而该项专利技术的预计使用期限还有四年，这显然不准确。如果将无形资产的价值在 A、B、C 三企业中平均摊销，则又会导致 A 企业前后各期的摊销金额不一致，有悖于收入与费用配比的原则。产生上述矛盾的关键是企业在出租无形资产时，忽视了自己也同时在使用该项专利技术，而将所有的成本全部由出租成本来承担，这显然不准确。无形资产出租时，如果企业还保持该项资产的使用权，企业本身业务就应该分摊相关的成本。同时，上述会计处理方法也会影响无形资产存续期间完整的信息质量。由于大多数企业无形资产的使用权转让都是经过使用一段时间后才转让的，企业出租前无形资产的摊销计入“管理费用”，转让后若计入“其他业务成本”，那么势必造成在“管理费用”的多栏或三栏明细账户上不能反映出租无形资产摊销的完整信息记载；一旦出租的无形资产期满收回，又会在“管理费用”的明细账上突然出现。因此，在无形资产的会计实务中，对于出租无形资产业务较多的企业，会导致无形资产摊销的信息不连贯、不完整，甚至产生误导，影响会计信息质量。

鉴于以上情况，笔者认为，企业对于出租无形资产价值的摊销，可考虑以下几种情况分别处理。

一是企业无形资产出租后，不再保留对该项无形资产的使用权，则企业可将无形资产的价值全部摊入其他业务成本中，不再作为自用资产处理，同时在有关明细账或备查簿中予以说明，对于无形资产金额特别大的企业，在编制财务会计报告时，还应说明管理费用变动的原因。

二是企业无形资产出租后，企业仍保留对该项无形资产使用权的，应按自用和出租收入的大小，将无形资产的价值摊销在管理费用和其他业务成本中进行分摊，这在实务操作上有一定的难度，而且这种分割摊销的方法不利于无形资产价值摊销前后数据的一致性、完整性，但相比将全部价值摊入其他业务成本而言，这种方法更为准确、合理。

三是对企业所有无形资产除转让所有权一次结转成本不再进行摊销外，其他无形资产摊销一律计入管理费用账户，对于出租无形资产，只将出租时发生的相关税金和费用作为出租成本处理，对于出租无形资产业务较多的企业，另行设置登记簿，对出租无形资产业务进行详细记载，这样有利于对无形资产的转让业务进行全面监督审核，避免将无形资产所有权转让造假为使用权转让的现象发生，同时也有利于简化会计核算工作，规范出租无形资产的摊销，保持无形资产前后核算的连贯、一致，也可防止一些单位利用无形资产摊销恶意操纵利润等不法行为的发生。

第四章

企业销售过程中的财税疑难问题与会计处理

第一节　产品销售涉及的问题及会计处理

一、疑难问题解答

主题 1　销售中支付中介的佣金是否可税前扣除？

问题： 企业销售机器时会给中介公司或中介人支付一定的佣金费用，这部分佣金费用是否可在税前抵扣？公司入账的凭证是什么？

解答：《财政部、国家税务总局关于企业手续费及佣金支出税前扣除政策的通知》（财税［2009］29 号）规定，企业发生与生产经营有关的手续费及佣金支出，不超过以下规定计算限额以内的部分，准予扣除；超过部分，不得扣除。

（1）保险企业：财产保险企业按当年全部保费收入扣除退保金等后余额的 15%（含本数，下同）计算限额；人身保险企业按当年全部保费收入扣除退保金等后余额的 10%计算限额。

（2）其他企业：按与具有合法经营资格的中介服务机构或个人（不含交易双方及其雇员、代理人和代表人等）所签订服务协议或合同确认的收入金额的 5%计算限额。企业应当如实向当地主管税务机关提供当年手续费及佣金计算分配表和其他相关资料，并依法取得合法真实凭证。

综上所述，单位支付给中介机构或中介人的佣金，可以按规定扣除，但是必须有合法的凭证。合法的凭证就是发票，没有发票，不得入账和扣除。

单位可以要求对方提供发票，假如对方不能开具发票，则可以按规定由其向税务机构申请代开发票。

主题 2　可以当月发货次月开票确认收入吗？

问题： 某企业为一般纳税人，11 月发出商品当月未开发票，于 12 月开具发票计入收入并已计提销项税。这样对吗？应该怎么理解发出商品即确认收入？

解答： 不能这样简单理解，要看是以什么方式进行结算的。

《增值税暂行条例实施细则》规定了各种情况下纳税义务发生时间。其第三十八条规定，条例第十九条第一款第（一）项规定的收讫销售款项或者取得索取销售款项凭据的当天，按销售结算方式的不同，具体为：

（1）采取直接收款方式销售货物，不论货物是否发出，均为收到销售款或者取得索取销售款凭据的当天；

（2）采取托收承付和委托银行收款方式销售货物，为发出货物并办妥托收手续的当天；

（3）采取赊销和分期收款方式销售货物，为书面合同约定的收款日期的当天，无书面合同的或者书面合同没有约定收款日期的，为货物发出的当天；

（4）采取预收货款方式销售货物，为货物发出的当天，但生产销售生产工期超过 12 个月的大型机械设备、船舶、飞机等货物，为收到预收款或者书面合同约定的收款日期的当天；

（5）委托其他纳税人代销货物，为收到代销单位的代销清单或者收到全部或者部分货款的当天。未收到代销清单及货款的，为发出代销货物满 180 天的当天；

（6）销售应税劳务，为提供劳务同时收讫销售款或者取得索取销售款的凭据的当天；

（7）纳税人发生本细则第四条第（3）项至第（8）项所列视同销售货物行为，为货物移送的当天。

可以看出，只有第（4）项符合发出商品即确认收入的情况。

主题 3　流转税的价外费用包括哪些项目?

问题：某企业从事产品销售和运输服务的兼营业务，常发生一些价外费用。应并入销售额缴纳增值税或应并入营业额缴纳营业税的价外费包括哪些？

解答：根据《增值税暂行条例实施细则》的规定，条例第六条所称价外费用是指价外向购买方收取的手续费、补贴、基金、集资费、返还利润、奖励费、违约金（延期付款利息）、包装费、包装物租金、储备费、优质费、运输装卸费、代收款项、代垫款项及其他各种性质的价外收费。但下列项目不包括在内。

（1）向购买方收取的销项税额；

（2）受托加工应征消费税的消费品所代收代缴的消费税；

（3）同时符合以下条件的代垫运费：

① 承运部门的运费发票开具给购货方的；

② 纳税人将该项发票转交给购货方的。

根据《中华人民共和国营业税暂行条例实施细则》(以下首称《营业税暂行条例实施细则》)规定，条例第五条所称价外费用，包括向对方收取的手续费、基金、集资费、代收款项、代垫款项及其他各种性质的价外收费。凡价外费用，无论会计制度规定如何核算，均应并入营业额计算应纳税额。

主题 4　销售使用过的汽车如何纳税?

问题：某企业在 2009 年度销售旧汽车，售价未超过原价。销售使用过的汽车如何纳税?

解答：一般纳税人销售使用过的汽车需要区分该汽车是应征消费税的汽车还是货车，假如是货车，需要看其是 2009 年 1 月 1 日之前购进的还是之后购进的。2009 年 1 月 1 日前购进的，一般是按 4%减半征收，假如是东北地区或中部地区实行增值税扩大抵扣范围的企业，该货车进项税已经抵扣了，则此时销售一律按收入除以(1+17%)再乘以 17%计算销项税；假如是 2009 年 1 月 1 日后购进的，则该货车进项税已经抵扣了，则此时销售一律按收入除以(1+17%)再乘以 17%计算销项税。

假如是应征消费税的汽车，不区分 2009 年以前还是以后，一律按简易办法依 4%征收率减半征收增值。

小规模纳税人(除其他个人外，下同)销售自己使用过的汽车，减按 2%征收率征收增值税。

具体可以参见《财政部、国家税务总局关于部分货物适用增值税低税率和简易办法征收增值税政策的通知》(财税［2009］9 号)的规定。

主题 5　金银钻石首饰在税务方面有哪些政策依据?

问题：从事金银钻石首饰的零售企业在税务方面有哪些政策依据?

解答：具体的政策依据有：《国家税务总局关于锻压金首饰在零售环节征收消费税问题的批复》(国税函发［1996］727 号)。

主题 6　兼营不同税率的商品如何开具发票?

问题：某公司是一家园林绿化企业，有自己的苗圃，销售自产苗木，这部分可以免缴增值税。现在又承揽了一项业务，即销售并负责栽植，这个业务总合同额为 1 000 万元，合同单价里包括苗木费、人工费及其他相关税费。其中有 60%的苗木是单位自产，还有一部分苗木需要外购。兼营不同税率商品如何开具发票？

解答：根据《增值税暂行条例》第三条的规定，纳税人兼营不同税率的货物或者应税劳务，应当分别核算不同税率货物或者应税劳务的销售额；未分别核算销售额的，从高适用税率。

只要企业能分别核算，那么 60%的货物是免税的，所以要分别开具普通发票，不要开具在同一张发票上。同时，财务处理也要分别核算，使用明细科目来区别，40%的外购苗木在账务处理时要确认应缴纳增值税，另外 60%则不用计算增值税。

主题 7　增值税专用发票为什么会滞留？

问题：某单位是一般纳税人，被税务机构通知，该单位开具的专用发票中有两张是滞留发票。增值税专用发票为什么会滞留？

解答：由于金税工程稽核系统发票存根联数据与认证系统发票抵扣联之间的比对，不能够完全一一对应，在稽核系统中长期滞留着得不到认证系统抵扣联数据比对的存根联数据，就形成了存根联滞留发票。通俗些说，存根联滞留发票就是指金税工程系统中缺少抵扣联的专用发票。存根联滞留发票形成的原因是多方面的。

一是按照政策规定不允许抵扣进项税额。根据《增值税暂行条例》第十条规定，纳税人取得的购进货物的进项税不允许抵扣。如最常见的非增值税纳税人企业因购买货物而可能取得电脑版专用发票，小规模纳税人在购进货物时取得了专用发票，增值税纳税人一般购进固定资产不允许抵扣进项税额等，都是没有通过认证系统认证形成的滞留票。

二是发生退货或销售折让，销货方开具红字专用发票。购货方将抵扣联、存根联退还给销货方，而销货方已将记账联做账务处理，同时开具了相同内容的红字专用发票。在这种情形下，销货方已报税，抵扣联已退回销货方，也形成滞留发票。

三是部分一般纳税人企业为了达到账外经营偷税的目的，根据其偷税的需要来调控进项税抵扣联，对部分购进货物取得的专用发票不入账、不认证申报抵扣进项税。

企业只要按规定开具专用发票，依法计算税金并按时申报，一般不会有什么责任。

主题 8 如何到税务局代开营业税发票？

问题：某单位为增值税一般纳税人，能开具增值税专用发票，但是最近该单位生产的产品除了销售外，一部分产品用于对外出租。对于产品出租部分，对方要求出具营业税发票，但根据规定，该单位不能开具，需要到地税局代开。代开发票时，税务机关要求该单位除了缴纳营业税及相关附加以外，同时还要缴纳企业所得税。应如何到税务局代开营业税发票？

解答：税务机关在代开发票时应该代征相应的税款，包括营业税、按营业税税款的比例预征的城建及教育费附加，以及按开票金额的比例预征企业所得税。

预征的所得税年终时进行清算，因此，如果汇算清缴后发生亏损，可以将预征的所得税申请退还。

主题 9 保税区内对外销售产品，开增值税专用发票吗？

问题：某公司设在保税区。保税区内对外销售产品，开增值税专用发票吗？

解答：向境内、保税区外厂家购货，销售方视同出口，免征出口环节税金；保税区再生产，然后销售境内，则依法征收增值税；出口销售，一般不得开具专用发票。

主题 10 外贸公司进口产品在国内转移销售需要交税吗？

问题：外贸公司 A 有自营进出口权，从国外进口母婴用品，A 公司以自己公司的名义在各城市开设连锁店销售母婴产品。A 公司注册在杭州，从国外进口商品到杭州，在上海、北京和青岛等城市的连锁店里销售。外贸公司进口产品在国内转移销售需要交税吗？

解答：根据《财政部、国家税务总局关于连锁经营企业增值税纳税地点问题的通知》(财税［1997］97 号)的规定，跨地区经营的直营连锁企业，即连锁店的门店均由总部全资或控股开设，在总部领导下统一经营的连锁企业，凡按照国内贸易部《连锁店经营管理规范意见》(内贸政体法字［1997］第 24 号)的要求，采取微机联网，实行统一采购配送商品、统一核算、统一规范化管理和经营，并符合以下条件的，可对总店和分店实行由总店向其所在地主管税务机关统一申报缴纳增值税。

（1）在直辖市范围内连锁经营的企业，报经直辖市国家税务局会同市财政局审批同意；

（2）在计划单列市范围内连锁经营的企业，报经计划单列市国家税务局会同市财政局审批同意；

（3）在省（自治区）范围内连锁经营的企业，报经省（自治区）国家税务局会同省财政厅审批同意；

（4）在同一县（市）范围内连锁经营的企业，报经县（市）国家税务局会同县（市）财政局审批及同意。

根据《国务院办公厅转发国务院体改办国家经贸委关于促进连锁经营发展若干意见的通知》（国办发［2002］49 号），对省内跨区域经营的直营连锁企业经省（自治区、直辖市、计划单列市）税务部门会同同级财政部门审核同意后，可由总部向其所在地主管税务机关在省（自治区、直辖市、计划单列市）内统一申报缴纳增值税。对市（地）、县内跨区域经营的直营连锁企业，经市（地）、县税务部门会同同级财政部门审核同意后，可由总部向其所在地主管税务机关在市（地）、县内统一申报缴纳增值税。

主题 11　连锁店销售产品如何纳税?

问题：某公司开设多家连锁店销售产品，应该如何纳税？

解答：对连锁企业省内跨区城设立的直营门店，凡在总部领导下统一经营、与总部微机联网、由总部实行统一采购配送、统一核算、统一规范化管理，并且不设银行结算账户、不编制财务报表和账簿的，由总部统一缴纳企业所得税。

二、会计处理方法

主题 1　商贸公司采购零件加工组装如何进行财务处理?

问题：某贸易公司以销售空气净化机为主，原来的做法很单纯，只是进行机器的买入和卖出。现公司为了降低成本，准备自己订购有关机器的大部分零件，然后提供给加工厂加工，付给加工厂加工费。请问贸易公司可以这样做吗？如果可以，大量的零件在财务上该如何管理？整个账务流程是怎样的？

解答：贸易公司可以这样做，大量的零件可以作为原材料进行核算管理。

基本处理思路如下。

（1）购买零件时。

借：原材料

应交税费——应交增值税（进项税额）

贷：银行存款

（2）发出加工材料，支付加工费用时。

借：委托加工物资

应交税费——应交增值税（进项税额）

贷：原材料

银行存款

（3）收回材料时。

借：库存商品

贷：委托加工物资

主题 2　企业物物交换如何进行账务处理？

问题：某公司以 40 万元货币资金和部分商品交换一项股权，商品的账面价值为 50 万元，售价为 80 万元，换入的股权应如何确认其入账价值？如果在物物交换中，支付的货币性资金比例超过商品交易总价款的 25%，那换入资产的价值应如何计算？

解答：这种情况下不再属于非货币性资产交换，不能按照《非货币性资产交换》准则来处理，应是按照正常的销售来处理。

（1）支付货币性资产方账务处理如下。

借：长期股权投资	1 336 000	
贷：主营业务收入		800 000
应交税费□□应交增值税（销项税额）		136 000
银行存款		400 000
借：主营业务成本	500 000	
贷：库存商品		500 000

（2）接受货币性资产方账务处理如下。

借：银行存款	400 000
库存商品	800 000
应交税费——应交增值税（进项税额）	136 000

贷：长期股权投资（按照账面价值） 1 336 000

投资收益（或借记，按照股权投资的公允价值和账面价值的差额计算）

主题 3 售价金额法如何进行会计处理?

问题：某单位采用售价法核算主营业务成本。如何进行会计处理?

解答：售价法核算是先按本期的销售收入结转成本，再用商品的进销差价调整为实际成本，如本期销售收入为 200 万元，商品的进销差价率为 10%。本期的主营业务收入是 200 万元，同时按 200 万元的收入结转成本，即

借：主营业务成本 2 000 000

贷：库存商品 2 000 000

调整进销差额，即

借：商品进销差价 （2 000 000 × 10%）200 000

贷：主营业务成本 200 000

主题 4 对外出租产品如何核算?

问题：某企业购进钢板、槽钢等原材料，通过加工成型后的产品为“钢架”，对外出租。租赁单位将钢架用于运输他们生产的产品，根据其运输产品的运量月末结算费用，运输每吨产品，钢架可收取 6.2 元的出租费。钢架日常修理由出租单位负责，每次运输后回收修理。这样的业务应该如何进行账务处理?

解答：根据上述情况，建议将对外出租的“钢架”由“库存商品”科目结转至“周转材料”，可以分以下两种情况分别进行账务处理。

（1）若“钢架”损耗的价值占其原值的比例较小，如钢架的成本是 10 万元，每一次收回后修理的费用是 1 万元，修理费用是因为对外出租造成的损耗发生的，应该记入“其他业务成本”；修理后该钢架可以正常使用，只是保持原有的价值，既没有增值也没有损耗，钢架的价值实质上没有增加。可以采用以下的处理方式。

① 将产品转入“周转材料”。

借：周转材料——在库

贷：库存商品

② 对外出租时，结转明细科目。

借：周转材料——对外出租

贷：周转材料——在库

③ 取得租金收入。

借：银行存款

贷：其他业务收入

④ 发生的日常修理费用和收回材料后发生的修理费用。

借：其他业务成本

贷：银行存款、应付职工薪酬、原材料等

⑤ 待“钢架”收回时。

借：周转材料——在库

贷：周转材料——对外出租

（2）若“钢架”损耗的价值占其原值的比例较大，也可以按五五摊销法分别在发出时和收回时将其价值摊销记入“其他业务成本”科目。

① 将产品转入“周转材料”。

借：周转材料——在库

贷：库存商品

② 对外出租时，结转明细科目。

借：周转材料——对外出租

贷：周转材料——在库

摊销：

借：其他业务成本

贷：周转材料——摊销

③ 取得租金收入。

借：银行存款

贷：其他业务收入

④ 发生日常修理费用。

借：其他业务成本

贷：银行存款、应付职工薪酬、原材料等

⑤ 待“钢架”收回时。

借：周转材料——在库

贷：周转材料——对外出租

摊销：

借：其他业务成本

贷：周转材料——摊销

⑥ 收回后发生修复费用。

借：周转材料——在库

　贷：银行存款、应付职工薪酬、原材料等

主题 5　以货物抵债如何进行账务处理？

问题：某家广告公司给家居木地板客户刊登广告，金额为 10 万元，现在对方以价值 10 万元的木地板产品与其结算广告费，该公司将木地板出售，售价为 8 万元。该如何进行账务处理？

解答：（1）提供广告服务时。

借：应收账款　100 000

　贷：主营业务收入　100 000

（2）对方用木地板抵债时。

借：库存商品　100 000

　贷：应收账款　100 000

（3）对外销售木地板时。

借：银行存款　80 000

　贷：主营业务收入　[80 000–80 000/（1+3%）×3%] 77 700

　　应交税费——应交增值税　[80 000/（1+3%）×3%] 22 300

借：主营业务成本　100 000

　贷：库存商品　100 000

在销售时必须结转成本，同时应到税务机关代开发票，8 万元需要交增值税、城建税、教育费附加、印花税。

主题 6　4S 店销售汽车如何核算？

问题：某公司是一级汽车代理商，日常业务包括整车的销售、配件的销售和汽车的修理，其中有索赔和保养的问题。索赔和保养等日常业务如何处理？4S 店如何进行会计核算？

解答：（1）整车销售的会计处理。

① 进货预付车款。

借：预付账款

　贷：银行存款

② 收到采购发票。

借：库存商品

应交税费——应交增值税（进项税额）

贷：预付账款

（有些厂家会将折扣、银承贴息等开到发票上，但是有些厂家会单独在厂家设立虚拟账户，所以还要针对企业的情况做这部分的账务处理。）

③ 销售汽车。

A. 收到预收款。

借：银行存款

贷：预收账款——预收车款

其他应付款——代收款项（代收客户验车费、购置税及保险费）

B. 开具机动车发票。

借：预收账款——预收车款

贷：主营业务收入——汽车销售收入

应交税费——应交增值税（销项税额）

C. 代客户缴纳保险费和购置税。

借：其他应付款——代收款项

贷：库存现金

D. 代客户付保险费（一般保险费都是和保险公司联网，如果客户自己有银行卡可以直接刷卡，如果没有就需要刷公司的卡，公司可以去开户行办理商务卡）。

借：其他应付款——代收款项

贷：银行存款

④ 结转销售成本。

借：主营业务成本——汽车销售成本

贷：库存商品

（2）销售汽车装饰的会计处理。

① 开具增值税发票。

借：预收账款——预收车款

贷：主营业务收入——精品装饰收入

应交税费——应交增值税（销项税额）

② 结转装饰成本。

借：主营业务成本——精品装饰成本

　贷：库存商品

（3）配件销售的会计处理。

① 配件购入。

借：库存商品——配件

　　应交税费——应交增值税（进项税额）

　贷：银行存款

② 配件销售。

借：应收账款

　贷：主营业务收入——配件销售收入

　　　应交税费——应交增值税（销项税额）

③ 结转配件销售成本。

借：主营业务成本

　贷：库存商品

（4）保险理赔的会计处理。

① 一般关于保险公司理赔维修先挂账。

借：应收账款——××保险公司

　贷：主营业务收入——维修收入

　　　应交税费——应交增值税（销项税额）

② 保险公司回款（保险公司回款，其中有部分款是修理费）。

借：银行存款

　贷：应收账款——××保险公司

　　　其他应付款——修理费

③ 修理费。

借：其他应付款——修理费

　贷：库存现金

④ 结转维修成本。

借：主营业务成本——维修

　贷：库存商品——配件

　　　应付职工薪酬

（5）售后维修的会计处理。

① 收到预收维修款。

借：银行存款

　贷：预收账款——预收维修款

② 开具维修发票。

借：预收账款——预收维修款

　贷：主营业务收入——维修收入

　　应交税费——应交增值税（销项税额）

③ 结转维修成本。

借：主营业务成本——维修成本

　贷：库存商品

　　应付职工薪酬

（6）保修保养费用的会计处理。

① 发生保修保养费用。

借：应收账款——厂家

　贷：主营业务收入——配件销售收入

　　　　　　　　——工时收入

　　应交税费——应交增值税（销项税额）

② 收到厂家确认电传文件。

借：预付账款

　贷：应收账款——厂家

主题 7　如何核算包装物?

问题：某企业销售商品涉及包装物。在对包装物的处理上，单独计价的包装物计入其他业务收入；不单独计价的包装物与商品一起销售，计入主营业务收入。不单独计价的包装物不需要计入销售费用的吗？

解答：针对这种情况分别讲解如下。

（1）企业在发出包装物时，应根据发出包装物的不同用途分别进行账务处理。

生产部门领用的包装物，构成产品的成本，因此应将包装物的成本计入产品生产成本，借记“生产成本”，贷记“包装物”；

随同产品一起出售且单独计价的包装物相当于单独销售包装物，借记“其他业务成本”，贷记“包装物”；

随同产品出售但不单独计价的包装物，应借记“销售费用”，贷记“包装物”；

出租的包装物，借记“其他业务成本”，贷记“包装物”（收回时红字冲销），收到包装物的租金，借记“库存现金”等，贷记“其他业务收入”；

出借的包装物，借记“销售费用”，贷记“包装物”（收回时红字冲销）。

（2）收到出租、出借包装物的押金。

借：库存现金等

贷：其他应付款

退回押金：

借：其他应付款

贷：库存现金等

（3）对于过期未退的包装物，首先将押金没收，相当于将包装物卖掉。

借：其他应付款（按没收的押金入账）

贷：应交税费——应交增值税（销项税额）[押金/（1+增值税税率）×增值税税率]

其他业务收入[押金/（1+增值税税率）]

涉及消费税的，按应缴纳的消费税：

借：营业税金及附加 [押金/（1+增值税税率）×消费税税率]

贷：应交税费——应交消费税 [押金/（1+增值税税率）×消费税税率]

（4）对于过期未退的包装物，有时考虑到原来收取的押金相对于出售来讲金额较小，要加收一部分押金，对于该部分加收的押金应作为营业外收入处理。

收到押金时：

借：银行存款

贷：其他应付款

在该包装物确实不退时，该押金也就不再退还，此时的分录为：

借：其他应付款（加收的押金）

贷：应交税费——应交增值税（销项税额）[加收的押金/（1+增值税税率）×增值税税率]

应交税费——应交消费税[加收的押金/（1+增值税税率）×消费税税率]营业外收入（按借贷方的差额倒挤）

（5）出租出借的包装物收回后不能使用而报废的：

借：原材料（按其残料价值）

　贷：其他业务成本（出租包装物）

　　　销售费用（出借包装物）

主题 8　如何处理保税区的交易？

问题：某公司设在保税区，但对一些业务的处理不太清楚。从国外进口商品，并于区内销售，该如何进行会计处理？国外进口后向境内、保税区外销售，又该如何进行会计处理？

解答：（1）进口商品免征进口环节的税金，在区内销售免征销售环节的税金。会计分录如下。

借：应收账款等

　贷：主营业务收入

（2）进口商品销售境内、区外则应该依法征收增值税，还需要补交进口环节的增值税。会计分录如下。

借：应交税费——应交增值税（进项税额）

　贷：银行存款

借：应收账款等

　贷：主营业务收入

　　　应交税费——应交增值税（销项税额）

第二节　应收账款涉及的问题及会计处理

一、疑难问题解答

主题 1　多收客户的货款如何处理？

问题：某公司多收了客户的货款，如何进行处理？

解答：客户多付的款项，在其尚未明确表示不再要求返还的情况下，应将多收款项记入“其他应付款”。如果对方已明确表示多付的款项不再收回，或者是由于其他原因无法将此款项退还给客户，可视同为其对公司的现金捐赠，在会计处理上记入“营业外收入”。

主题 2 应收账款能否转让融资？

问题：某家规模不大的民营企业，应收款余额比较大，但资金紧缺，应收账款能否转让融资？它与应收账款质押融资是否有区别？

解答：应收账款转让融资是目前西方比较流行的一种融资方式，在我国也已经逐步开展起来。应收账款转让融资主要有两种方式，应收账款抵押借款和应收账款让售。

应收账款抵押借款是指持有应收账款的企业与信贷机构或代理商订立合同，以应收账款作为担保品，在规定的期限内企业有权以一定额度为限借用资金的一种融资方式。合同明确规定信贷机构或代理商借给企业资金所占应收账款的比率，借款企业在借款时，除以应收账款为担保外，还需按实际借款数据出具标据，如果作为担保品的应收账款中某一账款到期收不回来，银行有权向借款企业追索。

应收账款让售是指企业将应收账款出让给信贷机构。企业筹措的资金是根据销售发票金额减去允许客户在付款时扣除的现金折扣、信贷机构收取的佣金以及可能发生的销售退回和折让而保留的扣存款后的余额确定。扣存款占的比例由双方协商确定，一般为 10%左右。应收账款让售后，假如出现应收账款拖欠或客户无力清偿，则企业无须承担任何责任，信贷机构不能向企业追索。

应收账款转让融资不是普通意义上的“应收账款质押融资”，两种模式都起到了把应收账款提前变现的作用，但对融资方的利益影响是有区别的。采取“应收账款转让”的方式融资，企业从银行获得了融资，但它在财务报表上却不体现为债务，而是销售收入。与“应收账款质押”相比，它实际上是降低了企业的资产负债率，而资产负债率的相对降低又有利于其通过贷款的方式从其他银行再次获得融资，并且也有利于合理避税。应收账款转让肯定会有一定折扣，这就产生了损失。转让发生的损失可以税前扣除。

应收账款转让融资也有一些弊端，它减少了企业的既得收入，同时站在银行的角度，企业通过把应收账款转让给银行进行融资，这种方式部分掩盖了其债务，影响了其资产负债率的真实性，并进一步增加了银行信贷资金的中长期风险，银行在审批此类融资时会比较小心，对企业的信用要求会比较高。

主题 3 新税法还允许坏账准备在税前列支吗？

问题： 某企业为一般纳税人，赊销业务量较大，但均提取了坏账准备。新的《企业所得税法》还允许坏账准备在税前列支吗？

解答： 针对坏账准备的问题，在新的《企业所得税法》中没有明确的规定。

《企业所得税法》第十条第（七）项规定，在计算应纳税所得额时，未经核定的准备金支出不得扣除。

《企业所得税法实施条例》第五十五条规定，《企业所得税法》第十条第（七）项所称未经核定的准备金支出，是指不符合国务院财政、税务主管部门规定的各项资产减值准备、风险准备等准备金支出。

因此，企业计提的坏账准备金不能在企业所得税前扣除。但考虑到有些行业、项目的风险较大《企业所得税法》第十条第（七）项以及实施条例第五十五条做了例外规定，明确国务院财政、税务主管部门规定的特殊行业准备金可以税前扣除。

主题 4 外贸业务如何控制坏账？

问题： 某家外贸民营企业是家族企业，企业原有的内部控制制度并不完善，再加上国际金融危机的影响，外贸坏账损失比较大，老板也非常重视这个问题，要求财务人员尽快制定相关的制度措施。如何制定控制坏账的内控措施？

解答： 外贸民营企业在信用管理方面可能有以下几个主要缺陷：对资信调查不重视、合同签订不规范、结算方式不当以及未设立专门的信用管理部门或者岗位。针对这些问题，建议建立起对应收账款的事前、事中、事后三重控制制度。

（1）事前控制。

① 设立应收账款管理的专门机构，配备专职人员并负责部间协调工作，即使企业规模小，也必须指定专人负责；

② 建立客户信用档案，由于外国企业的资信状况可能比较难取得，尽量通过银行、信用保险机构、外贸中介、驻外商务处进行调查；

③ 制定合理信用政策；

④ 规范出口合同，注意合同中的法律适用与争议解决条款，尽量争取适用我国法律；

⑤ 选择信用证、银行保函等以银行信用作保证的贸易结算方式；

⑥ 办理出口信用保险。

（2）事中控制。

① 企业自身应严格按合同履行义务，以免给外商拒收货物、拖欠或拒付货款留下把柄；

② 保存好电子邮件、往来传真以及相关书面资料；

③ 专人监控账龄，及时预警。

（3）事后控制。

① 多途径催收，收款计划的实施以成本高低为原则，依次为邮件或电话催收、专人或专门机构催收、运用法律手段催收；

② 根据信用保险条款的规定，及时向保险公司申请索赔。

综合来看，外贸企业管理应收账款重点应放在事前控制，毕竟涉外欠款纠纷解决的成本和难度都相当大。外贸企业应充分了解市场状况，适时进行调整，避开高风险市场。

主题 5　往来账款如何重分类列报?

问题：某企业为一般纳税人，往来款项比重较大。应收账款、应付账款以及预收账款、预付账款如何进行重分类列报?

解答：应收账款、应付账款以及预收账款、预付账款等往来账款在资产负债表中的各个项目的列报，应按照下面的思路来处理。

（1）应收账款项目应根据应收账款所属明细科目的借方余额合计数+预收账款所属明细科目借方余额合计数-计提的相应的坏账准备计算填列；

（2）预收款项项目应根据应收账款所属明细科目贷方余额合计数+预收账款所属明细科目贷方余额合计数计算填列；

（3）应付账款项目应根据应付账款所属明细科目贷方余额合计数+预付账款所属明细科目贷方余额合计数计算填列；

（4）预付款项项目应根据应付账款所属明细科目借方余额合计数+预付账款所属明细科目借方余额合计数计算填列；

（5）其他应收款项目应根据其他应收款明细科目借方余额合计数+其他应付款明细科目借方余额合计数-计提的相应的坏账准备计算填列；

（6）其他应付款项目应根据其他应收款明细科目贷方余额合计数+其他应付款明细科目贷方余额合计数计算填列。

比如，应收款总账金额是 1 000 万元，应收账款明细借方合计是 1 200 万元，贷方合计是 200 万元；预收账款明细借方合计是 500 万元，贷方合计是 200 万元。则资产负债表中应收账款项目=1 200+500=1 700 万元，预收款项项目=200+200=400 万元。

根据以上原则进行重分类以后再对应收款项计提相应的坏账准备，因为应收账款贷方明细相当于是预收账款，预收账款的借方明细相当于是应收账款。如果计提了坏账准备，则在填列时还应减去相应的坏账准备。

主题 6　分期收款销售如何进行财税处理?

问题：某企业分期收款发出商品，按合同约定的收款日期确认收入。会计上是如何规定的呢？在所得税汇算清缴时应该怎么调整呢？

解答：根据《企业会计准则》的规定，企业以分期收款方式销售货物，其延期收取的货款实质具有融资性质，企业应当按照应收的合同或协议价款的公允价值确定收入金额（在发出商品时确定），应收的合同或协议价款的公允价值通常按照其未来现金流量现值或商品现销价格计算确定；应收的合同或协议价款与其公允价值之间的差额，在合同或协议期间内采用实际利率法进行摊销，冲减财务费用。即企业不需要分期确认销售商品的收入，一般是在发出商品的时候确认收入。

在所得税的汇算清缴时应做纳税调整，在申报表中调减应纳税所得额即可。如会计上确认收入 100 万元，按合同规定当期收款 30 万元，应调减应纳税所得额 70 万元。

二、会计处理方法

主题 1　无法收回的应收账款如何处理?

问题：某单位一笔应收账款挂账金额 15 万元，未计提坏账准备，对方以财力困难为由拒付。该单位上诉至法院，法院形成和解书，对方支付 8 万元给该单位，双方不再有任何纠葛。未收回的 7 万元如何进行账务处理？

解答：未收到的 7 万元应计入坏账准备，并确认坏账。

借：资产减值损失	70 000	
贷：坏账准备		70 000

借：坏账准备　　70 000

　贷：应收账款　　70 000

收回 8 万元时：

借：银行存款　　80 000

　贷：应收账款　　80 000

主题 2　分期付款如何进行会计处理？

问题：假设商品已经发出，不附有退货条件，满足收入的确认条件，但是客户是分期付款的，比如一个模具合同，签订时付 30%，验收合格时付 50%，模具一年内没有问题时付 10%，开具全额发票后再付 10%，但是这个模具无论如何是不退货的，这样的合同在签订后，应如何进行会计处理？

解答：当商品发出时，已经满足收入确认的条件，应该确认收入。

（1）收到 30%贷款时。

借：银行存款

　贷：应收账款（预收账款）

（2）发出商品时。

借：应收账款（预收账款）

　贷：主营业务收入

　　应交税费——应交增值税（销项税额）

（3）结转成本时。

借：主营业务成本

　贷：库存商品

（4）收到 50%贷款时。

借：银行存款

　贷：应收账款（预收账款）

（5）收到最后 10%货款时。

借：银行存款

　贷：应收账款（预收账款）

主题 3　未收到发票的采购货物应如何入账？

问题：某公司签发了一张采购单，现在货已经验收合格入库，但是发票还没有回来，那么应怎样在账上体现这笔应付账款呢？

解答（1）结算的账单没有收到，收到的货物估价入库。

借：库存商品、原材料

　贷：应付账款

（2）付款时。

借：应付账款

　贷：银行存款

（3）收到发票时，将估价冲回，按发票的金额入库。

借：应付账款

　　应交税费——应交增值税（进项税额）

　贷：库存商品、原材料

或

借：库存商品、原材料

　　应交税费——应交增值税（进项税额）

　贷：应付账款

主题 4　分期收款的会计处理与税法处理有何异同？

问题：某企业为一般纳税人，部分产品采取分期收款销售。分期收款销售产品的会计处理与税法处理有哪些不同？

解答：根据《企业会计准则第 14 号——收入》的规定和《企业所得税法实施条例》第二十三条第一款规定，分期收款销售方式的会计处理与所得税处理存在以下三个方面的区别。

（1）确认收入的时间不同。会计准则规定，销售商品收入同时满足下列条件时，就可以确认收入：企业将商品所有权上的主要风险和报酬转移给购货方；企业既没有保留通常与所有权相联系的继续管理权，也没有对已售出的商品实施有效控制；收入的金额能够可靠地计量；相关的经济利益很可能流入企业；相关的成本能够可靠地计量。在符合上述实现销售的五项条件后，以分期收款销售方式处理的产品在已经发出、货款尚未收到时，可确认收入的实现。税法确认收入的时间为合同约定的收款日期。

（2）确认收入的项目不同。会计确认的收入包括“商品销售收入”和“融资收益”（利息收入）两个项目，而税法只有“商品销售收入”一个项目。

（3）确认的销售收入金额不同。《企业会计准则》确认的收入金额是商品销售时的公允价值，即未来现金流量的现值或当时商品的现销价。而税法规定本期确认的收入为合同约定的本期应收款金额。销售商品的全部收入为各期应收金额之和。

例 4-1 2009 年 1 月 1 日，甲公司以分期收款方式向乙公司销售一台大型制氧机，合同约定销售价为 3 000 万元，于 2009 年 12 月 31 日、2010 年 12 月 31 日、2011 年 12 月 31 日分三次支付货款，即每年年末支付 1 000 万元，增值税的销项税额 510 万元于 2009 年 1 月 1 日一次付清。该大型制氧机现销价款为 2 624.3 万元（按年利率 7%分 3 年付款，每年支付 1000 万元为所折算的年金现值）。该制氧机的成本为 2 100 万元。甲公司在 2009 年 1 月 1 日商品发出时就开具了增值税专用发票，并收到增值税销项税额 510 万元。

（1）甲公司分期收款销售方式的会计处理。

2009 年 1 月 1 日销售实现时的会计处理。

借：长期应收款	30 000 000	
银行存款	5 100 000	
贷：主营业务收入		26 243 000
未实现的融资收益		3 757 000
应交税费——应交增值税（销项税额）		5 100 000
借：主营业务成本	21 000 000	
贷：库存商品		21 000 000

2009 年 12 月 31 日即第一年年末收到货款 1 000 万元时的会计处理：

借：银行存款	10 000 000	
贷：长期应收款		10 000 000

同时，计算应摊销和确认的融资收益 183.70 万元（2 624.30 × 7% = 183.70）冲销财务费用科目。

借：未确认的融资收益	1 837 000	
贷：财务费用		1 837 000

2010 年 12 月 31 日即第二年年末收到货款 1 000 万元时的会计处理为：

借：银行存款	10 000 000	
贷：长期应收款		10 000 000

同时，计算应摊销和确认的融资收益为 126.56 万元［（2 624.3 + 183.7 − 1 000）× 7% = 126.56）］。

借：未确认的融资收益	1 265 600	
贷：财务费用		1 265 600

2011 年 12 月 31 日即第三年年末收到货款 1 000 万元时的会计处理。

借：银行存款　　10 000 000

　贷：长期应收款　　10 000 000

同时，计算应摊销和确认的融资收益为 65.42 万元［（2 624.30 + 183.70 + 126.56 − 2 000）× 7% = 65.42，因计算产生尾差 0.02，按 65.44 万元确认融资收益］。

借：未确认的融资收益　　654 400

　贷：财务费用　　654 400

（2）甲公司分期收款销售方式的所得税处理为：根据税法规定，企业应分别在 2009 年年末、2010 年年末和 2011 年年末分期确认商品销售收入各 1 000 万元，合计 3 000 万元，同时也分三期确认产品销售成本各 700 万元，合计 2 100 万元。会计所确认的融资收益，税法不予确认，不计入纳税所得。

甲公司在进行企业所得税汇算清缴申报时应做以下纳税调整。

2009 年年末纳税申报时，会计确认产品销售收入为 2 624.30 万元，税法确认产品销售收入为 1 000 万元，调减应纳税所得额为 1 624.30 万元；会计确认产品销售成本为 2 100 元，税法确认产品销售成本为 700 万元，调增应纳税所得额为 1 400 万元；会计确认融资收益为 183.70 万元，税法不予确认，调减应纳税所得额为 183.70 万元。

2010 年年末纳税申报时，会计确认产品销售收入为 0 元，税法确认产品销售收入为 1 000 万元，调增应纳税所得额为 1 000 万元；会计确认产品销售成本为 0 元，税法确认产品销售成本为 700 万元，调减应纳税所得额为 700 万元；会计确认融资收益为 126.56 万元，税法确认融资收益为 0 元，调减应纳税所得额为 126.56 万元。

2011 年年末纳税申报时，会计确认产品销售收入为 0 元，税法确认产品销售收入为 1 000 万元，调增应纳税所得额为 1 000 万元；会计确认产品销售成本为 0 元，税法确认产品销售成本为 700 万元，调减应纳税所得额为 700 万元；会计确认融资收益为 65.44 万元，税法确认融资收益为 0 元，调减应纳税所得额为 65.44 万元。

第一年年末，调减应纳税所得额合计为 408 万元；第二年、第三年年末，分别调增应纳税所得额为 173.44 万元和 234.56 万元。在这三年中，调增数与调减数相等。由此可见，以上纳税调整是暂时性差异引起的。第一年年末产生应纳税暂时性差异为 408 万元，按照《企业会计准则第 18 号——所得税》的规定，应确认递延所得税负债 102 万元，会计分录为：

借：所得税费用　　　　　　　　　　　　　　　　　　1 020 000

　贷：递延所得税负债　　　　　　　　　　　　　　　　1 020 000

第二年、第三年年末，分别调增的应纳税所得额 173.44 万元和 234.56 万元，是第一年所产生的应纳税暂时性差异的转回，会计处理时应做相反的会计分录：

第二年年末：

借：递延所得税负债　　　　　　（173.44 万元×25%）433 600

　贷：所得税费用　　　　　　　　　　　　　　　　　433 600

第三年年末：

借：递延所得税负债　　　　　　（234.56 万元×25%）586 400

　贷：所得税费用　　　　　　　　　　　　　　　　　586 400

税法规定的出发点是基于企业纳税能力的考量。企业尽管于 2009 年年初就发出了商品，但到年末时甲公司只收到了 1 000 万元货款，只把当年应收的 1 000 万元货款计入应纳税所得额。而《企业会计准则》遵照的是权责发生制原则。在 2009 年年初，尽管货款尚未收到，但已经符合收入确认的五项条件，就可全部确认产品销售收入并结转销售成本。至于产品公允价值与按合同规定可以分期收回的货款之间的差额，作为未确认的融资收益入账，在后期收回货款时，将未实现的融资收益按照应收账款的摊余成本和实际利率计算分摊额，并将摊销额确认为已实现的融资收益冲减财务费用，从而计入了当期损益。

第三节　出口销售涉及的问题及会计处理

一、疑难问题解答

主题 1　如何办理出口退税手续?

问题：某公司为一家新办外贸出口企业，现在已经取得营业执照，如何办理出口退税手续?

解答：办理出口退税登记流程如下。

（1）购买出口退税登记表等资料。

① 出口企业退税登记证（一式两份）；

② 出口企业退税登记申请表（一式两份）；

③ 出口企业出口退税管理责任书（一式两份）；

④ 出口企业退税办税员登记表（一份）。

（2）备齐以下资料送交审核。

①《企业法人营业执照》（副本）原件及复印件；代理合同、海关手册（或以产顶进监管书）、进口报关单的原件和复印件（复印件须盖上公司章）。

② 国税《税务登记证》（副本）原件及复印件；

③《中华人民共和国进出口企业资格证书》原件及复印件；

④ 海关核发的《自理报关单位注册登记证明书》原件及复印件；

⑤ 公司法人身份证原件及复印件；

⑥ 办税员 1 寸照片 1 张；

⑦ 办公场所房产证或租赁合同原件及复印件；

⑧ 增值税一般纳税人须提供《增值税一般纳税人资格证书》或《申请认定审批表》原件及复印件。

（所有资料的复印件均用 16 开或 B5 纸张。）

（3）办理办税员培训报名，并参加办税员考试。

（4）办税员考试合格后，领取出口退税登记证及办税员证。

注：请在取得进出口权三个月内办理退税登记，否则按逾期处理。

主题 2　什么是转厂销售？

问题：某外贸企业因业务需要将一批货物转厂销售。什么属于转厂销售？

解答：转厂销售是指由一个企业将海关监管的货物转移到另一海关监管企业，并向海关办理监管货物转移手续的行为。转厂涉及两个不同的主管海关，企业在办理货物的转厂手续时，需要同时向两个主管海关提出申报手续，其中转入方申报和办理进口手续，转出方申报和办理出口手续，而货物不需要真正出口，直接由国内的一个厂商发送到另一个厂商。通俗一点讲，转厂就是把产品从工厂 A 转到工厂 B，在此过程中，受海关监管，产品办完海关转厂核销手续后，转出方等同出口产品，转入方等同进口产品。

主题 3　什么是“三来一补”？

问题：某企业业务涉及“三来一补”，什么是“三来一补”？

解答：“三来一补”是指来料加工、来样加工、来件装配和补偿贸易。来料加工、来样加工、来件装配属于加工贸易的范畴。

加工贸易的基本内容是：一方提供原料、辅助材料、元器件和部件，另一方按其提供的规格、质量、技术标准加工成成品交给对方，并收取加工费。

来料加工指外商提供原材料、辅助材料与包装物料等，并提出成品的质量、规格、式样等要求，由国内企业按要求生产，成品交给对方，收取加工费。

来样加工指由外商提供样品款式和规格等要求，国内企业按要求生产，成品交给对方，收取原材料费及加工费。

来件装配是指由外商提供装配所需零部件、元器件，必要时提供技术或设备，国内企业按要求进行装配，成品交给对方，收取加工费。

补偿贸易是进口商在信贷基础上，向出口商购买机器、设备、技术物质或劳务，约定在规定期限内，一次或分期用商品或劳务偿还的贸易方式。自 20 世纪 60 年代以来，补偿贸易在国际贸易事务中较为流行。补偿贸易在我国主要以直接产品补偿、间接产品补偿和劳务补偿三种方式为主。

主题 4　转口贸易是否涉及增值税?

问题：某公司业务涉及转口贸易，是否涉及增值税?

解答：我国增值税的征收强调的是在中国境内产生的商品生产及流通过程，而转口贸易不经过我国海关，没有入中国境内，故不符合增值税的征收条件，也就是说不用缴纳增值税。

主题 5　境外修理费是否缴纳增值税和预提所得税?

问题：A 公司是外资企业，生产的烘箱等设备境外出口到不同国家，合同承诺会有 2 年的免费维修，并就维修费用与投资方（境外总公司）签订合同，由总公司派遣工程师到不同地区进行维修，再由总公司按月提供维修清单，费用由 A 公司支付。A 公司财务人员整理了一个月的费用情况，其中，人工费占维修费用 2%，零配件占维修费用 33%，差旅费占维修费用 42%。A 公司是否涉及税务风险？其财务人员在支付时应如何处理税务上的事宜（如代扣代缴企业所得税，代扣代缴营业税）？

解答：首先，A 公司和境外的总公司具有关联关系，他们的交易受到《特别纳税调整实施办法（试行）》（国税发（2009）2 号）调控影响。

其次，上述业务中，总公司提供修理劳务是增值税的应税劳务，但由于发生在境外，所以不是我国增值税的调整范围。

《企业所得税法》第三条所称来源于中国境内、境外的所得，按照以下原则确定：① 销售货物所得，按照交易活动发生地确定；② 提供劳务所得，按照劳务发生地确定。前述问题均在境外发生，是境外所得，不是境内所得，所以不用考虑所得税。

因此，境外修理费不需要代扣任何税款。

二、会计处理方法

主题 1　出口退税涉及哪些计算公式?

问题： 某外贸公司需经常办证出口退税，涉及哪些计算公式?

解答： 出口退税的账务处理（以“免、抵、退”税的核算为例）主要涉及以下计算公式：

当期应纳税额=当期内销货物的销项税额－（当期进项税额－当期抵免抵退税不得免征和抵扣税额+上期留抵税额）

免抵退税不得免征和抵扣税额=出口货物的离岸价×外汇人民币牌价×（出口货物征税税率－出口货物退税率）－免抵退税不得免征和抵扣税额抵减额

免抵退税不得免征和抵扣税额抵减额=免税购进原材料价格×（出口货物征税税率－出口货物退税税率）

当期免抵退税额=出口货物离岸价×外汇人民币牌价×出口货物退税率－免抵退税额抵减额

免抵退税额抵减额=免税购进原材料价格×出口货物退税率

当期应退税额=当期期末留抵税额或免抵退税额二者之中较小者

当期免抵税额=当期免抵退税额－当期应退税额

其中：

（1）出口货物离岸价（FOB）是以出口发票计算并扣除运保费和佣金后的离岸价，出口发票不能如实反映实际离岸价的，企业必须按照实际离岸价向主管税务机关进行申报。

（2）免税购进原材料包括国内购进免税原材料和进料加工免税进口料件，其中进料加工免税进口料件的价格为组成计税价格。

进料加工免税进口料件的组成计税价格=货物到岸价格+海关实征关税和消费税

（3）当期期末留抵税额为当期《增值税纳税申报表》的“期末留抵税额”。

例 4-2 某生产企业具有进出口经营权，对自产货物经营出口销售及国内销售业务。1 月共销售 5 吨，其中出口量为 4 吨，出口离岸价为 99 000 美元，货款未收到，美元记账汇率为 8.27。内销量为 1 吨，内销金额 200 000 元，销项税额 34 000 元，当月购进原材料等辅助材料 470 588 元，进项税额合计 80 000 元。假设内外销货物增值税税率 17%，出口货物退税率 15%。无上期留抵税额。会计处理如下。

（1）外购原辅材料、备件等，会计分录如下。

借：原材料等科目　　470 588

　应交税费——应交增值税（进项税额）　　80 000

　贷：银行存款　　550 588

（2）产品外销时，会计分录如下。

免税出口销售额=99 000×8.27=818 730（元）

借：应收外汇账款　　818 730

　贷：主营业务收入　　818 730

（3）内销产品，会计分录如下。

借：银行存款　　234 000

　贷：主营业务收入　　200 000

　　应交税费——应交增值税（销项税额）　　34 000

（4）月末计算当月出口货物不予抵扣和退税的税额。

当期免抵退税不得免征和抵扣额=818 730×（17%–15%）=16 374.6（元）。

借：主营业务成本　　16 374.6

　贷：应交税费——应交增值税（进项税额转出）　　16 374.6

（5）计算应纳税额。

本月应纳税额=当期内销货物的销项税额–（当期进项税额+上期留抵税款–当期不予抵扣或退税的金额）=34 000–（60 000–16 374.6）=–29 626.6（元）。

由于应纳税额小于零，说明当期“期末留抵税额”为 29 626.6 元。

（6）计算应退税额和应免抵税额。

免抵退税额=出口货物离岸价×外汇人民币牌价×出口货物退税率

=818 730×15%=122 809.5（元）

当期期末留抵税额 29 626.6 元≤当期免抵退税额 122 809.5 元时：

当期应退税额=当期期末留抵税额=29 626.6（元）

当期免抵税额=当期免抵退税额–当期应退税额

=122 809.5–29 626.6=93 182.9（元）

借：其他应收款　29 626.6

应交税费——应交增值税（出口抵减内销产品应纳税额）93 182.9

贷：应交税费——应交增值税（出口退税）　122 809.5

（7）收至退税款时，会计分录如下。

借：银行存款　29 626.6

贷：其他应收款　29 626.6

主题 2　购进原材料加工后出口业务如何进行财税处理？

问题：某公司与北京一家公司合资，购进北京公司的原料进行加工后再出口。这与一般贸易有什么区别？这种方式怎样计算出口退税？怎样进行账务处理？

解答：将购进的原材料加工后出口，属于一般贸易，应该按照生产企业免抵退税方法计算。

根据《财政部、国家税务总局关于进一步推进出口货物实行免、抵、退税办法的通知》（财税［2002］7 号）的规定，实行免、抵、退税办法的“免”税是指对生产企业出口的自产货物免征本企业生产销售环节增值税；“抵”税是指生产企业出口自产货物所耗用的原材料、零部件、燃料、动力等所含应予退还的进项税额，抵顶内销货物的应纳税额；“退”税是指生产企业出口的自产货物在当月内应抵顶的进项税额大于应纳税额时，对未抵顶完的部分予以退税。

有关计算方法如下。

（1）当期应纳税额的计算。

当期应纳税额=当期内销货物的销项税额－（当期进项税额－当期免抵退税不得免征和抵扣税额）

（2）免抵退税额的计算。

免抵退税额=出口货物离岸价×外汇人民币牌价×出口货物退税率–免抵退税额抵减额

其中：

① 出口货物离岸价（FOB）以出口发票计算的离岸价为准。出口发票不能如实反映实际离岸价的，企业必须按照实际离岸价向主管国税机关进行申报，同时主管税务机关有权依照《中华人民共和国税收征收管理法》、《中华人民共和国增值税暂行条例》等有关规定予以核定。

② 免抵退税额抵减额=免税购进原材料价格×出口货物退税率。

免税购进原材料包括从国内购进免税原材料和进料加工免税进口料件，其中进料加工免税进口料件的价格为组成计税价格。进料加工免税进口料件的组成计税价格=货物到岸价+海关实征关税和消费税

（3）当期应退税额和免抵税额的计算。

① 如当期期末留抵税额≤当期免抵退税额，则：

当期应退税额=当期期末留抵税额

当期免抵税额=当期免抵退税额−当期应退税额

② 如当期期末留抵税额>当期免抵退税额，则：

当期应退税额=当期免抵退税额

当期免抵税额=0

当期期末留抵税额根据当期《增值税纳税申报表》中“期末留抵税额”确定。

（4）免抵退税不得免征和抵扣税额的计算。

免抵退税不得免征和抵扣税额=出口货物离岸价×外汇人民币牌价×（出口货物征税税率−出口货物退税税率）−免抵退税不得免征和抵扣税额抵减额

免抵退税不得免征和抵扣税额抵减额=免税购进原材料价格×（出口货物征税税率−出口货物退税税率）

（5）会计上实行“免、抵、退”政策的账务处理对应有以下三种办法。

① 应纳税额为正数，即免抵后仍应缴纳增值税，免抵税额=免抵退税额，即没有可退税额（因为没有留抵税额）。此时，会计处理如下。

借：应交税费——应交增值税（转出未交增值税）

贷：应交税费——未交增值税

借：应交税费——应交增值税（出口抵减内销产品应纳税额）

贷：应交税费——应交增值税（出口退税）

② 应纳税额为负数，即期末有留抵税额，对于未抵顶完的进项税额，不做会计分录；当留抵税额大于“免、抵、退”税额时，可全部退税，免抵税额为0。此时，会计处理如下。

借：其他应收款

贷：应交税费——应交增值税（出口退税）

③ 应纳税额为负数，即期末有留抵税额，对于未抵顶完的进项税额，不做会计分录；当留抵税额小于“免、抵、退”税额时，可退税额为留抵税额，免抵税额=免抵退税额−留抵税额。此时，会计处理如下。

借：其他应收款

应交税费——应交增值税（出口抵减内销产品应纳税额）

贷：应交税费——应交增值税（出口退税）

主题 3　一般贸易和进料加工两种贸易如何进行账务处理？

问题：某公司现在需要在一般贸易和进料加工两种贸易方式上做选择，但是不太理解这两种贸易方式在会计处理的核算上有什么不同。举例来说，A 公司进口材料 100 万元，当月进项税为 10 万元，100 万元的进口材料生产 150 万元的产品全部出口，内销不含税金额为 10 万元，税金 1.7 万元，单证当月收讫，该企业征税税率为 17%，退税税率为 13%，适用免抵退政策，不考虑其他，无留抵税，这两种贸易方式有什么不同吗？

解答：（1）一般贸易方式。

① 进口时需要按规定征收进口环节关税、增值税，会计处理如下。

借：原材料（含进口环节关税，假定为 10%）　1 100 000

应交税费——应交增值税（进项税额）　187 000

贷：应付账款　1 000 000

银行存款　287 000

② 销售时（略）。

③ 免税申报时。

借：主营业务成本　［1 500 000×（17%−13%）］60 000

贷：应交税费——应交增值税（进项税额转出）　60 000

④ 退税申报时。

期末留抵税额=1.7–（18.7+10–6）=–21（万元）

免抵退税额=150×13%=19.5（万元）

借：应收账款——应收出口退税　　195 000

　贷：应交税费——应交增值税（出口退税）　　195 000

（2）进料加工方式。

① 进口时需要做手册备案，假定免征进口环节增值税、关税，则

借：原材料　　1 000 000

　贷：应付账款　　1 000 000

② 销售时（略）。

③ 免税申报时，计算不得免征和抵扣税额在实务中需要海关根据分配率来计算，假定是3万元。

借：主营业务成本　　30 000

　贷：应交税费——应交增值税（进项税额转出）　　30 000

④ 退税申报时。

期末留抵税额=1.7–（10–3）=–5.3（万元）

免抵退税额=（150–100）×13%=6.5（万元）

借：应收账款——应收出口退税　　53 000

　　应交税费——应交增值税（出口抵减内销应纳税额）　　12 000

　贷：应交税费——应交增值税（出口退税）　　65 000

第一种方式增加了企业现金流的负担，如果关税税率高则更明显。第二种方式对企业管理要求较高，手册及保税料件海关都是要监管的。

主题4　转口贸易如何进行账务处理?

问题：某企业从事转口贸易业务。从国外采购货物后直接销售给国外的客户，这样的转口贸易如何做会计分录?

解答：会计处理如下。

（1）付汇时（附付汇单据及购货的发票）。

借：库存商品

　贷：银行存款（外汇×付汇当天的汇率）

（2）收汇时（附收汇单据及销货的发票）。

借：银行存款（外汇×收汇当天的汇率）

  贷：主营业务收入——转口贸易

（3）结转成本时。

借：主营业务成本——转口贸易

  贷：库存商品

主题 5　销售货物时如何核算海运费？

问题：某公司销售货物时，在合同中约定，海运费由对方出，由公司先垫付。在付海运费时、货运公司将发票开给公司时、对方将海运费付给公司时，分别应如何进行账务处理？

解答：如果海运费发票开给公司，然后公司再向客户收款，这时公司还要开具发票给客户（将这部分运费计入销售款），使不该纳税的项目变为应税项目，造成了多交税的情况。海运费的发票应直接开给公司的客户，这样才可以作为代收代付款处理。

借：应收账款（海运费+销售款）

  贷：银行存款等（海运费）

    主营业务收入

    应交税费——应交增值税（销项税额）

收回海运费时。

借：银行存款

  贷：应收账款

主题 6　出口货物维修费如何处理？

问题：某公司为一家外贸企业，出口给国外客户的一批货物有损坏，该公司办理临时进出口后把损坏的货物发送厂家进行维修，并支付给厂家维修费，客户再把维修费支付给该公司。在收取维修费和支付维修费时应如何进行会计核算？

解答：维修费的税额属于出口加工劳务，是可以办理出口退税的。

（1）收到维修费时。

借：银行存款

  贷：主营业务收入

（2）支付维修费时。

借：主营业务成本

　　应交税费——应交增值税（进项税额）

　贷：银行存款

主题 7　出口退税如何进行账务处理？

问题：某公司有一批库存商品用于出口，成本 100 万元，收到 120 万元（折合人民币），可退税 10 万元，本月的进项税为 15 万元。如何进行会计处理？

解答：有关的账务处理如下。

借：银行存款（外币户）	1 200 000	
贷：主营业务收入		1 200 000
借：其他应收款——应收出口退税	100 000	
贷：应交税费——应交增值税（出口退税）		100 000
借：主营业务成本	1 050 000	
贷：库存商品		100 000
应交税费——应交增值税（进项税额转出）		50 000

第四节　其他销售方式涉及的问题及会计处理

一、疑难问题解答

主题 1　视同销售如何进行财税处理？

问题：某公司在经营活动中常遇到“视同销售”的情况该如何进行财税处理？

解答：销售本为财务会计用语，意指经营者发生出售货物（产品和商品），出售（转让）不动产、无形资产，以及提供劳务等业务，并且获得相应的货币与其他经济利益的行为。

“视同销售”属于税法的一项特殊规定，是指纳税人按照《企业会计准则》的规定，在发生处置资产（产品、商品、不动产、无形资产等）或提供劳务的业务时，不能同时满足确认“销售”成立的五项条件，按照《企业会计准则》的规定不作为“销售”处理。但是按照税法的规定，处置该项资产或提供劳务的业务应确认为“销售”，并应计算缴纳各项税款。因此，税法将此类业务称为“视同销售”。

如上所述，“视同销售”是由于《企业会计准则》与税法的差异产生的。

目前，增值税、消费税、营业税、土地增值税、企业所得税法规均制订了“视同销售”方面的规定。由于各税种的规定存在差异，故纳税人容易发生错误履行纳税义务的问题。

（1）增值税与消费税方面。

① 增值税方面的规定。

《增值税暂行条例实施细则》第四条列举了“视同销售”货物的八种类型：将货物交付他人代销；销售代销货物；设有两个以上机构并实行统一核算的纳税人，将货物从一个机构移送其他机构用于销售，但相关机构设在同一县（市）的除外；将自产或委托加工的货物用于非应税项目；将自产、委托加工或购买的货物作为投资，提供给其他单位或个体经营者；将自产、委托加工或购买的货物分配给股东或投资者；将自产、委托加工的货物用于集体福利或个人消费；将自产、委托加工或购买的货物无偿赠送他人。

② 消费税方面的规定。

《中华人民共和国消费税暂行条例》（以下简称《消费税暂行条例》）第四条及其实施细则第六条列举了“视同销售”的十二种类型：将应税消费品用于生产非应税消费品、在建工程、管理部门、非生产机构、提供劳务、馈赠、赞助、集资、广告、样品、职工福利、奖励。

③ 增值税与消费税有关规定的差异。在企业自产货物的“视同销售”方面，两税种之间存在以下差异：

A. 增值税法规规定，企业将自产的货物分配给股东或投资者应视同销售，但消费税法规未将此列为视同销售。

例 4-3 某化妆品企业（一般纳税人）将生产的价值 5 万元的“香水”用于出售，再以现金支付股利。发生此项业务后，企业应缴纳增值税 7 265 元（$50\ 000 \div 1.17 \times 17\% = 7\ 265$ 元）；应缴纳消费税 12 820 元（$50\ 000 \div 1.17 \times 30\% = 12\ 820$ 元）。

例 4-4 某化妆品企业（一般纳税人）将生产的价值 5 万元的“香水”用于支付股利。发生此项业务后，企业应缴纳增值税 7 265 元。消费税法规未将此项业务列为“视同销售”。

B.《消费税暂行条例实施细则》第六条规定，自产应税消费品用于广告、样品的应“视同销售”。但增值税法规无类同规定。

（2）增值税、营业税与企业所得税方面。

① 增值税方面的“视同销售”规定不再赘述。

② 营业税方面的规定。

《营业税暂行条例实施细则》第四条规定，单位或个人自己新建建筑物后销售，其自建行为视同提供应税劳务：转让不动产的有限产权或永久使用权，以及单位将不动产无偿赠与他人，视同销售不动产。

国税函［2004］1032号文件规定，消费者持服务单位赠予的固定面值消费卡进行消费时，应确认为该服务单位提供了营业税服务业应税劳务，发生了营业税纳税义务，对该服务单位应照章征收营业税。

③ 企业所得税方面的规定。

《企业所得税法》第二十五条规定，企业发生非货币性资产交换，以及将货物、财产、劳务用于捐赠、偿债、赞助、集资、广告、样品、职工福利或者利润分配等用途的，应当视同销售货物、转让财产或者提供劳务。

国税函［2008］828号文件规定，自2008年1月1日起，企业发生下列情形的处置资产，除将资产转移至境外以外，由于资产所有权属在形式和实质上均不发生改变，可作为内部处置资产，不视同销售确认收入，相关资产的计税基础延续计算。如将资产用于生产、制造、加工另一产品；改变资产形状、结构或性能；改变资产用途（如自建商品房转为自用或经营）；将资产在总机构及其分支机构之间转移；上述两种或两种以上情形的混合；其他不改变资产所有权属的用途。

④ 增值税、营业税与企业所得税方面的差异。

A. 增值税法规规定，设有两个以上机构并实行统一核算的纳税人，将货物从一个机构移送其他机构用于销售的，应视同销售。企业所得税法规无类同规定。

B. 企业所得税法规定，将货物、财产、劳务用于偿债的应视同销售。但增值税、营业税法规无类同规定。

C. 企业所得税法将提供劳务用于列举的项目设定为视同销售。营业税法规列举的应税劳务有七大类，但仅将企业自建房产后出售的行为视同提供（建筑业）应税劳务。

D. 非货币性资产交换方面的差异。《企业会计准则》规定，非货币性资产交换是指交易双方主要以存货、固定资产、无形资产和长期股权投资等非货币性资产进行的交换。

企业所得税法将非货币性资产（包括不动产、无形资产）交换行为视同销售。但营业税法规仅规定单位将不动产无偿赠与他人视同销售不动产；对以不动产、无形资产用于交换其他资产的，未设定为视同销售。

企业所得税法规定企业通过非货币性资产交换取得资产，按公允价值和相关税费为计税基础；但对换出资产（如应确定为视同销售的），国税函[2008]828号文件规定，自2008年1月1日起，，属于企业自制的资产，应按企业同类资产同期对外销售价格确定销售收入；属于外购的资产，可按购入时的价格确定销售收入。

（3）视同销售计税价格方面的差异。

① 增值税方面。《增值税暂行条例实施细则》规定，按下列顺序确定销售额：

A. 按纳税人最近时期同类货物的平均销售价格确定；

B. 按其他纳税人最近时期同类货物的平均销售价格确定；

C. 按组成计税价格确定。组成计税价格的公式为：

组成计税价格=成本×（1+成本利润率）

属于应征消费税的货物，其组成计税价格中应加计消费税额。

② 消费税方面。《消费税暂行条例》第七条规定，纳税人自产自用的应税消费品，依照本条例第四条第一款规定应当纳税的，按照纳税人生产的同类消费品的销售价格计算纳税；没有同类消费品销售价格的，按照组成计税价格计算纳税。

③ 营业税方面。营业税法规对视同销售的计税价格方面无明确规定。《营业税暂行条例实施细则》第十五条仅规定，纳税人提供应税劳务、转让无形资产或销售不动产价格明显偏低而无正当理由的，主管税务机关有权核定其营业额。如按纳税人当月提供的同类应税劳务或者销售的同类不动产的平均价格核定；或按纳税人最近时期提供的同类应税劳务或者销售的同类不动产的平均价格核定。

④ 企业所得税方面。国税函[2008]828号文件规定，企业发生视同销售

时，属于企业自制的资产，应按企业同类资产同期对外销售价格确定销售收入；属于外购的资产，可按购入时的价格确定销售收入。

主题 2 增值税发票发生销货退回如何处理？

问题：某公司销售一批货物后开具了一张增值税发票，由于货物出现质量问题被退回。增值税发票发生销货退回如何处理？

解答：增值税一般纳税人开具增值税专用发票（以下简称专用发票）后，发生销货退回、销售折让以及开票有误等情况需要开具红字专用发票的，视不同情况分别按以下办法处理。

（1）因专用发票抵扣联、发票联均无法认证的，由购买方填报《开具红字增值税专用发票申请单》（以下简称申请单），并在申请单上填写具体原因以及相对应蓝字专用发票的信息，主管税务机关审核后出具《开具红字增值税专用发票通知单》（以下简称通知单）。购买方不做进项税额转出处理。

（2）购买方所购货物不属于增值税扣税项目范围，取得的专用发票未经认证的，由购买方填报申请单，并在申请单上填写具体原因以及相对应蓝字专用发票的信息，主管税务机关审核后出具通知单。购买方不做进项税额转出处理。

（3）因开票有误购买方拒收专用发票的，销售方须在专用发票认证期限内向主管税务机关填报申请单，并在申请单上填写具体原因以及相对应蓝字专用发票的信息，同时提供由购买方出具的写明拒收理由、错误具体项目以及正确内容的书面材料，主管税务机关审核确认后出具通知单。销售方凭通知单开具红字专用发票。

（4）因开票有误等原因尚未将专用发票交付购买方的，销售方须在开具有误专用发票的次月内向主管税务机关填报申请单，并在申请单上填写具体原因以及相对应蓝字专用发票的信息，同时提供由销售方出具的写明具体理由、错误具体项目以及正确内容的书面材料，主管税务机关审核确认后出具通知单。销售方凭通知单开具红字专用发票。

（5）发生销货退回或销售折让的，销售方还应在开具红字专用发票后将该笔业务的相应记账凭证复印件报送主管税务机关备案。

主题 3 进口货物取得部分境外退款的进项税是否要转出？

问题：某单位上月进口一批货物，本月境外商家给该单位退款 2%。这部分境外退款的进项税是否要转出？

解答：国家税务总局 2007 年已经发文明确境外退款不做进项税转出处理。

《国家税务总局关于纳税人进口货物增值税进项税抵扣额有关问题的通知》（国税函［2007］350 号）明确，纳税人进口货物取得的合法海关进口增值税专用缴款书是计算增值税进项额的唯一凭证，其价格差额部分以及从境外供应商取得的退还或返还的资金，不做进项税额转出处理。

主题 4　以前多开的增值税专用发票如何处理？

问题：某企业曾与客户签订一项销售合同，主营业务收入是 95 000 元，开过一张 95 000 元的增值税专用发票，但是由于某种原因，现在客户要重新签订合同，需要退给客户 60 000 元。

解答：这种情况按销售退回处理即可，对于发票的处理要看这些事项的发生是否已经跨月。

（1）如果没有跨月，可以将原来的发票作废，重新开具发票即可；

（2）如果已经跨月，则需要开具红字发票冲减。

二、会计处理方法

主题 1　视同买断下如何确认收入和进行会计处理？

问题：某公司在经营活动中遇到“视同买断”的情况，如何确认收入和进行会计处理？

解答：视同买断即由委托方和受托方签订协议，委托方按合同价收取所代销的货款，实际的售价由受托方自主决定，实际售价与合同价的差额归受托方所有。在这种情况下，委托方在交付商品时不确认销售收入，受托方也不作为购入商品处理。受托方将商品销售后，按实际的售价确认收入，并向委托方开具代销清单。委托方按代销清单确认收入。

企业委托代销发出的商品作为委托代销商品处理，借记“委托代销商品”科目，贷记“库存商品”等科目。收到受托单位的代销清单，根据代销清单上注明的已销商品，按其应收的款项，借记“应收账款”、“应收票据”等科目，按实现的销售收入，贷记“主营业务收入”科目，按应交的增值税销项税额，贷记“应交税金——应交增值税（销项税额）”科目。

受托单位销售的委托代销商品收入的实现及账务处理，与本企业商品对外销售收入的实现及账务处理相同。

例 4-5 甲企业委托乙企业销售 A 商品 100 件，协议价为 200 元/件，该商品成本 120 元/件，增值税税率 17%。甲企业收到乙企业开来的代销清单时开具增值税专用发票，发票上注明：售价 20 000 元，增值税额 3 400 元。乙企业实际销售时开具的增值税发票上注明：售价 24 000 元，增值税为 4 080 元。

（1）甲企业的会计处理如下。

① 甲企业将 A 商品交付乙企业时。

借：委托代销商品　　12 000

　贷：库存商品　　12 000

② 收到代销清单时。

借：应收账款——乙企业　　23 400

　贷：主营业务收入　　20 000

　　应交税费——应交增值税（销项税额）　　3 400

借：主营业务成本　　12 000

　贷：委托代销商品　　12 000

③ 收到乙企业汇来的货款时。

借：银行存款　　23 400

　贷：应收账款——乙企业　　23 400

（2）乙企业的会计处理如下。

① 收到 A 商品时。

借：受托代销商品　　20 000

　贷：代销商品款　　20 000

② 实际销售商品时。

借：银行存款　　28 080

　贷：主营业务收入　　24 000

　　应交税费——应交增值税（销项税额）　　4 080

借：主营业务成本　　20 000

　贷：受托代销商品　　20 000

借：代销商品款　　20 000

　应交税费——应交增值税（进项税额）　　3 400

　贷：应付账款——甲企业　　23 400

③ 按合同协议价将款项付给甲企业时。

借：应付账款　　23 400

　贷：银行存款　　23 400

主题 2　收取手续费的代销方式如何进行会计处理？

问题：某企业在经营活动中需要向另一家公司支付手续费，这种收取手续费的代销方式如何进行会计处理？

解答：收取手续费这种代销方式与视同买断方式相比，主要特点是受托方通常按照委托方规定的价格销售，不得自行改变售价。受托方根据所代销的商品价款向委托方收取手续费，这对受托方来说实际上是一种劳务收入。在这种代销方式下，委托方应在受托方将商品销售后并向委托方开具代销清单时，确认收入；受托方在销售商品后，按应收取的手续费确认收入。

例 4-6　A 企业委托 B 企业销售某商品 1 000 件，协议价为 200 元/件，该商品成本为 120 元/件，增值税税率为 17%。A 企业按售价的 10%向 B 企业支付手续费。B 企业实际销售时，以 200 000 元的价格销售给顾客，增值税为 34 000 元。A 企业在收到 B 企业开来的代销清单时，向 B 企业开具一张相同金额的增值税发票，假定不考虑其他相关税费。

（1）A 企业的会计处理。

① A 企业将某商品交付 B 企业时。

借：委托代销商品　　120 000

　贷：库存商品　　120 000

② 收到代销清单时。

借：应收账款——B 企业　　234 000

　贷：主营业务收入　　200 000

　　　应交税费——应交增值税（销项税额）　　34 000

借：主营业务成本　　120 000

　贷：委托代销商品　　120 000

借：销售费用　　20 000

　贷：应收账款——B 企业　　20 000

③ 收到 B 企业汇来的货款净额 214 000 元。

借：银行存款　　214 000

　贷：应收账款——B 企业　　214 000

（2）B 企业的会计处理。

① 收到某商品时。

借：受托代销商品　　200 000

　贷：代销商品款　　200 000

② 实际销售商品时。

借：银行存款　　234 000

　贷：应付账款　　200 000

　　　应交税费——应交增值税（销项税额）　　34 000

借：应交税费——应交增值税（进项税额）　　34 000

　贷：应付账款——A 企业　　34 000

借：代销商品款　　200 000

　贷：受托代销商品　　200 000

③ 归还 A 企业货款并计算代销手续费时。

借：应付账款——A 企业　　234 000

　贷：银行存款　　214 000

　　　主营业务收入（或其他业务收入）　　20 000

主题 3　特殊代销中如何进行会计处理？

问题：某企业在经营活动中遇到"特殊代销"该中如何进行会计处理？

解答：严格意义上的代销，是指委托方和受托方签订协议书，明确规定代销货物价款、手续费率等条件，不得加价出售。此外，还有一种自营的委托代理，即只规定交接价和手续费率，而不管受托方按什么价格对外出售。这种代理的账务处理与接受代销商品作为自购自销的账务处理基本相同，不同之处就是还要收取手续费。营业税按实际售价与交接价的差额和手续费之和计算。

例 4-7　某商品批发企业与某工厂签订代销合同，代销 A 产品 500 件，代销价（不含税）为 100 元/件，增值税税率为 17%，代销手续费为不含税代销额的 5%，代销手续费收入的营业税税率为 5%。做会计分录如下。

（1）收到代销商品时。

借：受托代销商品　　50 000

　贷：代销商品款　　50 000

（2）代销商品销售时（代销商品以 150 元/件全部售出，开出增值税专用发票列明销售额为 75 000 元，税额为 12 750 元）。

借：银行存款　87 750

　贷：主营业务收入　75 000

　　应交税费——应交增值税（销项税额）　12 750

（3）代销商品全部售出时（向委托单位开出代销清单，并转销受托代销商品成本为 50 000 元。同时索要增值税专用发票）。

借：主营业务成本　50 000

　贷：受托代销商品　50 000

（4）收到委托方开具的增值税专用发票时。

借：代销商品款　50 000

　应交税费——应交增值税（进项税额）　8 500

　贷：应付账款　58 500

（5）计算代销手续费收入及应缴纳的营业税时（应纳营业税直接冲销“代购代销收入”账户）。

代销手续费收入=50 000 × 5%=2 500（元）

应纳营业税=（50 × 500+2 500）× 5%=1 375（元）

借：应付账款　2 500

　贷：应交税费——应交营业税　1 375

　　代购代销收入　1 125

（6）将扣除代销手续费后的代销款付委托方时。

借：应付账款　56 000

　贷：银行存款　56 000

还有一种代销商品业务，即受托方只负责联系客户，成交后由客户与委托单位直接结算或由受托单位办理结算，委托方开具的增值税专用发票直接以客户的名称开给客户，或者交给受托方再由受托方转交给客户，受托单位只收取手续费。在这种情况下，受托单位就不涉及增值税的会计处理。

主题 4　自购自销的委托代销如何做账?

问题：某企业开展自购自销的委托代销业务。如何进行会计处理?

解答：委托单位不采用支付手续费方式的委托代销商品，一般是通过调整商品售价作为对代销单位的报酬。这种方式实质上是一种赊销，至于受托单位按什么价格销售，与委托单位无关。委托单位在收到受托单位的代销清单后，按商品代销价反映销售收入，其账务处理基本同前，只是不支付手续费而已。

例 4-8 某商品零售企业委托大天商店代销 A 商品 300 件，双方协商含税代销价为 117 元/件，原账面价为 128.90 元/件，代销价低于原账面价的差额，冲销商品进销差价。做会计分录如下。

（1）拨付委托代销商品时。

借：库存商品——委托代销商品　　35 100
　　商品进销差价　　3 570
　贷：库存商品——A 商品　　38 670

（2）收到代销款时（大天商店定期报来代销清单，代销商品全部销售金额为 35 100 元，计算销售额并开具增值税专用发票给受托单位，销售额为 30 000 元，增值税税额为 5 100 元）。

借：银行存款　　35 100
　贷：主营业务收入　　30 000
　　　应交税费——应交增值税（销项税额）　　5 100

收到代销清单时，也可以将代销货款（包括销项税额）借记“银行存款”，贷记“主营业务收入”，月份终了时，再将全月的商品销售收入总额乘以 17%，计算销项税额并登记入账，将含税销售收入调整成为不含税销售额，借记“主营业务收入”，贷记“应交税费——应交增值税（进项税额）”。

（3）结转委托代销商品成本时。

借：主营业务成本　　35 100
　贷：库存商品——委托代销商品　　35 100

如果不采取支付手续费方式而是采取“库存定额、交款补货”的方式，则可将代销单位的销售额包括在本企业商品的销售额之内，收到代销单位交来的货款的同时补货，以代销单位交来货款作为收入的实现。

例 4-9 某商品零售企业采用“库存定额、交款补货”方式委托其饭店代销 C 商品，拨付 C 商品 400 件作为库存定额，含税代销价为 40 元/件，登记委托代销商品备查簿，同时补足库存定额。做会计分录如下。

借：银行存款　　16 000
　贷：主营业务收入　　16 000

月终，查商品销售收入账户，销售收入净额（自营销售收入+代销销售收入–销售退回及折让）为 351 000 元，销项税额为 51 000 元［351 000÷（1+17%）×17%］。

借：主营业务收入　　51 000

　贷：应交税费——应交增值税（销项税额）　　51 000

本月销售商品成本的计算，应按所售商品数量（包括代销商品）乘以库存商品的含税零售价（委托代销商品也按原库存商品的含税零售价计算）。本月自销商品及代销商品的含税零售价总计为 331 000 元。

借：主营业务成本　　331 000

　贷：库存商品　　331 000

这样，代销商品含税代销价低于原库存商品含税零售价的差额，就以增加商品销售成本的形式体现在其中。

主题 5　委托超市代销商品如何做账？

问题：某企业委托超市代销商品，给超市提供的是批发价，超市以零售价销售，超市还要收取促管费和货架费，如有活动还有销售折让。企业是以发出商品还是以收到代销清单的时间来确定销售收入？如何进行会计处理？

解答：这是委托代理销售业务，委托方的处理如下。

（1）发出商品时。

借：发出商品

　贷：库存商品

（2）收到代销清单时确认收入，结转成本。

借：应收账款

　贷：主营业务收入（实际的售价）

　　　应交税费——应交增值税（销项税额）

借：主营业务成本

　贷：发出商品

支付的其他费用作为促销费用计入销售费用。

主题 6　促销优惠券如何进行会计处理？

问题：某企业为了鼓励顾客经常光顾，采取发放优惠券的形式促销。凡是消费满 100 元者，送一张面值 20 元的优惠券。在送券和收券时，应如何进行账务处理？如果顾客消费了 120 元，拿来一张 20 元的消费券，是否只以 100

元作为营业收入？收到的 20 元消费券应如何进行账务处理？

解答：（1）销售取得 100 元现金时。

借：现金　　100

　贷：主营业务收入　　100

（2）持券人持返券购物时。

借：主营业务成本　　20

　贷：库存商品　　20

主题 7　买多送一销售如何进行会计处理？

问题（1）：某公司举行买一送一活动，买 A 商品送 B 商品，A 商品市价为 500 元，成本为 300 元，B 商品市价为 100 元，成本为 80 元。如何进行会计处理？

解答：（1）公司举行买一送一活动，开票时品名可写上 A、B 两种商品，A 商品售价 500 元折扣 100 元，B 商品售价 100 元。账务处理为：

借：库存现金（银行存款）　　585

　贷：主营业务收入　　500

　　应交税费——应交增值税（销项税额）　　85

借：主营业务成本　　380

　贷：库存商品　　380

问题（2）：某商场 2008 年 5 月 1 日举办了“买三送一”的促销活动，即顾客购物每满 300 元，商场即赠送 100 元的返利券，5 月 1 日发放返利券 120 万元（实际回收返利券 117 万元）。该商场 5 月实现商品销售收入 3 510 万元（含税价），在回收的返利券中，按商场与商品供应商的约定，商场负担 35.1 万元，供应商负担 81.9 万元。5 月末，该商场针对上述业务如何做会计处理？

解答（2）：该商场针对上述业务做了如下处理。

借：银行存款　　33 930 000

　应付账款——应收返利券款（各商品供应商）　　819 000

　贷：主营业务收入　　29 700 000

　　应交税费——应交增值税（销项税）　　5 049 000

其中，返还的返利券由供应商负担的部分已由商场全额向各供应商收取，商场自已负担的部分则直接抵减了主营业务收入。

2008 年 6 月初申报增值税时，国税管理部门就该商场 5 月 1 日的促销活动检查其返利券的账务处理后认为，商场返还给顾客的返利券应比照非公益性捐赠按视同销售处理。所以，由商场负担的部分应补缴增值税。于是该商场应在6月补做如下会计分录。

借：销售费用——商品促销费（返利券）　51 000

　贷：应交税费——应交增值税（销项税）　51 000

借：销售费用——商品促销费（返利券）　300 000

　贷：主营业务收入　300 000

主题8　自产产品送给客户如何处理?

问题：某公司将自产的产品送给客户，能作为捐赠吗？如何进行会计处理？

解答：自产产品送给客户不用作为捐赠处理，可以记入销售费用，会计分录如下。

借：销售费用

　贷：库存商品

　　应交税费——应交增值税（销项税额）

主题9　赠送其他用品如何处理?

问题：某单位是汽车维修与销售行业，卖给客户70万元的小轿车，给客户开票70万元，但实收客户68万元，其中有2万元是属于赠送给客户的其他方面的汽车用品，该轿车成本65万元，赠品成本1万元。如何进行账务处理？

解答：少收的2万元应作为销售费用处理。会计分录如下。

借：银行存款　680 000

　　销售费用　20 000

　贷：主营业务收入　598 300

　　应交税费——应交增值税（销项税额）　10 1700

借：主营业务成本　660 000

　贷：库存商品——汽车　650 000

　　　　　　——赠品　10 000

主题10　销售中奖如何进行会计处理?

问题：某公司是商业企业，10月销售货物时，收取某客户货款1 000元。同时，该客户在该公司举办的抽奖活动中中奖，该公司支付给客户中奖款项

100 元，这样的会计分录怎么做呢？

解答：应做如下会计处理。

借：银行存款　　900

　　销售费用　　100

　贷：主营业务收入　　854.70

　　　应交税费——应交增值税（销项税额）　　145.30

开具的发票还应是 1 000 元的发票。

主题 11　用积分购物如何进行会计处理？

问题：某公司是商业企业，给客户办理会员卡，现在存在这样的问题，年底搞活动时，客户可用会员卡的积分换取东西。这种情况公司怎样确认收入？

解答：会员用积分换东西，也就是买东西时用积分顶一部分价款，目前实务中把顶的这部分价款作为商业折扣来处理。

比如，会员买 1 000 元的东西，他的积分可以顶 50 元，那实际上他交给商场 950 元就可以了，商场开发票时按 950 元开，即商业折扣是 50 元，这样企业可以少交 50 元对应的税款，也就是按 950 元确认收入。

但如果会员买 1 000 元的东西，他的积分也可以顶 1 000 元，出现这种情况就不太好办了，一般的商场是不让采用这种方式的，多少需要付一些钱，从而可以作为商业折扣来处理。如果出现了这种情况，那就得换另外一种方式来处理。

（1）平时客户买东西时形成的积分商场可以做如下的会计分录。

借：销售费用

　贷：预计负债

（2）客户买东西时会计分录如下。

借：预计负债

　　银行存款等

　贷：主营业务收入

　　　应交税费——应交增值税（销项税额）

这样做对企业是不利的，企业要多交增值税，相比而言还是作为商业折扣比较合算，或者平时不计提预计负债，在销售时直接计入销售费用来处理。

主题 12 销售退货如何进行会计处理？

问题：某公司销售出去的商品主要有两种情况：一种是销售新研发的商品，不好估计退货率；另一种是销售已有商品，可以根据以前的情况来估计退货率。这两种情况在新的《企业会计准则》下应如何处理？

解答：按照《企业会计准则第 14 号——收入》的规定，对于附有销售退回条件的商品销售具体可以分为以下两种情况处理。

（1）企业根据以往经验不能合理估计退货可能性的，通常应在售出商品退货期满时确认收入。

（2）企业根据以往经验能够合理估计退货可能性并确认与退货相关的负债的，通常应在发出商品时全额确认收入。

能够合理估计退货可能性时的具体处理思路：销售时全额确认收入，在月底时再按估计的销售退回金额抵减收入和成本，差额计入应付账款。实际发生销售退回时，再根据具体情况做出不同的处理。

例 4-10 甲公司是一家健身器材销售公司。2007 年 1 月 1 日，甲公司向乙公司销售一批健身器材 5 000 件，单位销售价格为 500 元，单位成本为 400 元，开出的增值税专用发票上注明的销售价格为 2 500 000 元，增值税税额为 425 000 元。协议约定，乙公司应于 2 月 1 日之前支付货款，在 6 月 30 日之前有权退回健身器材。健身器材已经发出，款项尚未收到。假定甲公司根据过去的经验，估计该批健身器材退货率约为 20%；实际发生销售退回时有关的增值税税额允许冲减；不考虑其他因素。

根据上述资料，甲公司的账务处理如下。

（1）1 月 1 日发出健身器材时。

借：应收账款	2 925 000	
贷：主营业务收入		2 500 000
应交税费——应交增值税（销项税额）		425 000
借：主营业务成本	2 000 000	
贷：库存商品		2 000 000

（2）1 月 31 日确认估计的销售退回。

借：主营业务收入	500 000	
贷：主营业务成本		400 000
应付账款		100 000

（3）2 月 1 日前收到货款时。

借：银行存款　　2 925 000

　贷：应收账款　　2 925 000

（4）6 月 30 日发生销售退回，实际退货量为 1 000 件，款项已经支付（实际发生的退货与估计的退货一致）。

借：库存商品　　400 000

　　应交税费——应交增值税（销项税额）　　85 000

　　应付账款　　100 000

　贷：银行存款　　585 000

如果实际退货量为 800 件时（实际发生的退货小于估计的退货）。

借：库存商品　　320 000

　　应交税费——应交增值税（销项税额）　　68 000

　　主营业务成本　　80 000

　　应付账款　　100 000

　贷：银行存款　　（$800 \times 500 \times 1.17$）468 000

　　　主营业务收入　　100 000

如果实际退货量为 1 200 件时（实际发生的退货大于估计的退货）。

借：库存商品　　480 000

　　应交税费——应交增值税（销项税额）　　102 000

　　主营业务收入　　100 000

　　应付账款　　100 000

　贷：主营业务成本　　80 000

　　　银行存款　　702 000

第五章

企业支付职工薪酬、福利过程中的财税疑难问题与会计处理

第一节　职工薪酬涉及的问题及会计处理

一、疑难问题解答

主题 1　职工旅游费用如何进行税务处理？

问题：某公司组织一部分员工出国考察，但发票是由旅行社开具的，出国的费用列在差旅费中。该旅游费用如何进行税务处理？

解答：根据具体情况来看，这属于组织员工免费出国旅游，依据有关规定，是需要征收个人所得税的。在《关于企业以免费旅游方式提供对营销人员个人奖励有关个人所得税政策的通知》（财税［2004］11 号）中有这样的规定：按照我国现行个人所得税法律法规有关规定，对商品营销活动中，企业和单位对营销业绩突出人员以培训班、研讨会、工作考察等名义组织旅游活动，通过免收差旅费、旅游费对个人实行的营销业绩奖励（包括实物、有价证券等），应根据所发生费用全额计入营销人员应税所得，依法征收个人所得税，并由提供上述费用的企业和单位代扣代缴，其中，对企业雇员享受的此类奖励，应与当期的工资薪金合并，按照“工资、薪金所得”项目征收个人所得税；对其他人员享受的此类奖励，应作为当期的劳务收入，按照“劳务报酬所得”项目征收个人所得税，这笔费用在企业所得税中计入工资，并进行纳税调整，而不通过差旅费直接列支。

主题 2　公司买房若干年后奖励给员工如何进行税务处理？

问题：某公司欲买几套房子，若干年后将房子作为报酬奖励给优秀员工。该行为如何进行税务处理？

解答：将房屋作为奖励发给优秀职工，优秀职工应该按工资薪酬征收个税，这是属于个人所得税法规定的因任职或者受雇而取得的工资、薪金所得项目，应按照“工资薪金所得”税目缴纳个人所得税。

《营业税暂行条例实施细则》第五条明确，单位或者个人将不动产或者土地使用权无偿赠送其他单位或者个人，视同发生应税行为，应该依法按 5%征收营业税，相应地还要缴纳城建税（7%，5%，1%）和教育费附加 3%。职工获得房产，应该按规定缴纳契税（税率由地方确定，一般在 4%以内）和印花税（0.5‰）。不动产转让也涉及土地增值税和印花税。

主题 3　员工取得双薪如何计算个人所得税？

问题：某企业年底给员工发双薪，该双薪如何计算个人所得税？

解答：《国家税务总局关于调整个人取得全年一次性奖金计算征收个人所得税方法问题的通知》（国税发［2005］9 号）规定：

（1）全年一次性奖金是指行政机关、企事业单位等扣缴义务人根据其全年经济效益和对雇员全年工作业绩的综合考核情况，向雇员发放的一次性奖金。上述一次性奖金也包括年终加薪、实行年薪制和绩效工资办法的单位根据考核情况兑现的年薪和绩效工资。

（2）纳税人取得全年一次性奖金，单独作为一个月工资、薪金所得计算纳税，并按以下计税办法，由扣缴义务人发放时代扣代缴。

① 先将雇员当月内取得的全年一次性奖金除以 12 个月，按其商数确定适用税率和速算扣除数。如果在发放年终一次性奖金的当月，雇员当月工资薪金所得低于税法规定的费用扣除额，应将全年一次性奖金减除“雇员当月工资薪金所得与费用扣除额的差额”后的余额，按上述办法确定全年一次性奖金的适用税率和速算扣除数。

② 将雇员个人当月内取得的全年一次性奖金，按本条第（1）项确定的适用税率和速算扣除数计算征税，计算公式如下。

A. 如果雇员当月工资薪金所得高于（或等于）税法规定的费用扣除额的，适用公式为：

应纳税额=雇员当月取得全年一次性奖金×适用税率-速算扣除数

B. 如果雇员当月工资薪金所得低于税法规定的费用扣除额的，适用公式为：

应纳税额=（雇员当月取得全年一次性奖金-雇员当月工资薪金所得与费用扣除额的差额）×适用税率-速算扣除数

（3）在一个纳税年度内，对每一个纳税人，该计税办法只允许采用一次。

因此，年底双薪不能两次扣除 2 000 元，可按照国税发［2005］9 号文件的规定计算缴纳个人所得税。

主题4 公司给临时工支付劳务费如何取得发票?

问题：某公司请了一些临时工，并发放劳务费。支付劳务费如何取得发票？

解答：根据《国家税务总局关于加强和规范税务机关代开普通发票工作的通知》（国税函［2004］1024 号）的规定，依法不需要办理税务登记的单位和个人，临时取得收入，需要开具发票的，主管税务机关可以为其代开发票。申请代开发票的单位和个人应当凭有关证明材料，向主管税务机关申请代开普通发票。本条所称有关证明材料包括申请代开发票人的合法身份证件，付款方（或接受劳务服务方）对所购物品品名（或劳务服务项目）、单价、金额等出具的书面确认证明。

根据上述文件，这里将临时工个人看做提供个人独立劳务，临时工个人可以向税务机关申请代开发票。但需要注意，如果临时工和正式员工一样上班，则不用代开发票，直接按工资支付即可。

主题5 境外企业为我国境内公司提供劳务如何预提所得税?

问题：某境外公司为甲公司提供咨询服务，服务地在中国，为我国境内公司提供劳务如何预提所得税？

解答：境外公司在我国按是否有常设机构分为两类进行所得税处理：① 在境内服务未超过 6 个月；② 服务期超过 6 个月，判定为在我国有常设机构。

未超过 6 个月的，不构成设立境内机构，此时仍征收企业所得税，不过是征收预提所得税（适用 20%或 10%税率）。

服务期超过 6 个月，则判定为在我国有常设机构，应就我国境内取得收入的部分按境内机构计算缴纳企业所得税，所得额按 25%征收。

根据税法规定，支付劳务价款的单位负有代扣代缴义务，假如不进行代扣代缴或不报告，则是支付方的责任，在年底所得税汇算清缴时，即可以被发现。

境外机构不来境内，从事境外服务，但是收入是境内企业支付的，根据《企业所得税法》第三条规定，居民企业应当就其来源于中国境内、境外的所得缴纳企业所得税；非居民企业在中国境内设立机构、场所的，应当就其所设机构、场所取得的来源于中国境内的所得，以及发生在中国境外但与其所设机构、场所有实际联系的所得，缴纳企业所得税。非居民企业在中国境内未设立机构、场所的，或者虽设立机构、场所但取得的所得与其所设机构、场所没有实际联系的，应当就其来源于中国境内的所得缴纳企业所得税。

境外企业取得境内收入一般不核定利润，而是直接根据收入乘以预提所得税率计算所得税。《企业所得税法》第四条规定非居民企业取得本法第三条第三款规定的所得，适用税率为 20%。

主题 6　支付给内部员工课时酬金如何处理？

问题：某单位职工利用业余时间给其他职工讲课，单位向讲课的人员发放课时酬金。该酬金如何缴纳个人所得税？

解答：对于这样的内部培训支付给员工的报酬，是并入职工的工资计算个税的，不用按劳务报酬征税。税率按工资薪金所得税率执行。

主题 7　向境外支付工资如何进行税务处理？

问题：甲公司外国股东派了一名外籍人员暂时代理甲公司一职务，但此人员在中国境内工作多长时间尚不明确，此外籍人员的工资由甲公司承担，需要甲公司将工资支付给境外股东公司。向该境外员工支付工资应如何进行税务处理？

解答：目前，外籍个税涉及境内居住天数的认定，不超过 90 日（或 183 日的）由境外雇主负担的工资，免于申报个税；但是境内单位支付的，需要申报纳税。从 2004 年 7 月 1 日起，我国对外籍个人境内取得工资的计算个税的征收办法进行了重新规定。自 2004 年 7 月 1 日起，以前规定与以下规定不一致的，按以下规定为准。

（1）在中国境内无住所而在一个纳税年度中在中国境内连续或累计居住不超过 90 日或在税收协定规定的期间在中国境内连续或累计居住不超过 183 日的个人，负有纳税义务的，适用下述公式：

应纳税额=（当月境内外工资、薪金应纳税所得额 × 适用税率−速算扣除数）× 当月境内支付工资 ÷ 当月境内外支付工资总额 × 当月境内工作天数 ÷ 当月天数

即，要在取得所得的当月进行纳税申报。

（2）向境外支付价款，需要向税务机构申请取得该价款免税（已纳税）证明，否则，外汇管理局将会以手续不全拒汇。

（3）是否涉及企业所得税，关键看汇出时如何向税务机构解释这个款项的性质，假如是支付个人的报酬，则不涉及企业所得税。

主题 8　华侨如何纳税？

问题：某公司雇用华侨（中国公民但长期在外居住，在中国无住所），华侨在个税上是否按照外籍个人对待，若回国工作是否按照 90/183 天来计算纳税义务？

解答：根据《个人所得税法》规定，居民纳税义务人是指在中国境内有住所，或者无住所而在中国境内居住满 1 年的个人。所谓在中国境内有住所的个人，是指因户籍家庭、经济利益关系而在中国境内习惯性居住的个人。这里所说的习惯性居住，是判定纳税义务人属于居民还是非居民的一个重要依据，它是指个人因学习、工作、探亲等原因消除之后，没有理由在其他地方继续居留时，所要回到的地方，而不是指实际居住或在某一个特定时期内的居住地。一个纳税人因学习、工作、探亲、旅游等原因，原来是在中国境外居住，但是在这些原因消除之后，如果必须回到境内居住的，则中国为该人员的习惯性居住地。尽管该纳税义务人在一个纳税年度内，甚至几个纳税年度，都未在中国境内居住过一天，他仍然是中国居民纳税义务人，应就其来自全球的应纳税所得，向中国缴纳个人所得税。

华侨并不是“因户籍、家庭、经济利益关系”在中国习惯性居住，所以华侨是非居民纳税人。同时在附加减除 1 300 元的规定中，也包括了华侨，回国工作需要用 90 天或 180 天进行纳税义务的判断。

主题 9　居住少于 90 天外籍个人如何纳税？

问题：某公司雇用外籍人员。国税发［2004］97 号文件第二条计算居住少于 90/183 天的外籍个人应交个税的公式中，当月境内外支付工资总额是否包括此人当月所有境内、外所得总额？

解答：包括所有境内、外所得，这个理解起来有些困难。

应纳税额=（当月境内外工资薪金所得应纳税所得额×税率−速算扣除数）×（当月境内支付工资÷当月境内外支付工资）×（当月境内工作天数÷当月境内外工作天数）

免税部分是通过后面的比例调整的，当月境内支付工资/当月境内外支付工资是指只就境内支付的部分纳税，当月境内工作天数/当月境内外工作天数说明只就境内工作期间的纳税，合起来就是只就境内工作期间境内支付部分纳税。

主题 10 个税相关规定中住满 1 年和住满 5 年是如何计算的？

问题：某公司聘用境外人员个税相关规定中住满 1 年和住满 5 年是如何计算的？

解答：居住满 1 年，是指一个纳税年度中在中国境内居住 365 日，临时离境的，不扣减日数。所谓临时离境，是指一个纳税年度中一次不超过 30 日或者多次累计不超过 90 日的离境。

居住满 5 年，是指个人在中国境内连续居住满 5 年，即在连续 5 年中的每一个纳税年度均居住满 1 年。

在中国境内居住满 5 年后，从第 6 年起的以后各年度中，凡在境内居住满 1 年的，应当就其来源于境内、境外的所得申报纳税；凡在境内居住不满 1 年的，则仍按非居民纳税人确定纳税义务。如该个人在第 6 年起以后的某一个纳税年度内在境内居住不超过 90 日，可以按《个人所得税法实施条例》第七条的规定确定纳税义务，并从再次居住满 1 年的年度起重新计算 5 年期限。

同时，一个纳税年度应该是公历的 1 月 1 日到当年的 12 月 31 日，假如当年的 1 月 1 日不在境内，则当年不能算满一年。

二、会计处理方法

主题 1 无法支付的工资如何进行会计处理？

问题：某公司员工离职，走之前没有领工资。没有发放出去的工资如何入账？

解答：应按计提工资方法原路转回。

（1）计提工资。

借：生产成本

　　管理费用

　贷：应付职工薪酬

（2）确认不能发出工资。

借：其他应付款或应付职工薪酬

　贷：生产成本

　　　管理费用

主题 2　销售人员的报酬如何进行会计处理？

问题：某企业实行销售收入与工资收入挂钩的激励制度来分配销售人员的报酬。一名业务人员当月完成产品销售 100 万元，按销售收入 3%计提个人的工资收入，该名员工当月取得工资收入 3 万元。对提成收入如何进行账务处理？

解答：提成收入的会计分录如下。

（1）计提员工收入。

借：销售费用　　30 000

　贷：应付职工薪酬　　30 000

（2）发放员工收入。

计算个人所得税：（30 000–3 500）×25%–1 005=5 620。

借：应付职工薪酬　　30 000

　贷：库存现金　　24 380

　　应交税费——个人所得税　　5 620

第二节　职工福利涉及的问题及会计处理

一、疑难问题解答

主题 1　新税法下企业职工福利费如何处理？

问题：某企业为公司性质企业，是一般纳税人。新税法下，职工福利费如何处理？

解答：新税法对福利费允许税前抵扣有了新规定，在工资总额 14%以内的福利费据实税前列支，而超过部分不得税前列支。因此，在会计处理上已经不预提福利费了，在实际支付福利费时：

借：管理费用等

　贷：应付职工薪酬——应付福利费

借：应付职工薪酬——应付福利费

　贷：银行存款

不论企业盈亏情况，都按照上述方式处理。

福利费应用于职工福利，如餐费、过节发放一些礼品、组织员工出外旅游、企业职工在职期间卫生保健补贴、房租价格补贴、生活困难补助等。

主题 2　给职工发放的饭补是否征收个税？

问题：某公司距离市区较远，员工吃住都在公司，吃饭是公司内部职工食堂，由公司每月发放 400 元现金的伙食费，通过购买公司自制餐票到职工内部食堂就餐。此 400 元伙食费是否应作为职工薪酬所得缴纳个人所得税？

解答：目前个人所得税中，只有误餐补助是免税的，但需要注意的是误餐补助的含义。《财政部、国家税务总局关于误餐补助范围确定问题的通知》规定，不征个人所得税的误餐补助，是指按照财政部门规定，个人因公在城区、郊区工作，不能在工作单位或返回就餐，确实需要在外地就餐的，根据实际误餐顿数，按规定标准领取的误餐费。

上述单位的补贴，不符合误餐补偿的标准，需要并入当月工资薪酬扣缴个人所得税。

主题 3　企业为员工提供宿舍的费用是否可税前扣除？

问题：某公司购买了几套住房，目前作为员工宿舍使用，若干年后将作为报酬奖励给优秀员工。宿舍的费用可税前扣除吗？

解答：购买房屋作为职工宿舍可以计入固定资产管理，并可以通过应付福利费科目核算，这是给职工的福利，职工福利可以在工资总额的 14%以内据实扣除。

主题 4　烤火费、降温费是否免征个税？

问题：某公司在冬季、夏季为每位职工每月发放 200 元烤火费、降温费。烤火费、降温费是否可以免征个人所得税？

解答：《财政部、国家税务总局关于个人所得税工资薪金所得减除费用标准有关政策问题的通知》（财税［2005］183 号）明确，工资、薪金所得应根据国家税法统一规定，严格按照“工资、薪金、奖金、年终加薪、劳动分红、津贴、补贴以及与任职或者受雇有关的其他所得”的政策口径掌握执行。除国家统一规定减免税项目外，工资、薪金所得范围内的全部收入，应一律照章征税。

主题 5　员工培训费用应计入哪项费用？

问题：公司组织员工到外培训，或请人到公司内部培训，发生的培训费、会场租赁费，以及产生的餐费、住宿费可列入福利费吗？

解答：这些都是为了职工培训而发生的费用，应该尽可能计入管理费用中的职工教育经费。因为在所得税汇算清缴时，可以按职工的教育经费在税前扣除。

主题 6　为职工购买的书籍应计入哪项费用？

问题：来公司为提高员工素质而购买书籍费用应算作福利费还是办公费？

解答：公司为提高员工素质而购买书籍所花费的费用应计入管理费用——职工教育经费。

主题 7　工会经费开支范围包括哪些？

问题：某企业为一般纳税人。工会经费开支内容有哪些？

解答：《中华人民共和国工会法》（以下简称《工会法》）第四十二条规定，工会经费主要用于为职工服务和工会活动，经费使用的具体办法由中华全国总工会制定。这一规定为工会经费的正确合理使用提供了原则依据。

《工会法》对工会经费使用的具体办法未做具体规定，而是授权中华全国总工会制定经费使用的具体办法，根据全国总工会的有关规定，基层工会经费的使用范围包括：组织会员开展集体活动及会员特殊困难补助；开展职工教育、文体、宣传活动以及其他活动；为职工举办政治、科技、业务、再就业等各种知识培训；职工集体福利事业补助；工会自身建设；工会管理的为职工服务的文化、体育、生活服务等附属事业的相关费用以及对所属事业单位的必要补助。其中，工会自身建设又可能包括以下内容：

（1）工会干部和积极分子学习政治、业务所需费用；

（2）培训工会干部和积极分子所需教材、参考资料和讲课酬金；

（3）评选表彰优秀工会干部和工会积极分子的奖励；

（4）工会会员（代表）大会的费用；

（5）建家活动费用；

（6）工会维护职工合法权益，开展的法律咨询服务、劳动争议协调等各项工作活动的费用；

（7）对特困职工的救助；

（8）基层工会办公、差旅、维修等费用；

（9）工会专兼职会计、出纳员的岗位津贴。

主题8　没有设立工会是否缴纳工会经费？

问题：某单位没有设立工会，是否交工会经费？

解答：根据《工会法》第四十二条规定，工会经费的来源有：

（1）工会会员缴纳的会费；

（2）建立工会组织的企业、事业单位、机关按每月全部职工工资总额的百分之二向工会拨缴的经费；（此项拨缴的经费可在税前列支）

（3）工会所属的企业、事业单位上缴的收入；

（4）行政的补助；

（5）其他收入。

基层工会不仅有必需的满足活动需要的经费，而且由于是永久性组织，为开展活动要添置必要的设备，所以大多数基层工会还拥有一定的动产和不动产。

因此，没有设立工会组织的企业不用缴纳工会经费。

主题9　住房公积金比例有何规定？

问题：某企业为一般纳税人，按规定给员工提取、缴纳住房公积金。住房公积金有什么规定？

解答：在企业所得税前允许扣除的公积金有比例限制，但具体扣除比例各地有不同的规定，可咨询主管税务机关；企业缴纳的公积金不超过 12%的部分在计算个人所得税时可以税前扣除。可参考以下两个文件。

《建设部、财政部、中国人民银行关于住房公积金管理若干具体问题的指导意见》中规定，设区城市（含地、州、盟，下同）应当结合当地经济、社会发展情况，统筹兼顾各方面承受能力，严格按照《住房公积金管理条例》规定的程序，合理确定住房公积金缴存比例。单位和职工缴存比例不应低于 5%，原则上不高于 12%。采取提高单位住房公积金缴存比例方式发放职工住房补贴的，应当在个人账户中予以注明。未按照规定程序报省、自治区、直辖市人民政府批准的住房公积金缴存比例，应予以纠正。

《财政部、国家税务总局关于基本养老保险费、基本医疗保险费、失业保险费、住房公积金有关个人所得税政策的通知》规定，单位和个人分别在不超过职工本人上一年度月平均工资 12%的幅度内，其实际缴存的住房公积金，允许在个人应纳税所得额中扣除。单位和职工个人缴存住房公积金的月平均工资不得超过职工工作地所在设区城市上一年度职工月平均工资的 3 倍，具体标准按照各地有关规定执行。

主题 10　企业年金如何处理？

问题：某企业实行企业年金制，企业年金应如何处理？

解答：根据《企业年金试行办法》（中华人民共和国劳动和社会保障部令第 20 号）第二条的规定，本办法所称企业年金，是指企业及其职工在依法参加基本养老保险的基础上，自愿建立的补充养老保险制度。建立企业年金，应当按照本办法的规定执行。

根据《企业所得税法实施条例》的规定，企业为投资者或者职工支付的补充养老保险费、补充医疗保险费，在国务院财政、税务主管部门规定的范围和标准内，准予扣除。

根据《国家税务总局关于单位为员工支付有关保险缴纳个人所得税问题的批复》（国税函［2005］318 号），依据《个人所得税法》及有关规定，对企业为员工支付各项免税之外的保险金，应在企业向保险公司缴付时（该保险落到被保险人的保险账户）并入员工当期的工资收入，按“工资、薪金所得”项目计征个人所得税，税款由企业负责代扣代缴。

另外，在企业所得税方面，由于新的《企业所得税法》颁布后，没有新的相关配套规定出台，所以，这里仅仅引用原来的规定作为参考。

《关于完善城镇社会保障体系试点中有关所得税政策问题的通知》（财税［2001］9 号）中有以下相关规定。

（1）部分经济效益好的企业为职工建立的补充养老保险，缴纳额在工资总额 4%以内的部分，以及企业为职工建立的补充医疗保险，提取额在工资总额 4%以内的部分，准予在缴纳企业所得税前全额扣除。

（2）以上政策适用于在辽宁全省以及其他省、自治区、直辖市按通知规定确定的试点地区缴纳企业所得税和个人所得税的纳税人，自各地区实施之日起执行。非试点地区企业为职工建立补充医疗保险，继续执行《国务院关于建立城镇职工基本医疗保险制度的决定》(国发［1998］44 号)确定的标准，提取额在工资总额 4%以内的部分，从职工福利费中列支，福利费不足列支的部分，经同级财政部门核准后列入成本，准予在缴纳企业所得税前全额扣除。

主题 11　商业保险是否可税前扣除?

问题：某企业为部分员工购买了商业保险。该商业保险是否可税前扣除?

解答：根据《企业财务通则》第四十六条的规定，企业不得承担属于个人的下列支出：

(1)娱乐、健身、旅游、招待、购物、馈赠等支出。

(2)购买商业保险、证券、股权、收藏品等支出。

(3)个人行为导致的罚款、赔偿等支出。

(4)购买住房、支付物业管理费等支出。

(5)应由个人承担的其他支出。

如果此公司是具备法人资格的国有及国有控股企业，公司不能承担员工的商业保险费用，如果不是具备法人资格的国有及国有控股企业，可以计入相关成本费用中，在新准则下应当通过“应付职工薪酬”科目核算。

《企业所得税税前扣除办法》第五十条规定，纳税人为其投资者或雇员个人向商业保险机构投保的人寿保险或财产保险以及在基本保障以外为雇员投保的补充保险不得扣除。《企业所得税法实施条例》第三十六条规定，除企业依照国家有关规定为特殊工种职工支付的人身安全保险费和国务院财政、税务主管部门规定可以扣除的其他商业保险费外，企业为投资者或者职工支付的商业保险费，不得扣除。

根据上述规定，企业为职工缴纳的商业保险不属于福利的列支范围，在计算企业所得税时也不允许在税前扣除。

主题 12　企业为农民工支付的各项费用能否在所得税前扣除?

问题：某公司雇用了一些农民工，但并没有为其支付保险费。公司是否需要为其缴纳社会保险费，该费用可税前扣除吗?

解答：根据《中共中央、国务院关于进一步做好下岗失业人员再就业工作的通知》(中发［2002］12 号)的规定，各类企业招用农民工，应签订劳动合同，必须依法缴纳社会保险费，不为农民工支付保险费是违反国家政策的。虽然国家税务总局没有专门针对农民工的工资扣除问题发过文件，但是农民工也属于公司的职工，也应该适用所得税中工资扣除标准的规定。

主题 13　有关"三险一金"有哪些个税政策？

问题：关于"三险一金"有哪些个人所得税政策？

解答：《财政部、国家税务总局关于基本养老保险费、基本医疗保险费、失业保险费、住房公积金有关个人所得税政策的通知》（财税［2006］10 号）第一条规定，企事业单位按照国家或省（自治区、直辖市）人民政府规定的缴费比例或办法实际缴付的基本养老保险费、基本医疗保险费和失业保险费，免征个人所得税；个人按照国家或省（自治区、直辖市）人民政府规定的缴费比例或办法实际缴付的基本养老保险费、基本医疗保险费和失业保险费，允许在个人应纳税所得额中扣除。企事业单位和个人超过规定的比例和标准缴付的基本养老保险费、基本医疗保险费和失业保险费，应将超过部分并入个人当期的工资、薪金收入，计征个人所得税。

根据《住房公积金管理条例》、《建设部、财政部、中国人民银行关于住房公积金管理若干具体问题的指导意见》（建金管［2005］5 号）等规定，单位和个人分别在不超过职工本人上一年度月平均工资 12%的幅度内，其实际缴存的住房公积金允许在个人应纳税所得额中扣除。单位和职工个人缴存住房公积金的月平均工资不得超过职工工作地所在设区城市上一年度职工月平均工资的 3 倍，具体标准按照各地有关规定执行。单位和个人超过上述规定比例和标准缴付的住房公积金，应将超过部分并入个人当期的工资、薪金收入计征个人所得税。

除上述国家规定的项目外，不能再扣除其他任何费用。

二、会计处理方法

主题 1　过节发放食品等福利如何进行会计处理？

问题：某公司在中秋、端午等节日给员工发放月饼、粽子和食品等福利。若公司外购月饼及食品，会计应如何处理？假如公司本身就是月饼制造厂，给员工发放月饼又该怎么处理？

解答：（1）公司决定外购月饼、粽子及食品发放福利时，应做以下财务处理。

借：生产成本

　　管理费用

　　贷：应付职工薪酬——非货币性福利

购买月饼、粽子和食品等福利时：

借：应付职工薪酬——非货币性福利

　　贷：银行存款

注：月饼、粽子和食品不用入库，价税合计。

（2）公司本身就是月饼制造厂，公司决定发放非货币性福利时，应做如下账务处理。

借：生产成本

　　管理费用

　　贷：应付职工薪酬——非货币性福利

实际发放非货币性福利时，应做如下账务处理。

借：应付职工薪酬——非货币性福利

　　贷：主营业务收入

　　　　应交税费——应交增值税（销项税额）

借：主营业务成本

　　贷：库存商品

主题 2　职工报销取暖费及煤气初装费如何处理？

问题：某企业为职工报销取暖费及煤气初装费，如何进行账务处理？

解答：这种情况先记入“应付职工薪酬”，再分配到费用中，具体会计分录如下。

借：应付职工薪酬——职工福利

　　贷：银行存款

借：生产成本（生产工人）

　　管理费用（管理人员）

　　贷：应付职工薪酬——职工福利

主题 3　社保费如何进行核算？

问题：某企业为一般纳税人，按规定给员工缴纳社保，社保金自缴部分在工资发放时怎样编制分录？企业代缴后又怎样编制分录？

解答：相关分录如下。

（1）计提工资时。

借：生产成本等相关科目

　贷：应付职工薪酬——工资

（2）发放工资时代扣。

借：应付职工薪酬——工资

　贷：其他应付款——社保

（3）对于企业应负担的部分。

借：生产成本等相关科目

　贷：应付职工薪酬——社保

借：应付职工薪酬——社保

　贷：其他应付款——社保

（4）最后把单位和企业的合计数上缴。

借：其他应付款——社保

　贷：银行存款

主题 4　如何核算职工住房公积金?

问题：单位为员工缴纳住房公积金，如何核算职工住房公积金?

解答：举例解答如下。

例 5-1　某单位职工张某 8 月的应发工资为 1 580 元，代扣住房公积金 200 元，以现金支付实发工资 1 380 元。

借：应付职工薪酬	1 580	
贷：其他应付款——代扣职工公积金		200
库存现金		1 380

例 5-2　职工张某从工资中代扣住房公积金 200 元，单位为其贴补住房公积金 200 元，单位开出转账支票将资金划归至专门存储公积金的银行账户，根据支票存根及银行结算单据：

借：其他应付款——代扣职工公积金	200	
管理费用	200	
贷：银行存款——银行结算户		400

专门办理公积金的银行将归集到的公积金划归至职工个人账户时，根据银行盖章的“公积金汇缴书”回单等单据：

借：银行存款——归集职工公积金账户　　400

　贷：其他应付款——张某职工个人账户　　400

例 5-3　李某由外单位调入至本单位，转移公积金金额为 10 000 元，依据银行的“公积金转移通知书”回单等结算单据：

借：银行存款——归集职工公积金账户　　10 000

　贷：其他应付款——李某职工个人账户　　10 000

例 5-4　职工王某由本单位调往外单位，办理转移公积金金额为 8 000 元，根据银行“公积金转移通知书”回单等结算单据：

借：其他应付款——王某职工个人账户　　8 000

　贷：银行存款——归集职工公积金账户　　8 000

例 5-5　职工购买、建造、翻建、大修自住住房可以动用住房公积金，如职工赵某购买住房一套，动用了住房公积金 23 万元，根据“公积金支取书”回单等单据：

借：其他应付款——赵某职工个人账户　　23 000

　贷：银行存款——归集职工公积金账户　　23 000

例 5-6　归集职工公积金的银行于每年的 6 月 30 日结算公积金存款的利息至个人账户，根据银行的利息单及有关单据：

借：银行存款——归集职工公积金账户

　贷：其他应付款——××职工个人账户

例 5-7　若职工钱某退休，一次性领取公积金为 2 960 000 元，在银行办理公积金支取时，银行先结算利息，假如为 2 638 元，然后办理公积金支取手续。

结算利息时：

借：银行存款——归集职工公积金账户　　2 638

　贷：其他应付款——钱某职工个人账户　　2 638

支付公积金时：

借：其他应付款——钱某职工个人账户　　2 962 638

　贷：银行存款——归集职工公积金账户　　2 962 638

单位每月末要和专门办理归集住房公积金的银行进行对账，保证账户余额一致，并且每月末单位的“银行存款——归集职工公积金账户”的余额和所有“其他应付款——职工个人账户”的余额合计数也必须是相等的。

主题 5　残疾人保障金如何处理?

问题：残联按比例收取企业单位的残疾人就业金，即要求每个企业都要安置一定数量的残疾人，如果未安置的就要交残疾人保障金。对于这部分残疾人保障金应当如何进行核算?

解答：对于企业缴纳的残疾人保障金，应做如下会计处理。

借：管理费用——残疾人保障金

　贷：银行存款

第三节　其他项目涉及的问题及会计处理

一、疑难问题解答

主题 1　接受股权赠送的税务问题如何处理?

问题：某公司股东为了提高高层管理人员的工作积极性，决定将其个人在公司的股份拿出一部分赠送给这些高层管理人员。该行为应如何进行税务处理?

解答：根据《关于阿里巴巴（中国）网络技术有限公司雇员非上市公司股票期权所得个人所得税问题的批复》（国税函［2007］1030 号）的规定，以非上市公司股票期权形式取得的工资薪金所得，在计算缴纳个人所得税时，因一次收入较多，可比照《国家税务总局关于调整个人取得全年一次性奖金等计算征收个人所得税方法问题的通知》（国税发［2005］9 号）规定的全年一次性奖金的征税办法，计算征收个人所得税。

上述文件同时还规定，雇员以非上市股票期权形式取得所得的纳税义务发生时间，按雇员的实际购买日确定，其所得额为其从公司取得非上市股票的实际购买价低于购买日该股票价值的差额。由于非上市公司股票没有可参考的市场价格，为便于操作，除存在实际或约定的交易价格，或存在与该非上市股票具有可比性的相同或类似股票的实际交易价格情形外，购买日股票价值可暂按其境外非上市母公司上一年度经中介机构审计的会计报告中每股净资产数额来确定。

该公司的情况可以比照上述文件执行。同时，根据《印花税暂行条例》，应该就股权转让征收印花税。

主题 2　辞职员工是否要代扣代缴个税？

问题：某公司有一部分员工要辞职，在给相关员工辞退福利时，其工资由以下几部分组成：在辞退时点，出勤工资为 1 724 元，辞退补偿工资为 3 545 元，应退的以前交给公司的保证金为 1 000 元，总计领取工资 6 269 元。

解答：因与用人单位解除劳动关系而取得的一次性补偿收入（包括用人单位发放的经济补偿金、生活补助费和其他补助费用），其收入在当地上年职工平均工资 3 倍数额以内的部分，免征个人所得税；超过的部分按照《国家税务总局关于个人因解除劳动合同取得经济补偿金征收个人所得税问题的通知》（国税发［1999］178 号）的有关规定计算征收个人所得税。该文件相关内容如下。

对于个人因解除劳动合同而取得一次性经济补偿收入，应按“工资、薪金所得”项目计征个人所得税。考虑到个人取得的一次性经济补偿收入数额较大，而且被解聘的人员可能在一段时间内没有固定收入，因此对于个人取得的一次性经济补偿收入，可视为一次取得数月的工资、薪金收入，允许在一定期限内进行平均。具体平均办法为：以个人取得的一次性经济补偿收入，除以个人在本企业的工作年限数，以其商数作为个人的月工资、薪金收入，按照税法规定计算缴纳个人所得税。个人在本企业的工作年限数按实际工作年限数计算，超过 12 年的按 12 年计算。

依上述规定，3 545 元作为解除劳动合同的补偿金，首先看其是否超过当地年平均工资的 3 倍。未超过的部分无须代扣代缴个人所得税。此外，当月工资及退给个人的以前缴纳的保证金一般不应计算在内。

主题 3　违约金如何在税前扣除？

问题：甲公司垫付了外籍人员的公寓保证金，但由于经济危机，该公司大部分外籍人员都已经回国。根据签订的租房合同，未到期退租的业主不能退还押金，故甲公司承担了这部分损失。该违约金及职工借款损失如何在税前扣除？

解答：《企业所得税法》第十条规定，在计算应纳税所得额时，下列支出不得扣除：

（1）税收滞纳金；

（2）罚金、罚款和被没收财物的损失；具体是指纳税人违反国家有关法律、法规规定被有关部门处以的罚款，以及被司法机关处以的罚金和被没收财物。

可以看出，所得税法规定不可以扣除的罚款是行政罚款。此问题中的损失属于经济合同损失或罚款，可以在所得税前扣除。

主题 4　外国企业为我国境内公司提供劳务如何预提所得税？

问题：某外国企业为我国境内公司提供劳务，该如何预提所得税？

解答：服务期未超过 6 个月的，不构成设立境内机构，此时仍征收企业所得税，不过是征收预提所得税（适用 20%或 10%）。

服务期超过 6 个月的，判定为在我国有常设机构，应就我国境内取得收入的部分按境内机构计算缴纳企业所得税，对所得额按 25%征收。

根据税法规定，支付劳务价款的单位负有代扣代缴义务，假如不进行代扣代缴或不报告，则是支付方的责任，在年底所得税汇算清缴时，即可以被发现。

境外机构不来境内，从事境外服务，但是收入是境内企业支付的，根据《企业所得税法》的第三条规定，居民企业应当就其来源于中国境内、境外的所得缴纳企业所得税；非居民企业在中国境内设立机构、场所的，应当就其所设机构、场所取得的来源于中国境内的所得，以及发生在中国境外但与其所设机构、场所有实际联系的所得，缴纳企业所得税。非居民企业在中国境内未设立机构、场所的，或者虽设立机构、场所但取得的所得与其所设机构、场所没有实际联系的，应当就其来源于中国境内的所得缴纳企业所得税。

境外企业取得境内收入一般不核定利润，而是直接根据收入乘以预提所得税率计算所得税。《企业所得税法》第四条规定，非居民企业取得本法第三条第三款规定的所得，适用税率为 20%。

主题 5　现金流量表中为职工支付的现金一般包括哪些项目？

问题：现金流量表中为职工支付的现金一般包括哪些项目？为职工支付的培训学习费属于为职工支付的现金还是为其他经营活动支付的现金？

解答：现金流量表中“支付给职工以及为职工支付的现金”项目反映企业实际支付给职工的现金以及为职工支付的现金，包括企业为获得职工提供的服务，本期实际给予各种形式的报酬以及其他相关支出，如支付给职工的工资、奖金、各种津贴和补贴等，以及为职工支付的其他费用，不包括支付给在建工程人员的工资。支付的在建工程人员的工资，在“购建固定资产、无形资产和其他长期资产所支付的现金”项目中反映。

企业为职工支付的社会保险基金（包括医疗、养老、失业、工伤、生育等）、补充养老保险、住房公积金，企业为职工缴纳的商业保险金，因解除与职工劳动关系给予的补偿，现金结算的股份支付，以及企业支付给职工或为职工支付的其他福利费用等，应根据职工的工作性质和服务对象，分别在“购建固定资产、无形资产和其他长期资产所支付的现金”和“支付给职工以及为职工支付的现金”项目中反映。

根据上面的分析，可以知道为职工支付的培训学习费应列入“支付的其他经营活动相关的现金”项目。

二、会计处理方法

主题 1　辞退员工补偿如何进行会计处理?

问题：某公司辞退员工进行补偿，该如何进行会计处理?

解答：职工薪酬主要有职工工资、奖金、津贴和补贴、职工福利费、医疗保险费、养老保险费和住房公积金等内容。因此，解除与职工的劳动关系给予的补偿属于职工薪酬的核算范畴。

根据新《企业财务通则》的规定，企业解除职工劳动关系，按照国家有关规定支付的经济补偿金或者安置费，除正常经营期间发生的列入当期费用以外，应当区别以下情况处理：企业重组中发生的，依次从未分配利润、盈余公积、资本公积、实收资本中支出；企业清算时发生的，以企业扣除清算费用后的清算财产优先清偿。

根据《企业会计准则第 9 号——职工薪酬》的规定，企业在职工劳动合同到期之前解除与职工的劳动关系，或者为鼓励职工自愿接受裁减而提出给予补偿的建议，同时满足下列条件的，应当确认因解除与职工的劳动关系给予补偿而产生的预计负债，同时计入当期损益。

（1）企业已经制订正式的解除劳动关系计划或提出自愿裁减建议，并即将实施。该计划或建议应当包括拟解除劳动关系或裁减的职工所在部门、职位及数量，根据有关规定按工作类别或职工确定的解除劳动关系或裁减补偿金额，拟解除劳动关系或裁减的时间。

（2）企业不能单方面撤回解除劳动关系或裁减建议。会计处理为：

借：管理费用

　贷：应付职工薪酬

对于满足负债确认条件的所有辞退福利，不管是哪个部门的，借方均应当计入管理费用，不计入资产成本，这里的思路不再是谁受益谁负担的原则。贷方是应付职工薪酬，从性质上说，这里的应付职工薪酬应当是《企业会计准则》中所说的预计负债，但是会计处理应该通过“应付职工薪酬”科目。

实质性辞退工作在一年内完成，但补偿款项超过一年支付的辞退福利计划，企业应当选择恰当的折现率，以折现后的金额计量应计入当期管理费用的辞退福利金额，该项金额与实际应支付的辞退福利之间的差额，作为未确认融资费用，在以后各期实际支付辞退福利款项时，计入财务费用。会计处理如下。

① 确认因辞退福利产生的预计负债时。

借：管理费用

　　未确认融资费用

　贷：应付职工薪酬——辞退福利

② 各期支付辞退福利款项时。

借：应付职工薪酬——辞退福利

　贷：银行存款

同时：

借：财务费用

　贷：未确认融资费用

主题 2　股份支付如何进行会计处理

问题：股份支付是指企业为获取职工和其他方提供服务而授予权益工具或者承担以权益工具为基础确定的负债的交易。股份支付时如何进行会计处理？

解答：（1）授予日的处理。

授予后立即可行权换取职工服务的以权益结算的股份支付，应当在授予日按照权益工具的公允价值，借记“管理费用”等科目，贷记“资本公积——其他资本公积”科目。授予后立即可行权的以现金结算的股份支付，应当在授予日以企业承担负债的公允价值计入相关成本或费用，相应增加负债，借记“管理费用”等科目，贷记“应付职工薪酬——股份支付”科目。授予日后可立即行权的股份支付在实务中较为少见。除了可立即行权的股份支付，无论以权益结算的股份支付或者以现金结算的股份支付，企业在授予日均不做会计处理。

（2）等待期内资产负债表日的处理。

职工完成约定期内的服务或达到规定业绩条件才可行权的以权益结算的股份支付，在等待期内的每个资产负债表日，应当根据最新取得的可行权数量变动等后续信息做出最佳估计，按照权益工具授予日的公允价值，确定成本费用和相应的资本公积，借记“管理费用”等科目，贷记“资本公积——其他资本公积”科目，不确认权益工具后续公允价值变动。完成约定期内的服务或达到规定业绩条件才可行权的以现金结算的股份支付，在等待期内的每个资产负债表日，应当以对可行权情况的最佳估计为基础，按照当日权益工具的公允价值重新计量，将当期取得的服务计入成本或费用和相应的负债，借记“管理费用”等科目，贷记“应付职工薪酬——股份支付”科目。

例 5-8 某公司董事会 2007 年 12 月批准了一项股份支付协议。协议规定，2008 年 1 月 1 日，公司向其 100 名管理人员每人授予 100 份股票期权，这些管理人员必须从 2008 年 1 月 1 日起在公司连续服务三年，服务期满时才能够以每股 6 元购买 100 股该公司股票。公司估计该期权在授予日的公允价值为每股 9 元。

第一年有 5 名管理人员离开该公司，该公司估计三年中离开的管理人员比例将达到 15%，年末该期权的公允价值为 12 元；第二年又有 3 名管理人员离开公司，公司将估计的管理人员离开比例修正为 10%，年末该期权的公允价值为 14 元；第三年又有 1 名管理人员离开公司，年末该期权的公允价值为 19 元。2011 年 1 月 1 日，未离开的管理人员全部行权获得股票。

（1）如果以权益结算股份支付。

① 授予日不做会计处理。

② 2008 年 12 月 31 日：

公司预计支付股份应负担的费用=9×100×100×（1−15%）=76 500（元）；

2008 年应负担的费用=76 500÷3=25 500（元）。

借：管理费用　　25 500

　贷：资本公积——其他资本公积　　25 500

③ 2009 年 12 月 31 日：

公司预计支付股份应负担的费用=90 000×（1–10%）=81 000（元）；

2009 年应负担的费用=81 000×2÷3–25 500=28 500（元）。

借：管理费用　　28 500

　贷：资本公积——其他资本公积　　28 500

④ 2010 年 12 月 31 日：

公司实际支付股份应负担的费用=9×100×（100–5–3–1）=81 900（元）；

2010 年应负担的费用=81 900–25 500–28 500=27 900（元）。

借：管理费用　　27 900

　贷：资本公积——其他资本公积　　27 900

⑤ 2011 年 1 月 1 日：

向职工发放股票收取价款=6× 100×（100–5–3–1）=54 600（元）。

借：银行存款　　54 600

　　资本公积——其他资本公积　　81 900

　贷：股本　　9 100

　　　资本公积——股本溢价　　127 400

（2）如果以现金结算股份支付。

① 授予日不做会计处理。

② 2008 年 12 月 31 日：

公司预计支付现金应负担的费用=12×100×100×（1–15%）=102 000（元）；

2008 年应负担的费用=102 000÷3=34 000（元）。

借：管理费用　　34 000

　贷：应付职工薪酬——股份支付　　34 000

③ 2009 年 12 月 31 日：

公司预计支付现金应负担的费用=14×100×100×（1–10%）=126 000（元）；

2009 年应负担的费用=126 000×2÷3–34 000=50 000（元）。

借：管理费用　　50 000

　贷：应付职工薪酬——股份支付　　50 000

④ 2010 年 12 月 31 日：

公司实际支付现金应负担的费用=19×100×（100−5−3−1）=172 900（元）；

2010 年应负担的费用=172 900−34 000−50 000=88 900（元）。

借：管理费用　　88 900

　贷：应付职工薪酬——股份支付　　88 900

⑤ 2011 年 1 月 1 日：

借：应付职工薪酬——股份支付　　172 900

　贷：银行存款　　172 900

第六章

企业财务成果核算过程中的财税疑难问题与会计处理

第一节　企业利润涉及的问题及会计处理

一、疑难问题解答

主题 1　股利分配对股东大会有什么要求？

问题：是不是分配股利之前都要经过股东会决议？是不是所有的股东都要参加？

解答：这是股东会的决议范围，属于一般决议，并不需要全体股东参加，只要半数以上即可，并只要有出席股东会的股东所占股权的半数以上通过即可。

主题 2　年终决算要注意什么？

问题：某单位是工程施工企业，马上要进行年终决算。在进行年终决算过程中需要特别注意的事项有哪些？

解答：年终决算时，如果该公司有主管部门，则要按主管部门统一要求进行决算，没有主管部门的，一般来说需要注意以下事项：

（1）对收入、成本、费用等损益要素按照重要性原则实施进一步确认，针对其中有问题的项目实施调整。

（2）根据会计政策，对资产项目的账面价值实施合理性调整。如计提准备，折旧调整、摊销与计提等。

（3）在前两项工作的基础上，根据相关法律法规对税金、补贴、超支费用等实施计算与统计，为所得税汇算、补贴与税金申报、增值税缴纳（主要是留抵进项税合法性，与综合税负的往年对比，以便减少税务风险等）做好准备。

（4）在上述各项工作的基础上，实施年底结账，打印凭证并编制财务报告。

（5）针对目前经营情况和客观环境的变化，对需要调整的会计政策提出实施建议，提交董事会审批。

主题 3　给股东的固定回报能否税前扣除？

问题：某公司注册资本为 2 000 万元，其中一股东占 35%，该股东再另以其他方式投入公司资金 7 000 万元，协议规定每年按 20%的固定投资回报率收取投资回报，并给公司开具收到投资回报的发票。公司支付的这笔费用是否可在所得额中扣除？

解答：投资分配是以企业的未分配利润为基础计算的，该股东投入公司 7000 万元的形式并不是投资，其实质是借款形式，20%的回报是利率。《企业所得税法实施条例》规定，非金融企业向非金融企业借款的利息支出，不超过按照金融企业同期同类贷款利率计算的数额的部分，准予税前扣除。

显然，20%的回报率超过利率的水平，所以只能在按利息规定操作并在完善相关票据的情形下部分扣除。

主题 4　利润再投资如何进行财税处理？

问题：某企业用利润进行再投资，用利润再投资应如何进行财税处理？

解答：用未分配利润转增资本，应做如下财税处理。

会计处理：被投资企业应当在该方案经股东大会或类似权力机构批准并在工商部门办理完增资手续后，按实际发放的股票面值，借记“利润分配——转作股本的普通股股利”，贷记“股本”。

税务处理：被投资企业用未分配利润转增资本，只是所有者权益内部的转换，并没有增加收益，因此不涉及所得税问题。

被投资企业会计账务上实际做利润分配处理时，投资企业应确认投资所得的实现，所以企业应将分派的股票股利按股票面值确认为投资股息性所得的实现。

主题 5　外资企业盈利能否弥补内资企业亏损？

问题：某企业成立时是内资企业，属私营有限公司。2008 年 12 月被一家外国公司收购，经济性质变为外商独资企业。在 2009 年所得税纳税申报时，2008 年度的应纳税所得亏损能否用 2009 年纳税所得弥补？

解答：根据《外国投资者并购境内企业暂行规定》相关规定可知，外国投资者并购境内企业有两种方式，“股权并购”和“资产并购”。根据《关于外国投资者并购境内企业股权有关税收问题的通知》第二条规定，外国投资者通过股权并购变更设立的外商投资企业，如符合《中华人民共和国外商投资企业和外国企业所得税法》（以下简称税法）及其实施细则等有关规定条件的，可享受税法及其有关规定所制定的各项企业所得税税收优惠政策。在计算享受企业所得税优惠政策时，对前期亏损的处理为：变更设立前企业累计发生的尚未弥补的经营亏损，可在税法第十一条规定的亏损弥补年限的剩余年限内，由变更设立的外商投资企业延续弥补。因此，采用“股权并购”方式进行的外资并购内资，变更设立前的亏损可在 5 年内由变更设立的外商投资企业继续弥补。若为“资产并购”，则根据《外国投资者并购境内企业暂行规定》，外国投资者将以协议购买的境内企业资产另行投资设立外商投资企业，因此，原有企业并购前的亏损不能由另外设立的外商投资企业继续弥补。

二、会计处理方法

主题 1　股利分配有哪些程序？如何进行会计处理？

问题：某企业是由几个股东出资组成的有限责任公司，前几年盈利，但是没有进行利润分配，今年要进行利润分配。如何进行分配前的准备工作？如何进行会计处理？

解答：有限责任公司进行股利分配的，应当经董事会提议，经股东会批准并形成股东会会议记录，凭此记录即可进行股利分配；如果股东是个人的，应当代扣代缴个人所得税。

一般会计处理如下。

（1）宣告发放时（即股东会决议通过时）。

借：利润分配

　　贷：应付股利

（2）实际发放时。

借：应付股利

　　贷：银行存款

　　　　应交税费——应交个人所得税

（3）实际上缴个税时。

借：应交税费——应交个人所得税

　　贷：银行存款

主题 2　股东医疗费用如何处理？

问题：某公司一名股东有大量的医疗费用发票报销，都计在管理费用——应付福利费里面，这样可以吗？是否应该计入管理费用——董事会费中？

解答：董事会费应包括以下开支内容：董事费，如独立董事津贴等（企业支付的董事费，按照规定要由企业代扣代缴个人所得税，并且所代扣代缴的个人所得税不能列入企业管理费用）；董事会开会期间董事会成员差旅费、伙食费、住宿费；董事会期间有关工作人员的相关费用；董事会会务费；董事会日常开支如办公费、邮寄费等；其他有关必要的开支等。注意，这里不包括股东的工资、奖金。可见该医疗费用不能计入董事会费中。

如果该股东是企业的职工，与企业签订用工合同，那他的医疗费可以计入管理费用——福利费。如果没有签订用工合同，则应作为股东分红处理。

借：应付股利

　贷：库存现金

待股东大会决议分红时：

借：利润分配——应付股利

　贷：应付股利

主题 3　接受捐赠的资产要通过“待转资产价值”核算吗？

问题：某企业接受一项捐赠，价值 1 000 万元。要通过“待转资产价值”核算吗？

解答：待转资产价值是一个过渡性账户，在接受资产捐赠时，资产额较大，一次计入应纳税所得额会增加企业的负担，可以分次转入应纳税所得额，所以先计入该科目。

借：资产类科目

　贷：待转资产价值

转入资本公积时：

借：待转资产价值

　贷：资本公积

待转资产价值不属于资产类账户，属于权益性的账户，该科目适用于小企业的会计核算。

主题 4　“以前年度损益调整”科目如何应用？

问题：企业如何应用“以前年度损益调整”科目？

解答：实务中，无论税务检查还是财务审计都可能涉及差错调整、利润分配、应交税费等的处理，至于什么时候用到“以前年度损益调整”科目，虽然新《企业会计准则——应用指南》附录中做了具体规定，但因会计实务纷繁复杂，许多财税人员仍会有错漏，此处就实务中常见问题进行简单说明。

（1）以前年度损益调整科目的应用范围。

根据新《企业会计准则——应用指南》附录的规定，本科目核算企业本年度发生的调整以前年度损益的事项以及本年度发现的重要前期差错更正涉及调整以前年度损益的事项。企业在资产负债表日至财务报告批准报出日之间发生的需要调整报告年度损益的事项，也可以通过本科目核算。

即“以前年度损益调整”主要调整的是以前年度的重要差错，以及资产负债表日后事项，作为损益类项目的过渡性科目，其余额最终转入“利润分配——未分配利润”科目。该调整金额不体现在本期利润表上，而是体现在未分配利润中。

（2）资产负债表日后事项涉及的以前年度损益科目调整。

资产负债表日后事项包括资产负债表日后调整事项和资产负债表日后非调整事项两类。企业发生资产负债表日后调整事项，应当调整资产负债表日已编制的财务报表。涉及损益的事项，通过“以前年度损益调整”科目核算。调整事项的主要事例有：

① 已证实某项资产在资产负债表日已减值，或为该项资产已确认的减值损失需要调整；

② 资产负债表日后诉讼案件结案，法院判决证实了企业在资产负债表日已经存在现时义务，需要确认和调整；

③ 表明资产负债表所属期间或以前期间存在重大会计差错；

④ 发生资产负债表所属期间或以前期间所售商品的退回。

例 6-1 2008 年 6 月，甲公司销售给乙公司一批物资，货款为 35 100 元（含增值税），乙公司于当月收到所购物资并验收入库，根据合同规定，乙公司应于收到所购物资后一个月内付款。由于乙公司财务状况不佳，到 2008 年 12 月 31 日仍未付款。甲公司于 12 月 31 日编制 2008 年度财务报表时，已为该项应收账款提取坏账准备 4 000 元；12 月 31 日该项应收账款在资产负债表的金额为 31 100 元。甲公司于 2009 年 3 月 6 日（所得税汇算清缴前）收到法院通知，乙公司已宣告破产清算，无力偿还所欠部分货款。甲公司预计可收回应收账款的 40%，适用的所得税税率为 25%。企业按净利润的 10%提取法定盈余公积，提取法定盈余公积后不再做其他分配。

本例中，甲公司在收到法院通知后，首先可判断该事项属于资产负债表日后调整事项，根据调整事项的处理原则进行处理。具体过程如下。

① 补提坏账准备。

应补提的坏账准备 = 35 100 × 60% − 4 000 = 17 060（元）。

借：以前年度损益调整　　17 060

　贷：坏账准备　　17 060

② 调整递延所得税资产。

借：递延所得税资产　　（17 060 × 25%）4 265

　贷：以前年度损益调整　　4 265

③ 将“以前年度损益调整”科目的余额转入利润分配。

借：利润分配——未分配利润　　（17 060–4 265）12 795

　贷：以前年度损益调整　　12 795

④ 调整利润分配有关数字。

借：盈余公积　　（12 795 × 10%）1 279.5

　贷：利润分配——未分配利润　　1 279.5

（3）财审与税审差错处理一致的以前年度损益调整。

会计与税法规定一致时，企业调整增加以前年度利润或减少以前年度亏损，借记有关科目，贷记“以前年度损益调整”科目；调整减少以前年度利润或增加以前年度亏损做相反的会计分录。由于以前年度损益调整增加的所得税费用，借记本科目，贷记“应交税费——应交所得税”等科目；由于以前年度损益调整减少的所得税费用做相反的会计分录。 经上述调整后，应将本科目的余额转入“利润分配——未分配利润”科目。本科目如为贷方余额，借记本科目，贷记“利润分配——未分配利润”科目；如为借方余额，做相反的会计分录。

例 6-2 某企业执行新《企业会计准则》，2009 年 2 月 14 日，内审部门对 2008 年报表进行审计时发现，2008 年 4 月该企业接受甲公司捐赠设备一台，该设备原账面价值为 500 万元，公允价值为 600 万元，该企业按 500 万元增加固定资产，同时增加营业外收入 500 万元。企业所得税税率为 25%，不考虑其他事项。

《企业会计准则》规定，企业应该按公允价值入账，同时增加营业外收入。

税法规定，对于企业接受的各种形式捐赠的确定，《企业所得税法实施条例》第十二条规定，企业取得收入的货币形式，界定为取得的现金、存款、应收账款、应收票据、准备持有至到期的债券投资以及债务的豁免等；企业取得收入的非货币形式，界定为固定资产、生物资产、无形资产、股权投资、存货、不准备持有至到期的债券投资、劳务以及有关权益等。由于取得收入的货币形式的金额是确定的，而取得收入的非货币形式的金额不确定，企业在计算非货币形式收入时，根据《企业所得税法实施条例》第十三条规定，按照公允价值确定收入额。

即会计与税法处理一致，都以公允价值作为当期损益和税收收入，假设在税务机关进行的 2008 年汇算清缴检查时发现该公司未按公允价值缴纳所得税，则调整处理如下。

① 补作收入。

借：固定资产　　1 000 000

　贷：以前年度损益调整　　1 000 000

② 补缴税金。

借：以前年度损益调整　　250 000

　贷：应交税费——应交所得税　　250 000

③ 结转以前年度损益调整科目余额。

借：以前年度损益调整　　750 000

　贷：利润分配——未分配利润　　750 000

（4）财审与税审差错处理不一致的以前年度损益调整。

由于会计和税法服务于不同的目的，遵从不同的原则，日常会计处理一般都按照《企业会计准则第 18 号——所得税》的规定核算。在企业所得税检查或者财务检查时，发现会计差错存在以下两种情况。

一是同时影响会计利润和应纳税所得额，即一种会计处理同时违反税法和会计法规。如对于一些时间性差异，包括广告费、业务宣传费、固定资产折旧费、职工教育经费、资产减值损失、公允价值变动损益等费用错记，在补税的同时，均应调整损益和“递延所得税资产”等科目。

二是纳税差异只影响计税所得而不影响会计利润。例如永久性差异，包括不“合理的工资”、超出标准列支的对外捐赠、赞助、业务招待费、滞纳金、罚款、国债利息收入、居民企业投资收益等对收入、费用错记造成的差异。在调整时，对于永久性差异，一般调整损益类科目，不涉及递延所得税的调整。

例 6-3　2008 年某公司从联营企业分得税后利润 17 万元（联营企业适用

企业所得税税率 15%），会计分录如下。

借：银行存款 170 000

贷：盈余公积 170 000

调整：按新准则规定，从联营企业分得税后利润 17 万元，应作为投资收益处理，2009 年财务审计发现差错，调整处理如下。

借：盈余公积 170 000

贷：以前年度损益调整 170 000

按新税法的规定，符合条件的居民企业之间的股息、红利等权益性投资收益属于免税收入，不计入应纳税所得额，由此形成了永久性差异。

例 6-4 2008 年某公司发生职工教育经费 25 万元，按照税法规定可以税前扣除的标准为 20 万元，企业会计处理如下。

借：管理费用 250 000

贷：银行存款 250 000

调整：根据《企业会计准则第 9 号——职工薪酬》规定，职工教育经费实际发生时，借记“应付职工薪酬——教育经费”科目，贷记“银行存款”科目等，期末按成本费用对象，借记“管理费用”等科目，贷记“应付职工薪酬——教育经费”，期末一般应无余额。

假如 2009 年财务审计时发现以上做账错误，虽然不会影响以前年度损益，但会影响应付职工薪酬的本年发生额，不符合会计的真实性原则。

新的《企业所得税法实施条例》第四十二条规定，除国务院财政、税务主管部门另有规定外，企业发生的职工教育经费支出，不超过工资薪金总额 2.5%的部分，准予扣除；超过部分，准予在以后纳税年度结转扣除。即在新税法下，职工教育经费的实际发生额是作为一种特殊的时间性差异处理，对于超过当年扣除标准的金额可以无限期向后结转，类似于广告费和业务宣传费的处理。

2008 年形成 5 万元（25–20）的可抵扣的暂时性差异，登入备查账簿中。假设 2008 年所得税税率为 25%，2009 年调整分录如下。

借：递延所得税资产 1 2500

贷：以前年度损益调整 1 2500

（5）固定资产盘盈的会计差错处理。

根据《企业会计准则第 4 号——固定资产》及其应用指南的有关规定，固定资产盘盈应作为前期差错记入“以前年度损益调整”科目，而以前则是作为当期损益。之所以新准则将固定资产盘盈作为前期差错进行会计处理，是以这些资产尤其是固定资产出现由于企业无法控制的因素而造成盘盈的可能性极小甚至是不可能的为理论基础的，这些资产如果出现盘盈，必定是企业自身“主观”原因所造成的，或者说是以前会计期间少计或漏计这些资产等会计差错而形成的，所以，应当按照前期差错进行更正处理。旧准则直接计入营业外收入，直接影响净利润，新准则通过以前年度损益调整，计入未分配利润，使企业的报表更加透明，这样也能在一定程度上控制人为调节利润的可能性。

例 6-5 某企业于 2008 年 6 月 8 日对企业全部的固定资产进行盘查，盘盈一台机器设备，该设备同类产品市场价格为 10 万元，企业所得税税率为 25%。

该企业的有关会计处理为：

① 借：固定资产　　100 000

　贷：以前年度损益调整　　100 000

② 调整所得税：

借：以前年度损益调整　　25 000

　贷：应交税费——应交所得税　　25 000

注：“以前年度损益调整”是调整增加的“营业外收入”的金额，增加了企业的净利润，税法上也将资产盘盈作为应税收入，会计与税法规定一致，要缴纳所得税。

③ 结转以前年度损益调整：

借：以前年度损益调整　　75 000

　贷：利润分配——未分配利润　　75 000

第二节　企业所得税涉及的问题及会计处理

一、疑难问题解答

主题 1　新《企业会计准则》下企业所得税费用如何核算?

问题：某企业在新《企业会计准则》要求下，对于上市公司只能采用资产负债表债务法核算所得税。企业的所得税费用应如何核算?

解答：采用资产负债表债务法进行核算的情况下，利润表中的所得税费用由两个部分组成：当期所得税和递延所得税。

当期所得税是指企业按照税法规定计算确定的针对当期发生的交易和事项，应缴纳给税务部门的所得税金额，即为应交所得税的金额。具体确定是在税前会计利润的基础上按照税收法规的要求进行调整，计算出当期的应纳税所得额，按照应纳税所得额乘以适用的所得税税率计算确定。用公式表示如下：

当期所得税=当期应纳税所得额×所得税税率

递延所得税是指企业在某一会计期间确认的递延所得税资产及递延所得税负债的综合影响结果，即按照《企业会计准则》规定应予确认的递延所得税资产和递延所得税负债在期末应有的金额相对于原已确认金额之间的差额，也就是递延所得税资产及递延所得税负债的当期发生额，但不包括计入所有者权益的交易或事项所确认的所得税的影响。用公式表示如下：

递延所得税=当期递延所得税负债的增加+当期递延所得税资产的减少－当期递延所得税负债的减少－当期递延所得税资产的增加

如果某项交易或事项按照《企业会计准则》规定应计入所有者权益的，由该交易或事项产生的递延所得税资产或递延所得税负债及其变化也应计入所有者权益，不构成利润表中的所得税费用。

确定了当期应交所得税及递延所得税以后，利润表中应予确认的所得税费用为两者之和，即：

所得税费用=当期所得税+递延所得税

主题 2　季度所得税放在哪里核算？

问题：企业的季度所得税预缴应该放在哪里核算？

解答：具体处理如下。

（1）预提时。

借：所得税费用

　　贷：应交税费——应交所得税

（2）上交时。

借：应交税费——应交所得税

　　贷：银行存款

主题 3　固定资产残值如何影响所得税？

问题：由于新的企业所得税法对资产残值率的修改，使得会计和税法对资产的残值率一致，因此，在 2007 年由于会计和税法的残值率不同而产生的递延所得税资产，在 2008 年年末是否需要冲回，即 2007 年做以下会计分录：

借：递延所得税资产　　100

　贷：所得税费用——递延所得税费用　　100

而在 2008 年年末要这样做：

借：递延所得税资产　　100

　贷：所得税费用——递延所得税费用　　100

解答：这是一个焦点，2007 年资产的税务处理还是按旧法的规定，也就是净残值、折旧年限、折旧方法不变，所以不用冲回原来的递延所得税。只有 2008 年购入的固定资产是按新法规定处理，那么会计和税法的净残值是一致的。

按照新税法实施条例的规定，企业固定资产的预计净残值，由企业根据资产的性质和使用情况来具体确定。新税法从 2008 年 1 月 1 号起开始实施，企业 2008 年 1 月 1 日以后购置的，固定资产的预计净残值按照实施条例的规定，由企业充分考虑资产的性质、使用寿命终了的状态、预计报废处置的情况等因素具体确定。基于实体法从旧的原则，为减轻纳税调整的工作量，2008 年 1 月 1 日前已购置的固定资产预计净残值的确定按老税法执行，在税务处理上不再调整。

主题 4　股权（票）溢价形成的资本公积转为股本是否征税？

问题：某投资公司的被投资方经股东大会决定将股权（票）溢价所形成的资本公积转增股本。该公司获得的股份增加部分是否需要缴纳企业所得税？

解答：《国家税务总局关于贯彻落实企业所得税法若干税收问题的通知》（国税函［2010］79 号）第四款规定，被投资企业将股权（票）溢价所形成的资本公积转为股本的，不作为投资方企业的股息、红利收入，投资方企业也不得增加该项长期投资的计税基础。

从上述文件看出，股份溢价本身就是原投资方的，现在，由资本公积转入股份，权益没有实质增加，仍是原投资方的，这才是不征税的原因所在。

公司以股权（票）溢价所形成的资本公积转增股本，投资企业会增加股本，按上述文件规定，这个增加的部分不作为企业所得税的应税或免税收入处理，不需要缴纳企业所得税。

主题 5　企业购买基金的投资分红是否享受免税？

问题：企业投资于基金公司购买基金，在持有期间获得分红收益。企业取得的该分红收益（备注：持有该基金长于 12 个月），是否为免税收入？

解答：《企业所得税法》规定的权益性投资主要是指股权投资，强调的是直接投资；基金投资不是股权投资，从实际上看，是一种间接投资，是基金管理人用募集资金购买股票、债券，或做其他投资，应该不属于分回股息红利性免税收入。

但是，向基金公司购买基金可以适用鼓励证券投资基金发展的优惠政策。财税［2008］1 号文件明确，对投资者从证券投资基金分配中取得的收入，暂不征收企业所得税。

主题 6　以前年度的财产损失没有在当年税前扣除，现在还能扣除吗？

问题：某单位三年前的一项账面余额 25 万元的固定资产意外报废，但由于责任人无法确定，一直计入“待转资产”损失科目。为申请税前扣除，今年，公司董事会批准同意做损失处理。还能申请做税前扣除吗？

解答：以前的损失，履行一定的手续，是可以税前扣除的。《企业资产损失所得税税前扣除管理办法》（国家税务总局公告 2011 年第 25 号）明确，企业以前年度发生的资产损失未能在当年税前扣除的，可以按照本办法的规定，向税务机关说明并进行专项申报扣除。其中，属于实际资产损失，准予追补至该项损失发生年度扣除，其追补确认期限一般不得超过五年，但因计划经济体制转轨过程中遗留的资产损失、企业重组上市过程中因权属不清出现争议而未能及时扣除的资产损失、因承担国家政策性任务而形成的资产损失，以及政策定性不明确而形成资产损失等特殊原因形成的资产损失，其追补确认期限经国家税务总局批准后可适当延长。属于法定资产损失的，应在申报年度扣除。

企业因以前年度实际资产损失未在税前扣除而多缴纳的企业所得税税款，可在追补确认年度企业所得税应纳税款中予以抵扣，不足抵扣的，向以后年度递延抵扣。

据此，上述三年前的损失可以在发生当年扣除，不能在今年扣除。该单位三年前多缴纳的所得税可以抵减本年的应纳企业所得税，直到全部抵减完毕。

主题 7　总分机构汇总汇算清缴企业所得税，其适用的税率可能不同吗?

问题：某总公司与其分公司汇总汇算清缴企业所得税，其适用的税率可能不同吗?

解答：应该没有这个可能，由于实行法人纳税制度，分支机构是不缴纳企业所得税的。目前明确的是，跨省的分支机构应该按规定就地预缴企业所得税，但是这个所得税也是根据总机构统一计算后按规定分配给分支机构的，不是分支机构自行根据所得和税率计算的。参见国税发［2008］28 号文件。

主题 8　收到财政部补贴资金是免税的吗?

问题：某企业收到财政部补贴资金，该笔资金是免税的吗?

解答：收到的财政补贴资金，根据《企业会计准则——政府补助》规定，应该计入营业外收入，政府补贴只有符合规定的，才不计入应税收入，除此以外，补贴收入均应该计入计税收入，依法征收企业所得税。参见财税［2008］151 号文件和财税［2009］87 号文件。

主题 9　跨地区总、分机构的所得税如何汇总缴纳?

问题：某公司在深圳注册，在广州有一家分公司。深圳公司适用 20%过渡期税率，广州适用 25%税率。跨地区总、分机构的所得税如何汇总缴纳?

解答：从此情况来分析，深圳是总公司，广州是分公司。《跨地区经营汇总纳税企业所得税征收管理暂行办法》(国税发［2008］28 号)规定，总分机构实行“统一计算、分级管理、就地预缴、汇总清算、财政调库”的企业所得税征收管理办法。按统一计算的要求，深圳和广州公司是合并计算的，无论是哪个公司存在亏损，亏损是可以抵减的。

上述文件第十九条规定，总机构和分支机构应分期预缴的企业所得税，50%在各分支机构间分摊预缴，50%由总机构预缴。

所以，分支机构不是按 50%预缴，它的比例要比 50%低一些，因为 50%是在各分支机构之间再进行分摊的。

主题 10　企业所得税不预缴行吗?

问题：某公司 2009 年全年利润总额为 70 万元，但是本年度以前三个季度未交过所得税，而且 2009 年以前“未分配利润”为－500 多万元。企业所得税不预缴行吗？

解答：首先，该单位应该按照规定预缴所得税，具体是按月预缴还是按季度预缴，需要由其所在地主管税务机构确定。这是《企业所得税法》明确的。

至于以前年度的亏损 500 万元，在“未分配利润”科目反映，这个数据是会计数据，需要按税法调整并经过税务机构的认可后，才能抵减本年度的应税所得。

主题 11　地方政府给予的先征后返税额，需要征收企业所得税吗？

问题：某企业收到当地地方政府部门给予的补贴款，是否需要缴纳企业所得税？返还的流转税是否也可以不纳税？

解答：《企业所得税法》第七条规定，收入总额中的下列收入为不征税收入：① 财政拨款；② 依法收取并纳入财政管理的行政事业性收费、政府性基金；③ 国务院规定的其他不征税收入。

财政拨款需要具备的条件包括：① 主体为各级政府，即负有公共管理职责的各级国家行政机关；② 拨款对象为纳入预算管理的事业单位、社会团体等组织，关键在于“纳入预算管理”；③ 拨款为财政资金，被列入预算支出的。同时，考虑到财政拨款界定标准的复杂性，本条专门明确，授权国务院和国务院财政、税务主管部门可以对一些特殊情形另做规定。

企业实际收到的财政补贴和税收返还等，按照现行会计准则规定，属于政府补助的范畴，被排除在税法所谓的“财政拨款”之外，会计核算中计入企业的“营业外收入”科目，除企业取得的出口退税（增值税进项税）外，一般作为应纳税收入征收企业所得税。这主要有以下考虑：① 企业从政府取得的补贴收入符合收入总额的立法精神。企业取得的财政补贴形式多种多样，既有减免的流转税，也有给予企业从事特定事项的财政补贴。无论企业取得何种形式的财政补贴，都导致企业净资产的增加和经济利益的流入，符合收入总额的立法精神。② 为了规范财政补贴收入和加强减免税的管理，从 1994 年分税制财政体制改革实行后，中央集中管理税权，各地不得自行或擅自减免税。地方政府为促进地区经济发展，不得不采取各种财政补贴等变相“减免税”形式给予企业优惠，进行招商引资，造成财政补贴收入的不规范，破坏了全国统一的公平税负的环境，也是对中央税权的严重侵蚀。为此，对企业从政府取得的财政补贴收入征税，有利于加强对财政补贴收入和减免税的规范管理。③出于尽量减少税法与财务会计制度差异的考虑，也没有必要在这一问题上保持二者之间的差异，这有利于降低纳税遵从成本和税收管理成本。

其他不征税收入是指企业取得的，由国务院财政、税务主管部门报国务院批准的有专门用途的财政性资金。即需要具备两个方面的条件：一是在设定主体上，应当经国务院批准，由国务院财政、税务主管部门规定，实践中通常是由国务院财政、税务主管部门制定，报国务院批准后执行；二是属于具有专项用途的财政性资金。设置“其他不征税收入”这一条款，主要是为了适应社会发展的需要，承担公共管理职能的非营利性组织可能会取得一些新的不征税收入。

所以，对于地方政府部门给予的补贴款，如果不属于“由国务院财政、税务主管部门报国务院批准的有专门用途的财政性资金”，就应当缴纳企业所得税，但不涉及流转税。

主题 12　给民政局的捐赠能否税前扣除?

问题：某北京企业捐款给甘肃省某民政局 20 万元，收到民政局开具的“甘肃省社团、基金集资募捐统一收据”。该款项是否可以税前扣除?

解答：这个捐赠要区分具体的用途，政府机关接受企业捐款和通过政府机关向公益事业捐款是不同的。

《关于公益性捐赠税前扣除有关问题的通知》(财税［2008］160 号)明确，企业通过公益性社会团体或者县级以上人民政府及其部门，用于公益事业的捐赠支出，在年度利润总额 12%以内的部分，准予在计算应纳税所得额时扣除。向公益事业的捐赠支出，具体范围包括：① 救助灾害、救济贫困、扶助残疾人等困难的社会群体和个人的活动；② 教育、科学、文化、卫生、体育事业；③ 环境保护、社会公共设施建设；④ 促进社会发展和进步的其他社会公共和福利事业。

从上述文件看，该企业取得公益捐赠票据是扣除的必要条件，但是还要明确是公益捐赠，才能符合扣除政策。

主题 13　企业评估增值部分是否需要缴纳所得税?

问题：原国有企业所有者权益是 100 万元，改制时资产评估增值 100 万元。这 100 万元要缴纳企业所得税吗?

解答：根据《关于企业资产评估增值有关所得税处理问题的通知》(财税字［1997］77 号)的规定，纳税人在产权转让过程中，发生的产权转让净收益或净损失，计入应纳税所得额，依法缴纳企业所得税。国有资产产权转让净收益凡按国家有关规定全额上交财政的，不计入应纳税所得额。

另外，需要注意这个评估增值是原国有企业的所得，不是现在这个公司的所得，所以现在这个公司肯定不会涉及所得税的缴纳。对原国有企业来说，100 万元增值部分是其所得额，如果全额上交财政则不用计税，否则该国有企业应该缴纳所得税。

主题 14　购买资源综合利用目录中的资源，委托加工的产品是否免税？

问题：某公司下属一家子公司利用冶炼废渣生产粒状棉（重量占 90%以上，免税的条件是 30%以上），再利用粒状棉生产矿棉板，从而在销售矿棉板产品时可以免征增值税。最近因为设备方面的原因，不能再自产粒状棉了。为了能够继续保留免税资格，子公司拟定，由公司采购冶炼废渣，提供原料给其他生产粒状棉的公司委托其生产粒状棉，再将粒状棉提供给子公司生产矿棉板，接受委托生产粒状棉的公司不申请免税。公司的矿棉板是否能够享受免税资格?

解答：子公司购进冶炼废渣生产粒状棉（重量占 90%以上，免税的条件是 30%以上），再利用粒状棉生产矿棉板，符合再生资源利用的免征政策。

根据上述资料，公司改变生产形式，在子公司的生产环节已经没有利用冶炼废渣这个环节和产品了，那么在认定上已不符合原来的规定。“购进粒状棉，生产矿棉板”和“购进冶炼废渣生产矿棉板”已经明显不同，因此不符合继续免征的条件。

主题 15　汇算清缴中不征税收入如何处理?

问题：某企业进行汇算清缴，其中不征税收入如何处理？

解答：企业所得税政策中规定的不征税收入是由于某种特殊事项获取的收入，不属于营利性活动带来的经济利益，是法律明确规定不予征税的项目。

目前，不征税收入的企业所得税政策主要涉及三个文件，即《企业所得税法》及其实施条例、《财政部、国家税务总局关于财政性基金、行政事业性收费、政府性基金有关所得税政策问题的通知》（财税［2008］151 号）和《财政部、国家税务总局关于专项用途财政性资金有关企业所得税处理问题的通知》（财税［2009］87 号）。

《企业所得税法》及其实施条例规定的不征税收入包括三类：

一是各级政府对纳入预算管理的事业单位、社会团体等组织的财政拨款；

二是依法收取并纳入财政管理的行政事业性收费和政府性基金；

三是国务院财政、税务主管部门规定专项用途并经国务院批准的政府性资金。

财税［2008］151 号文件明确，企业取得的国家投资、使用后返还本金、财税主管部门规定专项用途并经国务院批准的财政性资金为不征税收入；国务院或财政部批准设立的政府性基金及国务院和省级政府财政价格主管部门设立的行政事业性收费，按规定收取并上缴财政的作为不征税收入；不征税收入对应的支出不得税前扣除。

财税［2009］87 号文件明确，对企业在 2008 年 1 月 1 日至 2010 年 12 月 31 日期间从县级以上各级人民政府财政部门及其他部门取得的应计入收入总额的财政性资金，凡同时符合以下三个条件的，可以作为不征税收入，在计算应纳税所得额时从收入总额中减除：

一是企业能够提供资金拨付文件，且文件中规定该资金的专项用途；

二是财政部门或其他拨付资金的政府部门对该资金有专门的资金管理办法或具体管理要求；

三是企业对该资金的取得以及发生的支出单独进行核算。

根据上述政策，在纳税申报时应注意以下问题。

（1）事业单位、社会团体、民办非企业单位对不征税收入及支出的纳税处理与一般企业不同；

（2）不征税收入纳税调减的同时应相应调增不征税收入所对应的支出；

（3）新《企业所得税法》在明确不征税收入的同时也规定了国债利息、符合条件的投资收益、非营利组织等免税收入内容，并废止了《国家税务总局关于事业单位、社会团体、民办非企业单位企业所得税征收管理办法的通知》（国税发［1999］65 号），其中事业单位、社会团体、民办非企业单位企业取得的财政部拨款等 9 项免税收入及免税收入对应支出不得税前扣除等政策也随之变化。实际操作中应注意区分不征税收入与免税收入，同时新政策明确只有不征税收入所对应的支出不得在税前扣除。

例 6-6　某企业 2009 年度取得一笔市财政局拨付的科研经费 100 万元，用于研究专项课题。该企业严格执行市财政局拨付文件中对此项资金的具体管理要求，并对该项资金的使用单独核算。其 2009 年度发生专项课题研究费

35 万元。

（1）企业的账务处理。

① 收到财政专项拨款 100 万元。

借：银行存款　　1 000 000

　贷：营业外收入——政府补助收入（科研费）　　1 000 000

② 支出课题费 35 万元。

借：相关科目——其他（科研费）　　350 000

　贷：银行存款　　350 000

（2）纳税申报处理。

该企业取得的 100 万元政府拨款符合财税［2009］87 号文件中不征税收入的规定，同时其对应的专项支出 35 万元不得税前扣除。2009 年度纳税申报时：

① 填报附表一（1）《收入明细表》第 24 行“政府补助收入”100 万元，同时填报附表三《纳税调整项目明细表》第 19 行“其他”的第四列“调减金额”100 万元。

② 填报附表二（1）《成本费用明细表》第 24 行“其他”35 万元，同时填报附表三《纳税调整项目明细表》第 38 行“不征税收入用于支出所形成的费用”第 3 列“调增金额”35 万元。

主题 16　以前年度亏损应如何弥补？

问题：某企业为一般纳税人，根据新的《企业所得税法》，在预缴所得税的时候，是否可以弥补以前年度的亏损？

解答：企业在预缴所得税时，可以弥补以前年度的亏损。但亏损时要做亏损鉴证;弥补时也要做弥补鉴证。

主题 17　免税收入是否可以弥补亏损？

问题：某企业为一般纳税人，免税收入是否可以弥补亏损？

解答：新《企业所得税法》对纳税人更为有利，因为免税收入不用弥补亏损，实质的亏损用应税所得弥补，原来的规定是免税收入和应税收入都要弥补亏损，不合理。具体处理如下。

原企业所得税法：

应纳税所得额=收入总额−准予扣除项目金额−弥补亏损−免税所得

新企业所得税法：

应纳税所得额=收入总额−不征税收入−免税收入−各项扣除−弥补亏损

二、会计处理

主题 1　如果预交所得税费与实际有差别，如何调整？

问题：年底时，如果企业预交税费与实际有差别，如何调整？

解答：实务工作中一般是在汇算清缴时才知道预交税费与实际是否有差别，而不是在年底。如 2011 年预缴的所得税一般在 2012 年年初才知道差别是多少。因此在来年知道差别时：

借：以前年度损益调整

　贷：应交税费——应交所得税

或者做相反分录。

主题 2　节能节水设备如何进行税额抵免？

问题：税务局已经批准，某公司的一台节能节水设备可减免应纳税所得额 200 万元，即减免所得税 20 万元（该公司今年亏损）。这项税收减免是否可以增加递延所得税资产，具体账务如何处理？

解答：这项税收减免是完全可以结转到以后年度抵免所得税额的。《企业所得税法实施条例》规定，《企业所得税法》第三十四条所称税额抵免是指企业购置并实际使用《环境保护专用设备企业所得税优惠目录》、《节能节水专用设备企业所得税优惠目录》和《安全生产专用设备企业所得税优惠目录》规定的环境保护、节能节水、安全生产等专用设备的，该专用设备投资额的 10%可以从企业当年的应纳税额中抵免；当年不足抵免的，可以在以后 5 个纳税年度结转抵免。

借：递延所得税资产

　贷：所得税费用——递延所得税

主题 3　退回的所得税如何处理？

问题：某公司在 2008 年预交了所得税，在 2009 年所得税清缴时公司弥补亏损，税务在 7 月退回所得税。公司收到退回税款时会计分录应当怎么做？

解答：应做以下会计分录。

借：银行存款

　贷：应交税费——应交所得税

借：应交税费——应交所得税

　贷：以前年度损益调整

借：以前年度损益调整

　贷：利润分配——未分配利润

主题 4　弥补亏损如何进行会计处理

问题：企业在进行弥补亏损时，如何进行会计处理？

解答：亏损弥补的含义有两个：一是自亏损年度的下一个年度起连续 5 年不间断地计算；二是连续发生年度亏损，也必须从第一个亏损年度算起，先亏先补，按顺序连续计算亏损弥补期，不得将每个亏损年度的连续弥补期相加，更不得断开计算。

“自行弥补”是指纳税人在纳税申报时（包括预缴申报和年度申报）可自行计算并弥补以前年度符合条件的亏损。

税法中的亏损和财务会计中的亏损是不同的。财务会计上的亏损是指当年总收益小于当年总支出；《企业所得税法》中所称亏损，是指依照税法的规定将纳税年度的收入总额减除不征税收入、免税收入和各项扣除后小于零的数额。下面从会计角度对亏损的处理做一介绍，以期正确弥补企业亏损。

我国会计准则实现了国际趋同，同时新《企业会计准则》和《小企业会计制度》并存，提倡企业执行新《企业会计准则》，小企业可执行《小企业会计制度》，本书将从这两个方面对亏损弥补的会计处理问题进行阐述。

（1）执行《小企业会计制度》和《企业会计准则》的企业亏损弥补的会计处理。

企业弥补亏损的方式主要有三种：一是可以用次年度的税前利润弥补，次年度利润不足弥补的，可以在 5 年内延续弥补；二是当 5 年内的税前利润不足弥补时，用税后利润弥补；三是可以用盈余公积金弥补。

以税前利润或税后利润弥补亏损，均不需要进行专门的账务处理，只要将企业实现的税后利润自“本年利润”科目结转到“利润分配——未分配利润”科目的贷方，其贷方发生额与“利润分配——未分配利润”科目的借方余额自然抵补；二者所不同的是以税前利润进行弥补亏损的情况下，其弥补的数额可以抵减企业当期的应纳税所得额，而用税后利润进行弥补亏损的数额，则不能在企业当期的应纳税所得额中抵减。

例 6-7 某企业 2002 年发生亏损 400 万元，在年度终了时，企业应当结转本年发生的亏损。则会计处理为：

借：利润分配——未分配利润　　4 000 000

　贷：本年利润　　4 000 000

例 6-8 接上例，假设该企业 2003—2007 年每年实现税前利润 60 万元，根据制度规定，企业发生的亏损可以在 5 年内用税前利润进行弥补。该企业在 2003—2007 年均可在税前进行亏损弥补，在每年终了时，会计处理为：

借：本年利润　　600 000

　贷：利润分配——未分配利润　　600 000

例 6-9 接上例，该企业 2008 年“利润分配——未分配利润”账户期末余额为借方余额 100 万元，即还有 100 万元亏损未进行弥补。假设该企业 2009 年实现税前利润 80 万元，根据制度规定，该企业只能用税后利润弥补以前年度亏损，假设该企业适用的企业所得税税率为 25%，企业没有其他纳税调整事项，其应纳税所得额为 80 万元，当年应缴纳的所得税为 20（80×25%）万元，则处理为：

① 计算应缴纳所得税。

借：所得税费用　　200 000

　贷：应交税费——应交所得税　　200 000

同时

借：本年利润　　200 000

　贷：企业所得税　　200 000

② 结转本年利润，弥补以前年度未弥补的亏损。

借：本年利润　　600 000

　贷：利润分配——未分配利润　　600 000

③ 该企业 2009 年“利润分配——未分配利润”科目的期末借方余额为 40 万元（–400+60×5+60）。当企业用盈余公积金弥补亏损时，应当由公司董事会提议，并经股东大会批准。企业在用盈余公积金弥补亏损时，应编制专门的会计处理分录。

例 6-10 接上例，该公司 2009 年期末“利润分配——未分配利润”科目的余额为借方余额 40 万元，公司董事会提议，并经股东大会批准用盈余公积金弥补亏损，此时会计处理为：

借：盈余公积　　400 000

　贷：利润分配——盈余公积补亏　　400 000

借：利润分配——盈余公积补亏　　400 000

　贷：利润分配——未分配利润　　400 000

（2）执行新《企业会计准则》的企业亏损弥补的会计处理。

我国现行税法允许企业亏损时递延弥补亏损 5 年。《企业会计准则第 18 号——所得税》要求企业对于能够结转以后年度的可抵扣亏损和税款抵减，应当以可能获得用于抵扣尚可抵扣的亏损和税款抵减的未来应纳税所得额为限，确认相应的递延所得税资产。企业应当对 5 年内可抵扣暂时性差异是否能在以后经营期内的应税利润充分转回做出判断，如果不能，企业则不应确认。

例 6-11　某企业在 2005—2008 年间每年的应税收益分别为：-200 万元、80 万元、70 万元、80 万元，适用税率为 20%，假设无其他暂时性差异。其中，2005 年产生的 40 万元亏损，经综合判断能在 5 年内转回，确认可抵扣暂时性差异，即确认递延所得税资产。

① 2005 年企业应税收益为亏损 200 万元，产生可抵扣的暂时性差异 40 万元，即确认递延所得税资产 40 万元，会计处理为：

借：递延所得税资产　　400 000

　贷：所得税费用　　400 000

② 2006 年企业应税收益为赢利 80 万元，转回暂时性差异 16 万元，会计处理为：

借：所得税费用　　160 000

　贷：递延所得税资产　　160 000

③ 2007 年企业应税收益为赢利 70 万元，转回暂时性差异 14 万元，会计处理为：

借：所得税费用　　140 000

　贷：递延所得税资产　　140 000

④ 2008 年企业应税收益为赢利 80 万元，可转回暂时性差异 10 万元，确认本年度应交税费 6 万元。会计处理为：

借：所得税费用　　160 000

　贷：递延所得税资产　　100 000

　　　应交税费——应交所得税　　60 000

第七章

企业货币资金核算过程中的财税疑难问题与会计处理

第一节 现金涉及的问题及会计处理

一、疑难问题解答

主题 1 企业捐赠现金如何处理?

问题：A 企业于 2008 年 5 月通过政府民政部门进行现金捐赠 100 万元。A 企业属于查账征收企业所得税纳税人，按税法规定应按季预缴企业所得税，年终汇算清缴。如果 A 企业 2008 年 7 月累计实现二季度会计利润 500 万元，一季度已缴企业所得税 50 万元，A 企业适用的企业所得税税率为 25%，则 A 企业二季度应预缴所得税=二季度按累计会计利润计算的企业所得税额–一季度已缴企业所得税款=500 × 25%–50=75（万元）（企业所得税预缴是按照会计利润计算预缴税款，由于二季度发生的捐赠支出在计算会计利润时作为一项支出已减除，因此在预缴企业所得税时，不需要按照企业所得税法及其实施条例的规定进行所得税处理）。如何进行会计处理?

解答：《企业所得税法》规定，企业发生的公益性捐赠支出，在年度利润总额 12%以内的部分，准予在计算应纳税所得额时扣除，《企业所得税法》第九条所称公益性捐赠，是指企业通过公益性社会团体或者县级以上人民政府及其部门，用于《中华人民共和国公益事业捐赠法》规定的公益事业的捐赠。

企业采取现金形式发生的公益性捐赠，在利润总额 12%范围内的，准予在税前扣除，超过利润 12%比例的部分，要做纳税调增，增加应纳税所得额。企业所得税按年计算，按季预缴，下面拟说明在预缴和汇算清缴时对公益性捐赠的所得税处理方法，如题所述，A 企业在 2008 年年终决算时应分别根据企业实现利润总额情况来进行以下处理。

（1）2008 年的企业年终决算实现 2008 年会计利润 1 000 万元，假设没有其他纳税调整事项。2008 年一到四季度累计缴纳企业所得税 240 万元。

按照前述《企业所得税法》关于 12%的公益救济性捐赠扣除比例计算 A 企业 2008 年可在税前扣除的公益性捐赠=1 000 × 12%=120（万元）。

A 企业 2008 年发生的公益性捐赠为 100 万元，小于可税前扣除公益性捐赠 120 万元，因此公益性捐赠 100 万元可全额扣除，不需要进行纳税调整。

A 企业 2008 年应纳企业所得税额=1 000×25%=250（万元）。

减去已累计缴纳的企业所得税 240 万元，甲公司 2008 年度汇算清缴应补缴企业所得税 10 万元。

（2）2008 年企业的年终决算实现 2008 年会计利润 800 万元，假设没有其他纳税调整事项。2008 年一到四季度累计缴纳企业所得税 100 万元。

按照前述企业所得税法关于 12%的公益救济性捐赠扣除比例计算 A 企业 2008 年可在税前扣除的公益性捐赠=800×12%=96（万元）。

A 企业 2008 年发生的公益性捐赠为 100 万元，大于可税前扣除公益性捐赠 96 万元，因此公益性捐赠 100 万元需要进行纳税调整，调增 4 万元。

A 企业 2008 年应纳企业所得税额=（800+4）×25%=201（万元）。

已累计缴纳的企业所得税 100 万元，甲公司 2008 年度汇算清缴应补缴企业所得税 101 万元。

（3）2008 年企业的年终决算实现 2008 年会计利润−50 万元，假设没有其他纳税调整事项。2008 年一到四季度累计缴纳企业所得税 2 万元。

依企业所得税法相关规定，企业可抵扣公益救济性捐赠的计算基数为企业当期实现的会计利润，因 A 企业 2008 年的会计利润为 0，则 A 企业 2008 年可在税前扣除的公益性捐赠=0×12%=0（万元）。

因此公益救济性捐赠 100 万元需要进行纳税调增：

甲企业 2008 年应纳税所得额=−50+100=50（万元）；

甲企业 2008 年应缴纳企业所得税=50×25%=12.5（万元）。

2008 年已累计缴纳的企业所得税 2 万元，甲企业应补缴企业所得税 10.5 万元。

如果企业通过自己的公益性基金会进行捐赠，该如何进行税务处理？比如有一些企业在赈灾中采取募集公益性基金的形式来进行捐赠，这种情况以媒体行业为代表。通过公益基金会捐赠款项，该公益基金会可以参照非营利公益组织，即基金会所募得基金收入属于免税收入，而其相关支出允许据实扣除，这样就不必再受企业所得税关于 12%捐赠限额的限定。而企业自身对于基金会的捐赠同样按照上述捐赠现金的情况来进行税务处理。

主题 2　现金收款凭证怎样复核?

问题：某企业在经营活动中经常遇到怎样复核现金收入业务，那么现金收款凭证？

解答：现金收款凭证是出纳人员办理现金收入业务的依据。出纳人员在办理每一笔现金收入前，都必须首先复核现金收款凭证，按照《现金管理暂行条例》及《会计基础工作规范》等有关规定和要求认真复核以下内容。

（1）现金收款凭证的填写日期是否正确。现金收款凭证的填写日期应为编制收款凭证的当天，不得提前或推后。

（2）现金收款凭证的编号是否正确。主要是复核凭证是否按本单位规定的分类编号方法连续编号，如有重号、漏号或不按日期顺序编号等情况，应将收款凭证退回制证人员，予以更正或重新填写。

（3）现金收款凭证记录的内容是否真实、合法、正确，其摘要栏的内容与原始凭证反映的经济业务内容是否相符。

（4）使用的会计科目是否正确。如果发现科目使用错误或记账方向错误等情况，应立即退回制证人员，要求更正。

（5）复核收款凭证的金额与原始凭证的金额是否一致。

（6）复核收款凭证“附单据”栏的张数与所附原始凭证张数是否相符。

（7）收款凭证的出纳、制证、稽核、记账、会计主管栏目是否签名或盖章。如有漏签，要补签后再收款。

主题 3　如何管理备用金?

问题：企业如何管理备用金？

解答：这里的备用金是指企业财会部门事先预付给各部门的，用于各部门备用的一笔款项，一般用作零星开支、零星采购、售货找零或差旅费等。

（1）备用金借支管理。

① 企业各部门应填制“备用金借款单”。

② 各部门零星备用金一般不得超过规定数额，若有特殊需要应由企业部门经理核准。

③ 各部门零星备用金借支应将取得的正式发票定期送到财务部门备用金管理人员（出纳人员）手中，冲转借支款或补充备用金。

（2）备用金保管。

① 备用金收支应设置“备用金”账户。

② 备用金账户应做到逐月结清。

③ 出纳人员应妥善保管各种与备用金相关的票据。

主题 4　定额备用金制度下报销备用金如何处理？

问题：某企业为各业务部门制订额备用金制度，那么定额备用金制度下报销备用金如何处理？

解答：备用金报销的处理依企业备用金管理制度的不同而有所区别。备用金管理制度可以分为定额备用金制度和非定额备用金制度两种。

所谓定额备用金，是指单位对经常使用备用金的内部各部门或工作人员根据其零星开支、零星采购等的实际需要而核定一个现金数额，并保证其经常保持核定的数额。实行定额备用金制度，使用定额备用金的部门或工作人员应按核定的定额填写借款凭证，一次性领出全部定额现金，用后凭发票等有关凭证报销，出纳员将报销金额补充原定额，从而保证该部门或工作人员经常保持核定的现金定额。只有等到撤销定额备用金或调换经办人时才全部交回备用金。

实行定额备用金的单位，其内部各部门或有关工作人员使用备用金购买货物或用于零星开支后，应将所购买的货物交由仓库保管员验收入库，凭验收入库单连同发票到财务部门报销；用于其他开支的，凭发票或其他原始凭证到财务部门报销。有关部门或工作人员报销时，会计人员应编制现金付款凭证。出纳员依据付款凭证将报销的金额用现金补给报销的部门或工作人员，从而使有关部门或工作人员手中的现金又达到核定的限额。

例 7-1　某公司维修科使用定额备用金制度，金额为 1 200 元。5 月 14 日使用 800 元现金购买零配件，其备用金剩下 400 元。次日该工作人员到财务科报销，会计编制付款凭证，出纳员补给 800 元现金，此时维修科的备用金又达到了 1 200 元。会计分录如下。

借：管理费用	800	
贷：现金		800

如果 5 月 14 日维修科购买零配件实际支付了 1 400 元，由经办人员垫付现金 200 元，则 5 月 15 日报销时，出纳员应支付的现金为 1 400 元，经办人员垫付款 200 元后，维修科备用金又恢复到 1 200 元。

二、会计处理方法

主题 1　个人为公司垫支款项如何处理？

问题：某公司是新办企业，到银行办理开户手续时，银行告知账户里至少需要有100元资金。于是就将个人的100元存入银行，并做会计处理为：

借：银行存款　100

　贷：库存现金　100

公司还款时，又该如何进行会计处理？

解答：上述处理不正确，没有分清楚会计主体。垫支的钱是个人的，此时公司并没有支出现金，所以不能贷记“库存现金”，而应当是：

借：银行存款　100

　贷：其他应付款　100

公司还款时的会计处理为：

借：其他应付款　100

　贷：库存现金　100

主题2　企业内部拨款如何处理？

问题：某企业每月要向所属的6个钻井大队拨费用款，如生活费、出差费、外出办事费等。公司向井队拨款如何进行账务处理？假如记入其他应收款，井队拿回的发票尽是白条，怎么去冲其他应收款呢？

解答：可以先通过“其他应收款”科目核算（或是单独设置内部往来科目）。

（1）付款时。

借：其他应收款——××队

　贷：库存现金或银行存款

（2）收到费用发票时。

借：有关成本费用

　贷：其他应收款——××队

如果没有发票，不能计入成本费用，即使依据白条冲减其他应收款，计入了成本费用，在所得税前也是不能扣除的，必须想办法取得发票。

主题3　接受现金捐赠如何做账？

问题：某企业接受现金资产捐赠，该捐赠项目的价值在捐赠日就已经实现。如何进行账务处理？

解答：企业应按实际收到的金额处理。

借：库存现金或银行存款

　贷：营业外收入

如果接受现金捐赠的企业属于外商投资企业，则核算要求与其他企业有所不同。外商投资企业接受现金捐赠时，应按实际收到的金额，借记“库存现金”或“银行存款”等科目，按接受捐赠的现金金额与现行所得税税率计算应交的所得税，贷记“应交税费——应交所得税”科目。按接受现金捐赠的金额减去应交所得税后的差额，贷记“营业外收入——接受现金捐赠”科目；年度终了时，企业应根据年终清算的结果，按接受捐赠的现金原计算的应交所得税与实际应交所得税的差额，借记“应交税费——应交所得税”科目，贷记“营业外收入”科目。

例 7-2 甲公司属于外商投资企业，2008 年 10 月 8 日，该公司接受一名华侨捐赠现金 100 000 美元，当日汇率为 1∶8.1，企业适用所得税税率为 25%，应做以下会计分录。

借：银行存款——美元户　（100 000×8.1）810 000

　贷：应交税费——应交所得税　（810 000×25%）202 500

　　营业外收入——接受现金捐赠　607 500

2008 年 12 月 31 日，假设甲公司年终清算的结果表明，上述接受现金捐赠实际应缴纳的所得税为 267 300 元，即与原计算应交所得税 202 500 元的差额为 64 800 元。应做如下调整会计分录。

借：应交税费——应交所得税　64 800

　贷：营业外收入——接受现金捐赠　64 800

主题 4　非定额备用金制度下报销备用金如何处理？

问题：某企业对内实行非定额备用金制度，那么报销备用金如何处理？

解答：非定额备用金是指单位对非经常使用备用金的内部各部门或工作人员，根据每次业务所需备用金的数额填制借款凭证，向出纳员预借现金，使用后凭发票等原始凭证一次性到财务部门报销，多退少补，一次结清，下次再用时重新办理领借手续。报销时财务部门编制转账凭证，其借方科目与定额备用金报销时相同，其贷方科目则为“其他应收款”科目。对于实际支出额小于预借金额的，应编制现金收款凭证，收回多借的现金；对于实际支出大于预借金额的，编制现金付款凭证，补给经办人员垫付的款项。

例 7-3 某公司对行政科采用非定额备用金制度，行政科为购买办公用品预借备用金 1 600 元，预借时，财务部门根据借款凭证编制现金付款凭证，其会计分录如下。

借：其他应收款——备用金（行政科）　1 600

　贷：现金　1 600

行政科购买办公用品 1 520 元后凭发票和验收入库单到财务部门报销，交回多余现金 80 元，财务部门编制转账凭证一张，其会计分录如下。

借：管理费用　1 520

　　现金　80

　贷：其他应收款——备用金（行政科）　1 600

出纳员收回多借的未用现金 80 元。

如果行政科实际购买办公用品 1780 元，自己垫付了 180 元，则在报销时除按规定编制转账凭证，其会计分录如下。

借：管理费用　1 780

　贷：其他应收款——备用金（行政科）　1 600

　　现金　180

出纳员付给行政科现金 180 元，退还行政科经办人员垫付的现金 180 元。

第二节　银行结算涉及的问题及会计处理

一、疑难问题解答

主题 1　什么是转账支票的顺投和逆投?

问题：某公司与外公司间发生业务时因转账支票结算，什么是转账支票的，顺投和逆投是什么概念?

解答：如果将收到的购货方的支票存到自己的开户银行，这是正常的存支票的程序，称为顺投；如果对方将开给你方的支票存到他们的开户银行，通过他们的开户行将资金转到你方公司的账上，这是倒存，也称为逆投。

如乙收到甲支付的一张支票，一般情况下，收到甲的转账支票后，乙会存到自己的账户上，银行收到支票时会在乙填写的三联进账单其中一联上盖章，但是尽管进账单盖有银行的章，但并不表明款项可以进账，只表明银行收到一张转账支票。能否入账，还要经甲方开户行核对方单位的银行预留印鉴、金额的大小写是否正确，如果都正确并且对方账户上有余款可以划拨，才会同意将账款划到乙方的账上。如果甲方银行经核对发现支票填写有误，或户头上存款不足，都不能给您划款。所以支票交易一般应该在账款到账后才允许提货，通常需要 1~2 天甚至 3 天的时间。公司应坚持到账后再付货，尤其是对老客户，虽然很不通情达理，不念老交情，会伤多年的关系，可不到账又怕账户空头，再追账就难了。

当急于做生意或对方急着提货时，企业可以采取倒进账的形式，特别是大宗的生意，既让客户能及时提货，又保障支票不遭遇空头退回，在最短的时间内将款项划入自己的账户，使企业不受损失。

倒进账是指乙方收到甲方支票后，要求去甲方开户行做银行入账。乙方填写一张进账单，收款单位填写乙方的名称和开户行，交到甲方开户银行的会计柜台，银行的会计会审核支票是否有误，查询甲方银行存款的余款是否足够给您划款。如果没有问题，会计会在乙方填写的进账单上加盖银行章。但是银行盖章的进账单是甲方入账的票据，乙方只需复印留存，待乙方开户行入账后，会转来一张进账单（这是乙方在甲方行填写的那张进账单的其中一联）。这样做的好处是避免了空头账户，缩短了提货时间。虽然到对方开户行存了支票，不一定马上入自己的账户，但会确保能到自己的账上，只是早一天晚一天的事，也就是说，只要对方银行在乙方填写的进账单上盖上银行的章就没问题了，就可以放心地交货了。

一般情况下银行在倒进账时要么要求有对方的财务人员在场，要么会给对方财务人员打招呼，告诉对方要划款了。所以一定要提前和对方讲清楚，否则银行给对方财务人员联系时，财务人员说不知道此事，您就不可能及时入账了，由此也可推断对方会不会空头。因为如果对方账户上没钱的话，也不会同意倒进账。

主题 2　委托贷款业务如何核算？

问题：某企业发生委托贷款的业务，即企业委托银行将资金贷放出去。在什么计科目核算？如收到利息收入，在什么科目核算？

解答：如果只是一般的工业企业，不是金融企业，那么应该设置委托贷款会计科目进行核算。根据《企业会计准则》会计科目的讲解，委托贷款科目的核算内容如下。

（1）本科目核算企业（银行）按规定发放的各种客户贷款，包括质押贷款、抵押贷款、保证贷款、信用贷款等。企业委托银行或其他金融机构向其他单位贷出的款项可设“1303 委托贷款”科目。

（2）本科目可按贷款类别、客户，分别以“本金”、“利息调整”、“已减值”等进行明细核算。

（3）贷款的主要账务处理。

① 企业发放的贷款，应按贷款的合同本金，借记本科目（本金），按实际支付的金额，贷记“吸收存款”、“存放中央银行款项”等科目，有差额的，借记或贷记本科目（利息调整）。

资产负债表日，应按贷款的合同本金和合同利率计算确定的应收未收利息，借记“应收利息”科目，按贷款的摊余成本和实际利率计算确定的利息收入，贷记“利息收入”，按其差额，借记或贷记本科目（利息调整）。合同利率与实际利率差异较小的，也可以采用合同利率计算确定利息收入。

收回贷款时，应按客户归还的金额，借记“吸收存款”、“存放中央银行款项”等科目，按收回的应收利息金额，贷记“应收利息”科目，按归还的贷款本金，贷记本科目（本金），按其差额，贷记“利息收入”科目。存在利息调整余额的，还应同时结转。

② 资产负债表日，确定贷款发生减值的，按应减记的金额，借记“资产减值损失”科目，贷记“贷款损失准备”科目。同时，应将本科目（本金、利息调整）余额转入本科目（已减值），贷记本科目（本金、利息调整）。

资产负债表日，应按贷款的摊余成本和实际利率计算确定的利息收入，借记“贷款损失准备”科目，贷记“利息收入”科目。同时，将按合同本金和合同利率计算确定的应收利息金额进行表外登记。

收回减值贷款时，应按实际收到的金额，借记“吸收存款”、“存放中央银行款项”等科目，按相关贷款损失准备余额，借记“贷款损失准备”科目，按相关贷款余额，贷记本科目（已减值），按其差额，贷记“资产减值损失”科目。

对于确实无法收回的贷款，按管理权限报经批准后作为呆账予以转销，借记“贷款损失准备”科目，贷记本科目（已减值）。按管理权限报经批准后转销表外应收未收利息，减少表外“应收未收利息”科目金额。

已确认并转销的贷款以后又收回的，按原转销的已减值贷款余额，借记本科目（已减值），贷记“贷款损失准备”科目。按实际受到的金额，借记“吸收存款”、“存放中央银行款项”等科目，按原转销的已减值贷款余额，贷记本科目（已减值），按其差额，贷记“资产减值损失”科目。

（4）本科目期末借方余额，反映企业按规定发放尚未收回贷款的摊余成本。利息收入应该在“利息收入”科目中核算，如果企业不单独设置“利息收入”科目的话，也可以计入“投资收益”科目中。

主题 3　现金银行汇票可以转账吗?

问题：现金银行汇票可以转账吗？和转账银行汇票有什么区别？

解答：标明“现金”字样的银行汇票可以转账，也可以支取现金。现金银行汇票的收付款人必须都是个人，并且办理时指定代理付款行，可以挂失。而转账银行汇票的付款人必须是单位，收款人可以为个人，无需指定代理付款行，不可以挂失。转账银行汇票不可以提取现金。

主题 4　银行汇票如果丢失该怎么办?

问题：某企业将银行汇票丢失，该怎么处理？

解答：关于遗失，有以下几种情况。

（1）如果遗失了注明“现金”字样的银行汇票，失票人应当立即向签发银行或兑付银行请求挂失止付。申请挂失止付应提交汇票挂失申请书（可以用汇票委托书代替），并在凭证备注栏内写明“汇票挂失”字样。如果在银行受理挂失以前，包括对方银行收到挂失通知以前，汇票金额已被人冒领的，银行不再承担付款责任。持票人一旦发现汇票遗失，应尽快申请挂失，同时，依据《中华人民共和国票据法》第十五条第三款规定，失票人应当在通知挂失止付后 3 日内，也可以在票据丧失后，依法向人民法院申请公示催告，或者向人民法院提起诉讼，以免遭到不必要的利益损失。

（2）如果遗失了注明收款单位、个体经济户名称的汇票，失票人应当立即通知收款单位、个体经济户、收款人、兑付银行、签发银行，请求这些单位或个人协助防范。因为这类汇票遗失后，银行不办理挂失止付。

（3）如果遗失了填明汇款人指定收款人员姓名的汇票，不能到银行申请挂失止付。因为这种汇票可以背书转让，无法确定被背书人，银行无法挂失，兑付行和签发行都不予协助防范。因此，这种银行汇票的持票人一定要认真保管好汇票，切勿遗失。银行汇票遗失后，在付款期满后一个月确实没有发生什么问题的，可以由汇款人写出书面证明，说明情况并到签发银行办理退款。

主题5 收取支票时如何提防“支票陷阱”？

问题：某企业在经营活动中，经常接收支票，收取支票时如何提防“支票陷阱”？

解答：商务收账是企业经营管理中非常重要的环节，越来越多的企业把能否及时、足额地收回外账作为衡量业务人员绩效的重要指标。

支票是商务活动中使用最多的票据，业务人员在收支票时要提防“支票陷阱”，因为票据退票会给企业带来难以弥补的财务损失。现就实际业务中可能存在的“支票陷阱”加以说明。

（1）关于签名盖章。

出票人在支票上签名盖章，是负担票据债务的一种具体表示，当支票退票时，要负起出票人的责任，偿还支票上所记载的金额。签名盖章要盖在支票上出票人栏的位置，盖在其他地方，就不发生签名盖章的效力，属于不合格支票。实际操作中，收票人应注意以下几点。

① 没有签名盖章的支票不能收。鉴章空白的支票是“不完全票据”，这种票据无法律效力，必须请出票人补盖印鉴方可接收。

② 出票签名或盖章模糊不清的支票不能收。这种鉴章不清楚或不明的支票经常被银行退票。

③ 支票上签章处只有出票人的指印，没有其他签名或盖章，最好拒收。支票上的签名能以盖章的方式代替，但不能以捺指印代替签名。

④ 图章颠倒的支票是有效的，可以收受。

⑤ 盖错印章涂销后，再加盖正确印鉴的支票，可以收。出票人在盖错的印鉴上打“?”涂销，这枚印鉴视为没有记载，只要第二次所盖的印鉴与银行预留印鉴相同，而且户头内有足够存款，这张支票是安全的。

（2）关于支票时间。

① 没有填写出票年月日的支票，最好不收。缺少出票年月日的支票是无效支票，出票人不必负任何的票据责任。如果出票人授权收票人代填日期，收票人在收受支票时，应要求出票人出具“授权书”作为证明，否则有可能有伪造有价证券的官司。

② 出票年月日改写后，必须在改写处盖章。如不盖章，这种支票会被银行退票。

③ 票面金额填写“拾元整”的支票，不可收受。银行实务对有关支票金额的写法有特别的要求，10元应写为“壹拾元整”。

④ 支票上大写金额写“廿”绝对不能接收。20 元的正确写法是“贰拾元”，如果写成“廿”，银行会以退票方式处理。

（3）关于支票金额。

金额是支票必须记载的事项之一，也是票据债务人员担保范围的指标。支票的金额以大写数字来书写，以示慎重，并可以防止遭人涂改。因此，金额一经填写，就不能改写，否则，支票无效。对于支票金额应注意以下问题。

① 票面大写金额栏内漏写“元”字的支票，不可收受。我国通用的币制单位有元、角、分。只有数字记载，而无“元”的记载，其金额难以确定。

② 大写金额经涂改的支票是无效支票，绝对不能接收。

③ 大写金额不应写零而多写零的支票，尽可能不要收受。金额位数连续有几个零时，应只写一个零字。比如 50 005 元应写成“伍万零伍元整”，而不能写成“伍万零零伍元整”。

主题 6　什么是电子商业汇票？

问题：某企业因新业务需要，要使用电子商业汇票，那么什么是电子商业汇票？

解答：2009 年年底，央行总行在全国建立“电子商业汇票”系统，各家商业银行也陆续推出电子商业汇票产品。电子商业汇票是纸质商业汇票的继承和发展，其所体现的票据权利义务关系与纸质商业汇票没有不同，它是出票人以数据电文形式制作的，委托付款人在指定日期无条件支付确定的金额给收款人或者持票人的票据，实现了出票、流转、兑付等票据业务过程的完全电子化。

与纸质商业汇票一样，企业使用电子商业汇票，必须遵守《中华人民共和国票据法》等相关的法律规定，遵循诚实信用的原则，具有真实的交易背景和债权债务关系，并在商业银行开立人民币银行结算账户。但是，由于电子商业汇票的特殊性，企业使用电子商业汇票还必须具备以下条件：一是必须具有中华人民共和国组织机构代码；二是必须具备办理电子商业汇票业务的基本技术条件，如应当是商业银行的网银企业客户等；三是所选择的开户银行能够提供电子商业汇票服务，并与其开户银行签订电子商业汇票服务协议，明确双方的权利和义务。具备上述条件后，企业就可以通过其开户银行办理电子商业汇票业务了。

《电子商业汇票管理办法》规定，电子商业汇票的付款期限自出票日起至到期日止，最长不得超过 1 年。根据这一规定，电子票据付款期可以延至 1 年，而且据央行公布的数据，票据贴现加权平均利率为 1.95%，远低于 5.7%的同期短期融资加权平均利率，因此，电子汇票能作为方便的短期融资工具使用，可以有效降低企业短期融资成本与财务费用，此外，电子票据交易记录清晰，能有效控制错票、假票。

电子商业汇票是新型的无纸化的支付结算工具，因此诸如票据的真伪、保管、传递、诈骗等原有票据市场常见的风险将不复存在。面临的风险基本上等同于电子商业汇票系统所面临的信息技术的安全风险问题，比如说，数据文件丢失、系统运行瘫痪、网络遭遇攻击、各种病毒入侵等。电子商业汇票给企业带来收益的同时，也为企业进入这一系统无形中构建了一道壁垒，这一属性使得电子商业汇票的卖方必须强势，卖方企业的信用非常重要。

二、会计处理方法

主题 1　银行承兑汇票如何进行财税处理?

问题：A 公司为增值税一般纳税人，公司在销售产品时与 B 公司签订协议，B 公司一部分货款以港币支付给 A 公司，付款方式以银行承兑汇票支付，而 A 公司又将收到的银行承兑汇票背书转让其他公司，而付港币这部分货款 A 公司不开具增值税发票。这笔收入该如何做分录和交税，是否需要缴纳增值税?

解答：即使不开具发票，销售商品也要确认收入并缴纳增值税，收到港元时要按即期的汇率折算为人民币进行账务处理，正常计算增值税。

（1）收到港币时。

借：银行存款

　贷：主营业务收入

　　　应交税费——应交增值税（销项税额）

（2）收到银行承兑汇票时。

借：应收票据（原始凭证附汇票的复印件）

　贷：主营业务收入

　　　应交税费——应交增值税（销项税额）

（3）将该银行承兑汇票背书转让时。

借：原材料、库存商品、应付账款等

　贷：应收票据

主题 2　票据贴现如何处理？

问题：甲公司开具一张商业承兑汇票给乙公司，乙公司拿去向银行贴现，银行说若票据到期时，如果甲公司没有付钱银行就会向乙公司追偿，乙公司是否形成了一种或有负债？如何进行会计处理？

解答：这个贴现是附追索权的，不作为或有负债处理。

（1）贴现时。

借：银行存款

　　财务费用

　贷：短期借款

（2）如果到期时银行向某公司要钱。

借：短期借款

　贷：银行存款

借：应收账款

　贷：应收票据

（3）如果到期时银行不向某公司要钱。

借：短期借款

　贷：应收票据

主题 3　带息票据如何进行会计处理？

问题：某企业为增值税一般纳税人，企业卖给外地客户一批产品，价税合计 150 320 元，该产品适用 17%的增值税税率，并以银行存款代垫运费 7 800 元，运输公司将发票直接开给客户，并通过该企业将运费发票转交给客户。该客户在收到货物后，于 7 月 15 日签发并承兑了一张票面金额 158 120 元的带息商业承兑汇票，票面注明年利率为 6%，期限为 3 个月。请问，该企业对该带息票据在税收、财务上应如何处理？如果企业在 8 月 1 日进行贴现，又将如何处理？

解答：对企业因销售商品、产品、提供劳务等收到的商业汇票，应通过“应收票据”科目进行核算。

（1）企业在收到票据时，应做以下会计分录。

借：应收票据	158 120
贷：主营业务收入——甲产品	128 478.63

应交税费——应交增值税（销项税额）　21 841.37

银行存款　7 800

（2）计提利息时。

在 7 月、8 月、9 月月末，按承兑汇票票面价值和注明的利率分别计提当期利息 395.3 元、790.6 元和 790.6 元。同时，根据《增值税暂行条例实施细则》规定，价外费用是指价外向购买方收取的手续费、补贴、基金、集资费返还利润、奖励费、违约金（延期付款利息）、包装费、包装物租金、储备费、优质费、运输装卸费、代收款项、代垫款项及其他各种性质的价外收费，凡价外费用，无论会计制度如何核算，均应并入销售额计算应纳税额。因此，对各期计提的利息应按规定计提销项税额，并按计提税金后的余额作为利息收入。企业 7 月月末提取的应收利息 395.3 元，应计提销项税金 57.44 元，做如下会计分录。

借：应收票据　395.3

贷：财务费用　337.86

应交税费——应交增值税（销项税额）　57.44

8 月、9 月月末的账务处理与 7 月相同。

（3）8 月 1 日，如该企业持未到期的应收票据向银行贴现，经与银行协商，贴现率为年利率 8%，则贴现利息 =（158 120 + 158 120 × 6% ÷ 12 × 3）×（8% ÷ 12）× 2.5 = 2 674.86（元）；实际应收银行款项 = 158 120 + 158 120 × 6% ÷ 12 × 3 − 2 674.86 = 157 816.94（元）。企业按应收票据账面余额 158 515.3 元（158 120 + 395.3）与收到银行款项的差额，冲减财务费用，并调整销项税额，应做以下会计分录。

借：银行存款　157 816.94

财务费用　596.89

贷：应收票据　158 515.3

应交税费——应交增值税（销项税额）　101.47（红字）

（4）如贴现票据到期，付款人无力向贴现银行支付款项时，银行将根据汇票的本息从该企业的存款账户中扣款，应做以下会计分录。

借：应收账款　160 491.8

贷：银行存款　160 491.8

（5）如企业在 8 月 1 日用所持的商业承兑汇票购进原材料一批，取得增值税专用发票一份，价值 147 000 元，注明增值税额 24 990 元，企业按票据到期值与原材料价款的差额向原材料供应商支付银行存款 11 498.2 元，材料已验收入库，应做以下会计分录：

借：原材料　　147 000

　　应交税费——应交增值税（进项税额）　　24 990

　贷：应收票据　　158 515.3

　　　银行存款　　11 498.2

　　　财务费用　　1 689.32

　　　应交税费——应交增值税（销项税额）　　287.18

（6）如应收票据到期，出票方如期兑付，按实际收到 160 491.8 元与“应收票据”科目的差额，冲减“财务费用”并计提销项税额，应做以下会计分录。

借：银行存款　　160 491.8

　贷：应收票据　　160 096.5

　　　财务费用　　337.86

　　　应交税费——应交增值税（销项税额）　　57.44

（7）如因付款人到期无力支付票款，企业在收到银行退回的商业承兑汇票，应做以下会计分录。

借：应收账款　　160 096.5

　贷：应收票据　　160 096.5

同时，对 10 月月末计提的利息，不再计提，在有关备查簿中进行登记，在实际收到时再冲减当期的财务费用，并计提销项税额。

主题 4　信用卡购物和储值卡消费如何处理？

案例：顾客用信用卡购买商场的商品，手续费先由商场承担，商场在和供货商结算的时候再由供货商承担。商场的会计处理是先计入财务费用等，跟供货商结清款项的时候再冲减财务费用。

问题（1）：这种做法是否正确？是否符合会计核算原则？

解答（1）：这种情况下，将手续费计入财务费用是不合理的，应做如下会计处理。

① 支付给银行信用卡手续费时。

借：其他应收款

　贷：银行存款

② 将来和供货商结算，将手续费转嫁给供货商时。

借：银行存款

　贷：其他应收款

问题（2）：商场还销售储值卡，即顾客先付款给商场，商场给一张同价值的卡给顾客。这个商场跟其他另外两个商场同属于一个百货集团，三个商场销售的储值卡可以在三个商场通用。这个商场销售储值卡的钱直接划到集团中心暂时保管，待客户持卡消费后，商场再跟集团中心结算，由集团中心把钱划给该商场。但是如果顾客使用信用卡购卡，则刷卡产生的手续费同时要由这个商场承担，待在跟供货商结算时转嫁给供货商。该商场在顾客用储值卡消费后应做哪些会计分录？如果商场这个月既有信用卡消费又有储值卡消费，则商场的账务处理是默认收到商家的手续费都是先冲其他应付款，待其他应付款账户冲平了之后再冲财务费用。这样处理算对吗？

解答（2）① 顾客用储值卡购物时。

借：其他应收款——集团卡中心

　贷：主营业务收入

　　　应交税费——应交增值税（销项税额）

② 跟集团结账时。

借：银行存款

　贷：其他应收款——集团卡中心

借：其他应收款

　贷：银行存款（承担手续费）

③ 结账时从供货商处收取这部分手续费。

借：银行存款

　贷：其他应收款

如果这个月既有信用卡消费又有储值卡消费，则商场的账务处理应是分别做上面的分录，是不能对冲的。

第三节　其他结算方式涉及的问题及会计处理

一、疑难问题解答

主题 1　外币账户如何开设？

问题：某公司主要业务为工程作业，与外商签订合同约定以外币结算，由于公司没有开设外币账户，所以款项汇入了私人账户。开立外币账户需要什么手续？汇入私人账户的款项转入公司账户对私人账户有什么影响？

解答：如需开立外币账户，其开户申请书应是正式公函，必须盖有单位公章，申请内容明确，必须写明外汇资金来源和用途情况，开户银行、开户币种如是专项账户的，还需说明项目的有关情况、开户期限，以及外汇管理局要求提供的其他材料；开户需持外汇管理局要求的有关材料的正本及其复印件；接受捐赠或援助的单位必须是国内民间组织、科研院所、大专院校等国内事业单位，并按捐赠或援助协议规定将捐赠款项用于境外支付。如不符合上述要求，一律退回，不进行审核。

这种情况下，对私人账户没有什么影响。

主题2　企业所得税前扣除的“银行同期贷款利息”包括浮动利息吗？

问题：企业所得税相关法规指出，企业向非金融企业借款，其利息超过银行同期贷款利息的部分不得税前列支。“银行同期贷款利息”到底是指什么？按照人民银行贷款基准利率的上浮部分是否算做同期贷款利息？

解答：新《企业所得税法》没有进一步解释，这个问题已经由下列相关文件给予明确了。

《国家税务总局关于企业贷款支付利息税前扣除标准的批复》（国税函[2003]第1114号）规定，纳税人向非金融机构借款的利息支出，不高于金融机构同类、同期贷款利率计算的数额以内的部分，准予扣除。

按照中国人民银行规定，金融机构贷款利率包括基准利率和浮动利率，因此，金融机构同类同期贷款利率包括中国人民银行规定的基准利率和浮动利率。

根据上述分析，浮动的部分，也是可以税前扣除的。

主题3　为贷款发生的辅助费用如何处理？

问题：某企业在项目竣工验收前，为了向银行申请贷款而办理的在建工程抵押所发生的房地产评估费、房产权证工本费等费用，是计入“财务费用”还是“管理费用——评估费”？

解答：为项目贷款发生的测绘费、保险费、评估费等属于为借款发生的辅助费用。根据《企业会计准则第17号——借款费用》第十条的规定，专门借款发生的辅助费用，在所购建或者生产的符合资本化条件的资产达到预定可使用或者可销售状态之前发生的，应当在发生时根据其发生额予以资本化，计入符合资本化条件的资产的成本；在所购建或者生产的符合资本化条件的资产达到预定可使用或者可销售状态之后发生的，应当在发生时根据其发生额确认为费用，计入当期损益。一般借款发生的辅助费用，应当在发生时根据其发生额确认为费用，计入当期损益。

因此，将为项目贷款发生的辅助费用（测绘费、保险费、评估费、审计费），计入间接费用的思路符合《企业会计准则》的规定。

主题 4　个人借款给企业，是否必须提供利息的发票才能税前扣除？

问题：某企业为一般纳税人，向职工个人借款。国税函［2009］777 号文件明确，企业向自然人借款的利息支出，其借款情况同时符合以下条件的，其利息支出在不超过按照金融企业同期同类贷款利率计算的数额的部分，进行扣除：① 企业与个人之间的借贷是真实、合法、有效的，并且不具有非法集资目的或其他违反法律、法规的行为；② 企业与个人之间签订了借款合同。但文件中没有提到收到利息是否要到地税机关代开发票？要不要扣缴个人所得税和营业税？这些内容对税前扣除有无影响？

解答：《中华人民共和国发票管理办法》规定，销售商品、提供服务以及从事其他经营活动的单位和个人，对外发生经营业务收取款项，收款方应向付款方开具发票；特殊情况下由付款方向收款方开具发票。

个人提供营业税应税项目，原则上是需要去税务机关申请代开发票的，而且现在是以票控税，没有发票，税务机关一般不会认可。

上述个人涉及营业税、个人所得税。这种情况对税前扣除有重要的影响。因为，个人只有向税务机构申请代开发票，企业取得发票才能据以作为税前扣除的条件；向税务机构申请代开发票时，税务机构要代征个人的税款。此时企业将不再代扣个税。

《关于加强和规范税务机关代开普通发票工作的通知》（国税函［2004］1024 号）第三条明确了代开发票的基本要求，该条款的第（四）项规定，代开发票在开票和征税之间要相互制约。使用计算机开票并能确保开票记录完整、准确、可靠存储且不可更改的单位，开票和征税可由一个岗位完成；虽使用计算机开票但仅限于替代手工填写打印功能、或者暂无条件使用计算机开具而以手工填开的单位，开票和收款人员必须分岗作业，形成制约。与此同时，每个代开发票单位应当设置复核岗位，对窗口开票与征税操作的记录进行复核，以加强监控。对申请代开发票的单位和个人，应当按照税收法律、法规的有关规定征收税款和收取发票工本费。代开的普通发票上要注明完税凭证号码；同时代征税款的完税凭证上要注明代开的普通发票号码。申请代开发票经营额达不到省、自治区、直辖市税务机关确定的按次起征点的，只代开发票，不征税。但根据代开发票记录，属于同一申请代开发票的单位和个人，在一个纳税期内累计开票金额达到按月起征点的，应在达到起征点的当次一并计算征税。

从上述文件看，税务机构在代开发票时，对相关的税金按规定征收。

主题 5　集团公司资金统借统贷如何出理？

问题：某公司从集团公司借入部分资金，该资金为集团公司的上一级公司与金融机构、集团公司三方签订委托贷款协议借入。该公司与集团公司借款能否按统借统还操作模式？利率按照委贷协议收取，能否申请免征该部分利息收入营业税？

解答：《财政部、国家税务总局关于非金融机构统借统还业务征收营业税问题的通知（财税字［2000］7号）明确：

（1）为缓解中小企业融资难的问题，对企业主管部门或企业集团中的核心企业等单位（以下简称统借方）向金融机构借款后，将所借资金分拨给下属单位（包括独立核算单位和非独立核算单位），并按支付给金融机构的借款利率水平向下属单位收取用于归还金融机构的利息不征收营业税。

（2）统借方将资金分拨给下属单位，不得按高于支付给金融机构的借款利率水平向下属单位收取利息，否则，将视为具有从事贷款业务的性质，应对其向下属单位收取的利息全额征收营业税。

能否按统借统关键还在于是否符合上述规定。从表述来看未提到财务公司的操作，是不可以作为统借统还处理的。

主题 6　借款费用的财税处理差异

问题：某公司因业务需要，向其他公司借款，借款费用会计与税务处理有什么差异？

解答：（1）一般规定。

在会计处理上，企业发生的借款费用，可直接归属于符合资本化条件的资产的购建或者生产的，应当予以资本化，计入相关资产成本；其他借款费用，应当在发生时根据其发生额确认为费用，计入当期损益。符合资本化条件的资产，是指需要经过相当长时间的购建或者生产活动才能达到预定可使用或者可销售状态的固定资产、投资性房地产和存货等资产。

在税务处理上，根据《企业所得税法实施条例》第三十七条第二款规定，企业为购置、建造固定资产、无形资产和经过 12 个月以上的建造才能达到预定可销售状态的存货发生借款的，在有关资产购置、建造期间发生的合理的借款费用，应当作为资本性支出计入有关资产的成本，并依照本条例的规定扣除。其他借款费用不予资本化。另外，购置、建造活动发生非正常中断，但如果中断是使资产达到可使用状态所必需的程序，则中断期间发生的借款费用，仍应予资本化。企业筹建期间发生的长期借款费用，除购置固定资产发生的长期借款费用外，计入开办费，按照长期待摊费用进行税务处理。

差异分析：从上述规定可以看出，会计与税法对于借款费用的范围应当是一致的，在大多数情况下，会计与税法在确认损益方面也不存在差异。

（2）汇率变动损益。

《企业会计准则》规定，货币性外币项目是企业持有的货币和将以固定或可确定金额的货币收取的资产或者偿付的负债，分为货币性资产和货币性负债。货币性资产包括现金、银行存款、应收账款、应收票据和准备持有至到期的债券投资等；货币性负债包括应付账款、其他应付款、短期借款、应付债券、长期借款、长期应付款等。企业在资产负债表日，对于外币货币性项目，采用资产负债表日即期汇率折算，因资产负债表日即期汇率与初始确认时或者前一资产负债表日即期汇率不同而产生的汇兑差额，计入当期损益。

《企业所得税法实施条例》第三十九条规定，企业在货币交易中，以及纳税年度终了时将人民币以外的货币性资产、负债按照期末即期人民币汇率中间价折算为人民币时产生的汇兑损失，除已经计入有关资产成本以及与向所有者进行利润分配相关的部分外，准予扣除。

《国家税务总局关于做好 2007 年度企业所得税汇算清缴工作的补充通知》（国税函［2008］264 号）规定，企业外币货币性项目因汇率变动导致的计入当期损益的汇率差额部分，相当于公允价值变动，按照《财政部、国家税务总局关于执行有关企业所得税政策问题的通知》（财税［2007］80 号）第三条规定执行，在未实际处置或结算时不计入当期应纳税所得额；在实际处置或结算时，处置或结算取得的价款扣除其历史成本后的差额，计入处置或结算期间的应纳税所得额。

财税［2007］80 号文件第三条规定，企业以公允价值计量的金融资产、金融负债以及投资房地产等持有期间公允价值的变动不计入应纳税所得额，在实际处置或结算时，处置取得的价款扣除其历史成本后的差额应计入处置或结算期间的应纳税所得额。

差异分析：国税函［2008］264 号文件规定与《企业所得税法实施条例》第三十九条规定是不一致的，根据高法优于低法的原则，国税函［2008］264 号文件应当视为无效，即企业外币货币性项目因汇率变动导致的计入当期损益的汇率差额部分，不属于公允价值变动，可以直接计入当期应纳税所得额。因此，会计与税法不存在差异。

（3）借款费用资本化。

① 基本规定。

《企业会计准则》规定，企业发生的借款费用，可直接归属于符合资本化条件的资产的购建或者生产的，应当予以资本化，计入相关资产成本；其他借款费用，应当在发生时根据其发生额确认为费用，计入当期损益。符合资本化条件的资产，是指需要经过相当长时间（通常指一年以上）的购建或者生产活动才能达到预定可使用或者可销售状态的固定资产、投资性房地产和存货等资产。与原会计制度相比，新会计准则扩大了借款费用资本化的范围：一是准予资本化的借款费用不再局限于专门借款费用；二是资本化的对象不再局限于固定资产，如果相关资产（包括固定资产、无形资产、开发产品等存货）需要经过相当长时间的购建或者生产活动才能形成，那么该资产发生的借款费用，也应当予以资本化。

差异分析：财税［2007］80 号文件明确，税法应予资本化借款费用的计算口径，与新会计准则相同，即税法与会计不存在差异。我们认为，未执行新会计准则的企业，在计算应予资本化的借款费用（包括固定资产和无形资产的借款费用）时，可比照新会计准则的计算方法计算。

② 借款费用资本化的起止时间（以开发产品为例）。

《企业会计准则》规定，借款费用同时满足下列条件的，才能开始资本化：

A. 资产支出已经发生，资产支出包括为购建或者生产符合资本化条件的资产而以支付现金、转移非现金资产或者承担带息债务形式发生的支出；

B. 借款费用已经发生；

C. 为使资产达到预定可使用或者可销售状态所必要的购建或者生产活动已经开始。

对于房地产开发企业来说，如果企业已经购入土地，尚未进入实质性开发阶段，其借款费用是否应当予以资本化的问题，实践中存在争议。我们认为，获取土地是房地产购建活动的必要程序之一，属于"为使资产达到预定可使用或者可销售状态所必要的购建或者生产活动"，因此，如果购入的土地已经明确用于特定房地产开发项目，那么与开发产品相关的借款费用就应当开始资本化；如果该土地的使用方向尚不明确，如有些房地产开发企业购入土地仅仅是为了作为土地储备，那么"为使资产达到预定可使用或者可销售状态所必要的购建或者生产活动"应当视为尚未开始，此时借款费用应当计入财务费用，待土地开发用途明确时，才能将借款费用资本化。

《企业会计准则》规定，购建或者生产符合资本化条件的资产达到预定可使用或者可销售状态时，借款费用应当停止资本化。开发产品是否达到预定可使用或者可销售状态，可从以下几个方面进行判断：

A. 开发产品实体建造工作已经全部完成或者实质上已经完成；

B. 开发产品符合设计要求，或者有极个别与设计要求不相符的地方，但不影响其正常销售；

C. 继续发生的开发产品购建支出金额很少或者几乎不再发生。如果开发产品分阶段完工，且每部分完工产品可对外销售，则应当停止与完工开发产品相关的借款费用的资本化。

主题 7 赔偿款收支的会计处理

问题：赔偿款收支如何进行会计处理？

解答：（1）某企业获得一笔，其会计和税务处理分析。

① 涉及增值税的赔偿。

A. 销售方收到的赔偿款。

对于经营增值税应税货物或应税劳务的行为，许多人认为，如果因购买方违约而由购买方支付给销售方的赔偿款必须缴纳增值税，其依据是根据《增值税暂行条例》第六条及其实施细则第十二条的规定，应作为价外收费处理。但我们认为，不能一概而论，需分两种情形。

一是如果销售方将所销售货物的所有权及所有权上的主要风险和报酬已经转移，或销售方的增值税应税劳务已经提供，纳税义务已经形成，如果再出现因购买方违约而付给销售方赔偿款的情况，此赔偿款就应该按照上述规定缴纳增值税并做营业外收入处理，而购买方支付的赔偿款则应视情况增加购入货物或接受劳务的成本或计入营业外支出。另外，如果购买方收到的是增值税专用发票，还可以按规定计算抵扣进项税。

二是如果销售方所销售货物的所有权及所有权上的主要风险和报酬没有转移，或增值税应税劳务未提供，纳税义务没有形成，此时，销售方向购买方收取的赔偿款就无须缴纳增值税，仅作为营业外收入，购买方支付的赔偿款作为营业外支出。

B. 购买方收到的赔偿款。

对于经营增值税应税货物或应税劳务的行为，如果因销售方违约而由销售方支付给购买方的赔偿款，由于购买方不存在销售货物或应税劳务给销售方的情形，即不存在增值税的纳税义务。此时，如果销售货物或应税劳务已经完成，则购买方收到的赔偿款应作为购进应税货物或应税劳务的抵减额（对于重新索取增值税专用发票的需相应调减增值税进项税），而销售方支付的赔偿款应按照折扣、折让的规定进行处理。如果应税事项没有完成，则购买方收到的赔偿款应做营业外收入处理，销售方支付的赔偿款应做营业外支出处理。

但是，对商业企业从供货方取得的赔偿款必须注意两点：

一是商业企业因向供货方提供了一定劳务而从供货方取得的与商品销售量、销售额无必然联系的收入，如进场费、广告促销费、上架费、展示费、管理费等，如果商业企业以赔偿款的名义收取，则应根据国税法［2004］136 号文件的规定，按照营业税的适用税目税率征收营业税。

二是商业企业从供货方取得的与商品销售量、销售额挂钩（如以一定的比例、金额、数量计算）的各种返还收入，如果商业企业以赔偿款的名义收取，则根据国税发［2004］136 号文件的规定，按照对平销返利行为的有关规定冲减当期增值税进项税金，不征收营业税。

② 涉及消费税的赔偿。

对于生产、进口和委托加工应税消费品的经营行为，如果交易双方在经营过程中收到或支付赔偿款，我们认为，可以参照本文上述对增值税的分析进行相应的会计和税务处理。

③ 涉及营业税的赔偿。

A. 提供方收到的赔偿款。

对纳税人提供营业税应税项目，如果因受让方违约，提供方从受让方收取的赔偿款是否纳税的问题，《营业税暂行条例》及其实施细则虽无明确规定，但财税［2003］16 号文件有明确规定，即“单位和个人提供应税劳务、转让无形资产和销售不动产时，因受让方违约而从受让方取得的赔偿金收入，应并入营业额中征收营业税。”因此，在应纳营业税应税项目的经营活动中，如果因受让方违约而由受让方支付给提供方的赔偿款，提供方均需缴纳营业税，而不管该应税项目是否已经完成。另外，提供方取得的赔偿款需做营业外收入处理，受让方支付的赔偿款视情况做营业外支出或增加所接受营业税项目成本的处理。

B. 受让方收到的赔偿款。

在营业税的应税项目中，如果受让方因提供方违约而从提供方收取的赔偿款，因受让方没有对提供方提供营业税应税项目，因此受让方不存在缴纳营业税的义务，受让方收到的赔偿款无须缴纳营业税，应视营业税应税项目是否已经完成分别做营业外收入或抵减所接受应税项目成本的处理；而对于提供方而言，也应视营业税应税项目是否已经提供分别做营业外支出或按照有关折扣、折让的规定进行处理。

④ 对企业所得税的考虑。

对于纳税人收到的赔偿款，都应将扣除缴纳的流转税（未缴纳的则无扣除）和相关损失后的收益并入赔偿款当期的计税所得额缴纳企业所得税。但是，如果涉及按照有关折扣、折让情形进行处理的，则在发票的收回、开具、重新开具和《企业进货退出及索取折让证明单》的索取等方面必须符合税法规定，否则，折扣、折让额不可以计算抵减流转税和计税所得额。

（2）需考虑的相关问题。

① 会计处理依据。

对于收到或支付的赔偿款，双方都必须有合法、合理的证据，以作为证明和判断赔偿行为真实、存在的依据及进行会计和税务处理的依据。这些证据主要是：

A. 法院的判决书或调解书；

B. 仲裁机构的裁定书或调解书；

C. 签订的提供应税货物或应税劳务的协议；

D. 签订的赔偿协议；

E. 收款方开具的发票或收据。

② 防止弄虚作假。

在实务中可能存在弄虚作假的问题，如一些纳税人可能将支付给对方的折扣、折让、回扣或佣金等返还款以赔偿款的名义支付，甚至还取得税务机关开具的《企业进货退出及索取折让证明单》，以减轻纳税义务，所以，对于赔偿款真伪的判断尤为重要。如果判定为虚假赔偿，则需考虑支付方不得扣减流转税和所得税计税所得额及收取方是否需缴纳流转税的问题。

二、会计处理方法

主题 1　外币业务如何核算?

案例：某公司属于一家外资企业，采用的记账本位币为人民币。

问题（1）：某年 10 月 1 日收到外资企业第一次投资款 200 万港币，10 月 6 日收到第二次投资款 300 万港币，10 月 20 日收到第三次投资款 200 万港币，三次投资款都按规定存入外币账户。应如何做凭证？怎么登记银行日记账？总账和明细账应怎么登记？

解答（1）：企业发生外币交易时，其会计核算的基本程序为：

第一，将外币金额按照交易日的汇率或是当期平均汇率折算为记账本位币金额，按照折算后的记账本位币金额登记有关账户；在登记有关记账本位币账户的同时，按照外币金额登记相应的外币账户。

第二，期末，将所有外币货币性项目的外币金额，按照期末汇率折算为记账本位币金额，并与原记账本位币金额相比较，其差额记入“财务费用——汇兑差额”科目。

第三，结算外币货币性项目时，将其外币结算金额按照当日汇率折算为记账本位币金额，并与原记账本位币金额相比较，其差额记入“财务费用——汇兑差额”科目。

收到外币投资款时，分别按收到当日的汇率折算为人民币：

借：银行存款（港币投资款×汇率）

　贷：实收资本

银行日记账登记三笔，总账在月末根据发生额登记合计数即可。

问题（2）：10 月 28 日购设备结汇 150 万港币，记人民币 144 万元，账务应如何处理？

解答（2）：会计处理为：

借：固定资产	1 440 000	
贷：银行存款——港币		1 440 000

（其汇率差额 6 万元，在期末一并计算处理）

问题（3）：10 月 30 日结汇 550 万港币，记入民币 548 万元，应如何进行账务处理？

解答（3）：会计处理为：

借：银行存款——人民币　　5 480 000

　贷：银行存款——港币　　5 500 000×当日汇率

　　财务费用（或借记）（差额）

主题 2　关联企业借款费用如何进行账务处理？

问题：甲、乙两家企业是关联企业，2008 年甲企业投资乙企业 700 万元，拥有乙企业 100%的股份。2009 年 1 月 1 日，乙企业从甲企业借款 2 000 万元，期限为 1 年，年利率 5%。乙企业所有者权益构成及税务分析如下：1～6 月，每月实收资本 500 万元，资本公积 100 万元，未分配利润-50 万元，7～12 月，每月实收资本 600 万元，资本公积 100 万元，未分配利润 100 万元。如何进行账务处理？

解答：根据《特别纳税调整实施办法（试行）》（国税发［2009］2 号）的规定，权益投资为企业资产负债表所列示的所有者权益金额。如果所有者权益小于实收资本（股本）与资本公积之和，则权益投资为实收资本（股本）与资本公积之和；如果实收资本（股本）与资本公积之和小于实收资本（股本）金额，则权益投资为实收资本（股本）金额。税法上的权益投资大于或等于会计上的所有者权益，税法上的权益投资按照取数从大的原则处理。

1～6 月，所有者权益小于实收资本与资本公积之和，权益投资按实收资本与资本公积之和计算，则权益投资为 600 万元。

7～12 月所有者权益大于实收资本与资本公积之和，则权益投资为 800 万元。

计算各月平均权益投资 =（权益投资月初账面余额 + 月末账面余额）÷12 =（600×6 + 800×6）÷12 = 700（万元）。

各月平均关联债权投资 = 2 000 万元关联债资比例 = 年度各月平均关联债权投资之和÷年度各月平均权益投资之和 = 2 000÷700 = 2.86。

不得扣除利息支出 = 年度实际支付的全部关联方利息 ×（1 − 标准比例÷关联债资比例）= 2000 × 5% ×（1 − 2÷2.86）= 30（万元）。

《财政部、国家税务总局关于企业关联方利息支出税前扣除标准有关税收政策问题的通知》（财税［2008］121 号）第二条规定，企业的实际税负不高于境内关联方的，其实际支付给境内关联方的利息支出，在计算应纳税所得额时准予扣除。

假如甲企业实际税负高于乙企业，按照《企业所得税法》第六条的规定，甲企业已经将全部利息收入按照高税负缴纳了企业所得税，本着公平税负的原则，对乙企业支付给甲企业的利息支出可以全部扣除。如果甲企业实际税负不高于乙企业，则 30 万元的利息支出不可以当年扣除，也不可以转到以后年度。

按照权责发生制原则，乙企业会计处理如下。

借：财务费用　　　　1 000 000

　贷：应付利息　　　　1 000 000

纳税调整：如果甲企业实际税负不高于乙企业，税法上允许税前扣除的利息为 70 万元，会计上列支的利息为 100 万元。按照《企业会计准则第 18 号——所得税》的规定，此 30 万元差异不属于暂时性差异，而是永久性差异，应该按照“调表不调账”的原则进行处理；如果甲企业实际税负高于乙企业，则不产生财税差异，不进行纳税调整。

对于甲企业来说，关联企业取得的利息收入属于《企业所得税法》规定的企业所得税的应税收入，要按规定缴纳企业所得税。《财政部、国家税务总局关于企业关联方利息支出税前扣除标准有关税收政策问题的通知》(财税[2008] 121 号)第四条规定，企业自关联方取得的不符合规定的利息收入，应按照有关规定缴纳企业所得税。这里说的不符合规定的利息收入包括借款方不得扣除利息支出，以及超过同期银行贷款利率的金额。

假设乙企业从甲企业借款 2 000 万元，期限为 1 年，年利率 5%，与金融企业同期同类贷款利率相同。会计处理如下：

借：银行存款　　　　1 000 000

　贷：财务费用　　　　1 000 000

假设乙企业从甲企业借款 2 000 万元，期限 1 年，年利率 5%，金融企业同期同类贷款利率为 4%。会计处理如下。

借：银行存款　　　　1 000 000

　贷：财务费用　　　　800 000

　　资本公积　　　　200 000

纳税调整：关联企业之间融资超过银行同期利率的利息收入有失公平，为防止上市公司操作利润，会计上将其计入所有者权益（资本公积），由此产生的财税差异分析属于永久性差异。

第四节　其他资金流转涉及的问题及会计处理

一、疑难问题解答

主题 1　用非货币性资产对外投资涉及哪些税务问题?

问题：某企业计划用非货币性资产对外投资，涉及哪些税务问题?

解答：用存货、固定资产、不动产、无形资产投资，对于投资方来说：

（1）在所得税处理上，均要视同销售计征所得税。按《企业所得税法实施条例》规定，企业发生非货币性资产交换，以及将货物、财产、劳务用于捐赠、偿债、赞助、集资、广告、样品、职工福利或者利润分配等用途的，应当视同销售货物、转让财产或者提供劳务，但国务院财政、税务主管部门另有规定的除外。

（2）用动产对外投资，均要视同销售计征增值税。《增值税暂行条例实施细则》规定，将自产、委托加工或购买的货物作为投资，提供给其他单位或个体经营者，视同销售货物。

（3）无形资产、不动产对外投资，涉及营业税方面，《财政部、国家税务总局关于股权转让有关营业税问题的通知》（财税［2002］191 号）规定，以无形资产、不动产投资入股，参与接受投资方利润分配，共同承担投资风险的行为，不征收营业税。涉及土地增值税方面，非房地产企业是免税的，《财政部、国家税务总局关于土地增值税一些具体问题规定的通知》（财税字［1995］48 号）规定，对于以房地产进行投资、联营的，投资、联营的一方以土地（房地产）作价入股进行投资或作为联营条件，将房地产转让到所投资、联营的企业中时，暂免征收土地增值税；房地产企业是征税的，根据《财政部、国家税务总局关于土地增值税若干问题的通知》（财税［2006］21 号）文件的规定，关于以房地产进行投资或联营的征免税问题，对于以土地（房地产）作价入股进行投资或联营的，凡所投资、联营的企业从事房地产开发的，或者房地产开发企业以其建造的商品房进行投资和联营的，均不适用《财政部、国家税务总局关于土地增值税一些具体问题规定的通知》（财税字

[1995] 48 号）第一条暂免征收土地增值税的规定。

同时，作为内资企业投资方，由于涉及流转税，还需要缴纳城建税和教育费附加。

作为受资方，主要涉及存货进项可抵扣（当然需要是一般纳税人），对于承受的不动产，还需要缴纳相关的契税。

主题 2 公允价值计量如何在会计中的运用?

问题：公允价值计量是如何在会计中运用的？

解答：

（1）金融工具项目的公允价值计量。

一是交易性金融资产。交易性金融资产的初始计量按照其取得成本作为其公允价值，与交易直接相关的交易费用作为当期损益。在资产负债表日，应分别分析交易性金融资产的类型，确定各自的公允价值，并将公允价值的变动计入当期损益。对于能从资本市场获取其公允价值的股票可以采用其市场价格作为公允价值；债券投资可采用折现法计算其公允价值。

二是持有至到期投资。持有至到期投资以“取得成本”作为其初始入账价值，其入账价值包括企业为形成该项投资所付出的现金或其他资产的公允价值，为取得该项投资所支付的交易费用也包括在其中。在资产负债表日要对该项投资进行以下调整：扣除已经偿还的本金，加上或减去初始确认金额与采用实际利率确认的到期日金额的差额进行摊销形成的累计摊销额，已经发生减值损失的要计提减值准备。除非企业经营战略发生重大变动，持有至到期的投资在回收期和回收金额上一般是固定的，因此按照这种固定的回收期和回收金额计算的摊余成本可以作为公允价值使用。

三是可供出售金融资产。可供出售金融资产是指初始确认时即被指定为可供出售的非衍生金融资产，以及其他三类金融资产以外的金融资产。可供出售金融资产初始计量时应按取得时的价值作为公允价值计量，相关的交易费用也要计入初始入账金额。资产负债表日可参照交易性金融资产确定各项资产的公允价值进行后续计量，但公允价值的变动要计入所有者权益而不是当期损益。

四是金融负债的公允价值计量。企业源生的借款和应付款项是指企业为筹集资金或推迟现金支付而形成的金融负债。在进行初始计量时，此类项目的公允价值一般就是其成本（交易费用在初始计量时计入各金融负债的成本）。在资产负债表日，由于企业源生的借款和应付款项目一般具有固定的还款金额以及确定的还本付息日期，因而可以参照持有至到期投资的计量方式用摊余成本来替代其公允价值。

（2）主要非金融工具项目的公允价值计量。

一是投资性房地产。企业在对投资性房地产进行计量时可以根据企业的实际情况做出选择，对不符合公允价值计量条件的，要采用历史成本进行计量，对可以持续获得投资性房地产的公允价值的投资性房地产项目可以采用公允价值进行计量。企业在确认投资性房地产的计量方式之后不得随意调整，已经采用公允价值计量的不得转为历史成本模式，以前不符合公允价值计量条件而现在符合的投资性房地产，可以按照转换日的公允价值作为入账价值，其公允价值小于原账面价值的差额计入当期损益，大于原账面价值的差额计入所有者权益。

二是资产减值。资产减值没有针对每项资产的具体规定，而是对企业判断资产是否减值以及如何处理计提减值准备提供了一个指导意见。在确认资产是否发生减值时仍然采用了可变现净值法，即资产的公允价值减去处置费用后的净额与资产预计未来现金流量的现值，如果其中的一项超过了资产的账面价值，就不需要计提资产的减值准备。在确定资产的可变现净值时，应根据具体情况依次采用具有法律效力的合同价格、公平交易下的市场价格、合理的估价来确定公允价值，然后计算相应的净额。

（3）非货币性资产交换中公允价值的应用。

非货币性资产交换应根据单位实际情况来选择计量模式：一种是以换出资产的账面价值确定换入资产的价值，另一种是以换出资产的公允价值或换入资产的公允价值确定换入资产的价值。非货币性资产交换同时满足两个条件时才能应用公允价值计量：一是该项交换具有商业实质；二是换入资产或换出资产的公允价值能够可靠地计量。对于符合商业实质且换入资产的公允价值能够可靠计量的换入资产按公允价值计价，并将公允价值与账面价值加支付的补价的差额确认为当期损益，而不符合商业实质或换入资产的公允价值不能够可靠计量的资产交换则不使用公允价值，也不确认损益。由此可以看出，我国对公允价值的应用是在充分考虑我国国情的基础上做出的选择。对于可以采用公允价值计量的非货币资产交换应该明确公允价值的确定原则，对于存在活跃交易市场的资产，应该以其市场价格作为公允价值的确认基础；如果资产不存在活跃市场，可以比照存在活跃市场的类似资产经过调整后确定；资产和类似资产均不存在活跃市场的，公允价值可以按照其预期产生的未来现金流量采用适当的折现率折现后确定。总之，非货币性资产交换对公允价值应用的规范有利于体现非货币资产的真实价值，对提高企业会计信息质量具有重要意义。

（4）债务重组中公允价值的应用。

为了避免部分公司通过“债务重组”与“非货币性资产交换”调整利润，新会计准则对债务重组过程中的非现金资产清偿债务、债权转作资本过程中的非现金资产的价值做了明确规定，要求必须严格按照其公允价值进行相关账务处理，并且公允价值应当能够“可靠计量”。对于债务重组利得可以计入当期损益，对于债权人豁免的部分或者全部债务，债务人可以作为利得计入当期损益。但是，债务重组是债权人与债务人的零和博弈，债务人的收益就是债权人的损失，因此，通过债务重组的方式来让债权人承受巨大的损失并不现实。债权人没有理由为增加债务人的收益而牺牲自己的经济利益，除非双方存在着关联方关系，一方愿意为另一方承担债务损失，或者为了调整整个集团企业的利润而有意为之。对此，《企业会计准则第 36 号——关联方披露》通过要求企业提供关联方公平交易的确凿证据来避免类似情况的发生，并要求对关联方交易进行详细的信息披露，以有效防止人为地在关联企业之间进行资源调度而发生偷逃税款的现象。

（5）企业合并中公允价值的应用。

企业合并根据控制对象可以分为同一控制下的企业合并和非同一控制下的企业合并，对于同一控制下的企业合并不确认相关的合并收益，对于非同一控制下的企业合并，因为双方是按照自愿原则，按照市场价格进行的交易活动，因此其交易价格可以看做双方认可的公允价值并可确认购买商誉。非同一控制下的企业合并按照购买法进行核算，首先要确认企业的合并成本，按照取得被购买方的控制权所付出的资产、发生或承担的负债以及所发行的权益性债券的公允价值确认。购买方的合并成本大于合并中取得的被购买方可辨认净资产公允价值份额的，其差额应当确认为商誉；购买方的合并成本小于合并中取得的被购买方可辨认净资产公允价值份额的，其差额应当计入当期损益。通过企业合并形成母子公司关系的企业，购买方应当编制购买日的合并资产负债表，采用公允价值对合并取得的被购买方各项可辨认资产、负债进行计量。母公司的合并成本大于取得的子公司可辨认净资产公允价值份额的，其差额在合并资产负债表中确认为商誉；母公司的合并成本小于取得的子公司可辨认净资产公允价值份额的，其差额在合并资产负债表中调整盈余公积和未分配利润。

（6）利润表中公允价值的应用。

历史成本下的收益是按照收入与费用配比原则，用一定时期的收益减去相关成本后的差额。公允价值下的收益采用的是资产负债法，就是通过对期末资产的重新估价来确定资产价值的变动额，作为当期的净收益。

在正常的交易中，交易事项确认收入的公允价值与销售合同或者协议价格是一致的。但在存在递延收款、分期支付等形式时，就要考虑到货币时间价值和风险因素的影响，如果要准确计量，需要将应收的合同或者协议价格通过折现的方式作为公允价值确认收入，由此产生的合同或者协议价格与确认金额之间的差额作为一种损失在合同或者协议期内通过实际利率法进行摊销并计入当期损益。

此外，公允价值的应用将以前年度损益调整排除在当期损益之外，将其扣税后的净额直接计入未分配利润中，编制报表时，也不在利润表中列示，而是在股东权益变动表中直接调整期初未分配项目，相应增加持有资产的利得损失。

主题 3　子公司上交母公司的费用能否扣除？

问题：母公司负责下面各个公司的融资，没有经营收入。每年向下面各个公司收取以下费用：①融资费用，按融资额的一定比例收取；②权证使用费，按投资额的一定比例收取；③管理费用：按税前利润额的一定比例收取。子公司上交总公司的这三项费用是否可以税前扣除？

解答：根据《企业所得税法》及其实施条例的规定，企业之间支付的管理费、企业内营业机构之间支付的租金和特许权使用费，以及非银行企业内营业机构之间支付的利息，不得在税前扣除。

（1）企业之间支付的管理费。

原外资税法规定，企业不得列支向其关联企业支付的管理费。本条改变了原外资税法的规定，明确规定，企业无论是接受关联方还是非关联方提供的管理或其他形式的管理服务而发生的管理费，不得在税前扣除。现行市场经营活动中，企业之间的分工日益精细化和专门化、专业化，从节约企业成本角度等考虑，对于企业的特定生产经营活动，委托其他企业或者个人来完成，较之企业自己去完成可能更为节约，所以就出现了企业之间提供管理或者其他形式的服务这种现象。企业之间支付的管理费，既有总分机构之间因总机构提供管理服务而分摊的合理管理费，也有独立法人的母子公司等集团之间提供的管理费。由于企业所得税法采取法人所得税，对总分机构之间因总机构提供管理服务而分摊的合理管理费，通过总分机构自动汇总得到解决。对属于不同独立法人的母子公司之间，确实发生提供管理服务的管理费，应按照独立企业之间公平交易原则确定管理服务的价格，作为企业正常的劳务费用进行税务处理，不得再采用分摊管理费用的方式在税前扣除，以避免重复扣除。

（2）企业内营业机构之间支付的租金和特许权使用费。

过去，内资企业基本纳税实体界定上遵循独立核算标准，将企业内部能够独立核算的营业机构或者分支机构作为独立纳税人处理，为准确反映企业不同营业机构的应纳税所得额，对内部提供管理服务、融通资金、调剂资产等内部往来活动一般需要按照独立交易原则处理，分别确认应税收入和费用。现在，由于企业内部营业机构属于企业的组成部分，不是一个对外独立的实体，根据《企业所得税法》汇总纳税的规定，应由企业总机构统一代表企业来进行汇总纳税。实践中，企业出于管理和生产经营等因素的需要，可能采取相对独立的内部营业机构管理，内部营业机构在企业内部具有相对独立的资产、经营范围等，从而使这些内部营业机构之间可能发生类似于独立企业之间进行的所谓融通资金、调剂资产和提供经营管理服务，虽然这些业务活动在不同内部营业机构之间均有某种账面记录，也区分不同内部营业机构之间的收入、支出等，但是在缴纳企业所得税时，由于它们不是独立的纳税人，需由企业汇总纳税，所以对于这些内部业务往来所产生的费用，均不计入收入和作为费用扣除。

（3）非银行企业内营业机构之间支付的利息。

与企业内营业机构之间支付的租金和特许权使用费不得扣除的理由类同，非银行企业内营业机构之间的资金拆借行为，本身是同一法人内部的交易行为，其发生的资金流动，不宜作为收入和费用体现；另外，由于企业内各营业机构不是独立的纳税人，而且企业所得税法实行法人所得税，要求同一法人的各分支机构汇总纳税，即取得利息收入的营业机构作为收入，支付利息的营业机构作为费用，汇总纳税时相互抵消，因此，在税前计入收入或者扣除没有实际意义。但是需要注意的是，这部分不得扣除的费用不包括银行企业内部营业机构之间支付的利息，这主要考虑到银行企业内部营业机构主要从事的就是资金拆借行为，其成本和费用的支出主要体现为利息，如果不允许银行企业内营业机构之间支付的利息扣除，对各银行企业内营业机构的会计账务、业绩等都无法如实准确反映，且由于实行法人汇总纳税后，准许银行企业内营业机构之间支付的利息扣除，相应获取这部分利息的银行企业内其他营业机构就将这部分利息作为收入，两者相抵，并不影响企业的应纳税总额，国家的税收利益不会受到影响。

（4）母子公司间提供服务支付的费用。

《关于母子公司间提供服务支付费用有关企业所得税处理问题的通知》（国税发［2008］86 号），就在中国境内属于不同独立法人的母子公司之间提供服务支付费用有关企业所得税处理问题规定如下。

① 母公司为其子公司（以下简称子公司）提供各种服务而发生的费用应按照独立企业之间公平交易原则确定服务的价格，作为企业正常的劳务费用进行税务处理。母子公司未按照独立企业之间的业务往来收取价款的，税务机关有权予以调整。

② 母公司向其子公司提供各项服务，双方应签订服务合同或协议，明确规定提供服务的内容、收费标准及金额等，凡按上述合同或协议规定所发生的服务费，母公司应作为营业收入申报纳税；子公司作为成本费用在税前扣除。

③ 母公司向其多个子公司提供同类项服务，其收取的服务费可以采取分项签订合同或协议收取；也可以采取服务分摊协议的方式，即由母公司与各子公司签订服务费用分摊合同或协议，以母公司为其子公司提供服务所发生的实际费用并附加一定比例利润作为向子公司收取的总服务费，在各服务受益子公司（包括盈利企业、亏损企业和享受减免税企业）之间按《企业所得税法》第四十一条第二款规定合理分摊。

④ 母公司以管理费形式向子公司提取费用，子公司因此支付给母公司的管理费，不得在税前扣除。

⑤ 子公司申报税前扣除向母公司支付的服务费用，应向主管税务机关提供与母公司签订的服务合同或者协议等与税前扣除该项费用相关的材料。不能提供相关材料的，支付的服务费用不得税前扣除。

二、会计处理方法

主题 1 用非货币资产投资如何进行财税处理？

问题：某公司用固定资产和存货等投资成立全资子公司。如何进行账务处理？

解答：（1）将固定资产转入清理。

借：固定资产清理

　　固定资产减值准备

　　累计折旧

　贷：固定资产

（2）投资时。

借：长期股权投资

　　营业外支出（固定资产公允价值小于账面价值时）

　贷：固定资产清理

　　　营业外收入（固定资产公允价值大于账面价值时）

　　　主营业务收入（库存商品的销售收入）

　　　应交税费——应交增值税（销项税额）

　　　　（包括库存商品的销项税及固定资产动产的销项税）

借：主营业务成本

　贷：库存商品

主题 2 自用房转换为投资性房地产如何记账？

问题：企业将自用房地产转换为采用公允价值模式计量的投资性房地产。如何进行会计处理？

解答：会计处理如下。

按该项土地使用权或建筑物在转换日的公允价值，借记“投资性房地产（成本）”科目；按已计提的累计摊销或累计折旧，借记“累计摊销”或“累计折旧”科目；原已计提减值准备的，借记“无形资产减值准备”、“固定资产减值准备”科目；按其账面余额，贷记“固定资产”或“无形资产”科目。同时，转换日的公允价值小于账面价值的，按其差额，借记“公允价值变动损益”科目；转换日的公允价值大于账面价值的，按其差额，贷记“资本公积——其他资本公积”科目。待该项投资性房地产处置时，因转换计入资本公积的部分应转入当期损益。

例 7-4 2007 年 6 月，甲企业打算搬迁至新建办公楼，由于原办公楼处于商业繁华地段，甲企业准备将其出租，以赚取租金收入。2007 年 10 月 30 日，甲企业完成了搬迁工作，原办公楼停止自用。2007 年 12 月，甲企业与乙企业签订租赁协议，将其原办公楼租赁给乙企业使用，租赁期开始日为 2008 年 1 月 1 日，租赁期限为 3 年。2008 年 1 月 1 日，该办公楼的公允价值为 35 000 万元，其原价为 50 000 万元，已计提折旧 14 250 万元；假设甲企业对投资性房地产采用公允价值模式计量。甲企业的账务处理如下。

甲企业应当于租赁期开始日（2008 年 1 月 1 日）将自用房地产转换为投资性房地产。

借：投资性房地产——成本　　350 000 000
　　公允价值变动损益　　7 500 000
　　累计折旧　　142 500 000
　贷：固定资产　　500 000 000

主题 3　被投资方会计利润调整的分析

问题：在长期股权投资中，经常会遇到投资方确认投资收益前调整被投资方会计利润的问题。如何分析这种调整？

解答：根据前提条件不同，这种调整主要可以划分为两种情况。

（1）顺逆流交易。

投资企业与联营企业及合营企业之间发生的未实现内部交易损益，应当予以抵消，在此基础上确认投资损益。

该未实现内部交易损益的抵消既包括顺流交易下的抵消，也包括逆流交易下的抵消。其中，顺流交易是指投资企业向其联营企业或合营企业出售资产；逆流交易是指联营企业或合营企业向投资企业出售资产。当该未实现内部交易损益体现在投资企业或其联营企业、合营企业持有的资产账面价值中时，相关的损益在计算确认投资损益时应予抵消。

① 对于投资企业向联营企业或合营企业出售资产的顺流交易，在该交易存在未实现内部交易损益的情况下（有关资产未对外部独立第三方出售），投资企业在采用权益法计算确认应享有联营企业或合营企业的投资损益时，应

抵消该未实现内部交易损益的影响，同时调整对联营企业或合营企业长期股权投资的账面价值。即在顺流交易中，投资方投出资产或出售资产给其联营企业或合营企业产生的损益中，按照持股比例计算确定归属于本企业的部分不予确认。

例 7-5 甲公司持有乙公司 20%有表决权的股份，能够对乙公司生产经营决策施加重大影响。2009 年，甲公司将其账面价值为 600 万元的商品以 1 000 万元的价格出售给乙公司。至 2009 年资产负债表日，该批商品尚未对外部第三方出售。假定甲公司取得该项投资时，乙公司各项可辨认资产、负债的公允价值与其账面价值相同， 两者在以前期间未发生过内部交易。乙公司 2009 年净利润为 2 000 万元。假定不考虑所得税因素。

甲公司在该项交易中实现利润 400 万元，其中的 80（400×20%）万元是针对本企业持有的对联营企业的权益份额，在采用权益法计算确认投资损益时应予抵消，即甲公司应进行的账务处理为：

借：长期股权投资——损益调整

［（20 000 000－4 000 000）×20%］3 200 000

贷：投资收益 3 200 000

② 对于联营企业或合营企业向投资企业出售资产的逆流交易，在该交易存在未实现内部交易损益的情况下（有关资产未对外部独立第三方出售），投资企业在采用权益法计算确认应享有联营企业或合营企业的投资损益时，应抵消该未实现内部交易损益的影响。自投资企业以其联营企业或合营企业购买资产时，在将该资产出售给外部独立第三方之前，不应确认联营企业或合营企业因该交易产生的损益中本企业应享有的部分。

例 7-6 甲公司于 2009 年 1 月取得乙公司 20%有表决权股份，能够对乙公司施加重大影响。假定甲公司取得该项投资时，乙公司各项可辨认资产、负债的公允价值与其账面价值相同。2009 年 8 月，乙公司将其成本为 600 万元的某商品以 1 000 万元的价格出售给甲公司，甲公司将取得的商品作为存货。至 2009 年资产负债日，甲公司仍未对外出售该存货。乙公司 2009 年实现净利润为 3 200 万元。假定不考虑所得税因素。

甲公司在按照权益法确认应享有乙公司 2009 年净损益时，应进行以下账务处理。

借：长期股权投资——损益调整

［（32 000 000－4 000 000）×20%］5 600 000

贷：投资收益 5 600 000

（2）投资时被投资方资产账面价值与公允价值不一致。

在长期股权投资中经常会出现投资时被投资方资产账面价值和公允价值不一致的情况。在这种情况下，投资方在确认投资收益前需要根据这两者的差异对被投资方当期会计利润的影响调整被投资方当期的会计利润。

例 7-7 甲、乙公司在 2010 年和 2011 年发生以下业务。

① 2010 年 1 月 1 日，甲公司取得了乙公司 30%的股权，能够对乙公司生产经营决策施加重大影响。当日，乙公司一项管理用无形资产的公允价值为 3 000 万元，账面价值为 2 000 万元，尚可使用年限为 10 年，预计净残值为 0，按照直线法摊销；一批商品，公允价值为 1 000 万元，账面价值为 500 万元。除此之外，乙公司其他可辨认资产、负债的公允价值等于其账面价值。至 2010 年年末，该批 B 商品已对外售出 30%。

② 2010 年 6 月 1 日，甲公司将一批成本为 3 000 万元的 C 产品以 3 500 万元的售价出售给乙公司。后者将其作为库存商品核算，并于本年 9 月将其中的 60%按加成 5%的毛利率后对外售出，其余部分至年末未售出。

③ 2010 年度，乙公司实现净利润 4 500 万元。

④ 2011 年 6 月，甲公司以 2 600 万元的价格从乙公司购入其生产的一台设备，成本为 2 000 万元。甲公司将购入的设备作为管理用固定资产，已于购入当月投入使用，并按 5 年采用直线法计提折旧，预计净残值为 0。

⑤ 2011 年度，乙公司实现净利润 5 000 万元。截至 2011 年底，乙公司 2010 年 1 月 1 日库存的 B 商品已全部对外售出；乙公司 2010 年 6 月 1 日从甲公司购入的 C 产品已全部对外售出。

A. 2010 年 12 月 31 日，甲公司确认的投资收益：经调整后，乙公司 2010 年度的净利润 = 4 500 −（3 000 − 2 000）÷10 −（1 000 − 500）× 30% −（3 500 − 3 000）×（1 − 60%）= 4 050（万元）

借：长期股权投资——损益调整　　（4 050 万元 × 30%）12 150 000

　贷：投资收益　　12 150 000

分析：按照公允价值计算，无形资产年摊销额是 3 000/10 万元，按照账面价值计算，无形资产年摊销额是 2 000/10 万元，所以，按投资方的会计政策，被投资方的会计利润需要调减（3 000 − 2 000）/10 万元；对于商品，按照公允价值核算其销售成本为 1 000 × 30%万元，按照账面价值核算其销售成本为 500 × 30%万元，所以，按投资方的会计政策，被投资方的会计利润需要调减（1 000 − 500）× 30%万元；当年内部顺流交易利润（3 500 − 3 000）万元，当期售出60%，未实现内部交易利润为（3 500－3 000）×（1－60%）万元，调减被投资方会计利润。

B. 2012年12月31日，甲公司确认的投资收益：经调整后，乙公司2012年度的净利润＝5 000－（3 000－2 000）÷10－（1 000－500）×70%＋（3 500－3 000）×（1－60%）－［（2 600－2 000）－（2 600－2 000）÷5×（6/12）］＝4 210（万元）

借：长期股权投资——损益调整　　（4 210万元×30%）12 630 000

　贷：投资收益　　12 630 000

分析：无形资产年摊销额的调整额是（3 000－2 000）/10万元；对于商品，按照公允价值核算其销售成本为1 000×70%万元，按照账面价值核算其销售成本为500×70%万元，所以按投资方的会计政策，被投资方的会计利润需要调减（1 000－500）×70%万元；前期未实现内部交易利润（3 500－3 000）×（1－60%）万元在本期对外实现，要反向调增被投资方会计利润；当年逆流交易产生的未实现内部交易利润为（2 600－2 000）－（2 600－2 000）/5×（6/12）万元，需要调减被投资方会计利润，其中的（2 600－2 000）/5×（6/12）万元代表当年通过折旧实现的内部交易利润。

主题4　取得交易性金融资产如何记账？

问题：某企业取得交易性金融资产，应如何进行会计处理？

解答：企业取得交易性金融资产，应当按照交易性金融资产取得时的公允价值作为其初始确认金额，计入"交易性金融资产——成本"科目。

取得交易性金融资产所支付的价款中如果包含已宣告但尚未发放的现金股利或已到付息期但尚未领取的债券利息，应当单独确认为应收项目，计入"应收股利"或"应收利息"科目。

取得交易性金融资产所发生的相关交易费用（包括支付给代理机构、咨询公司、券商的手续费、佣金等）应当在发生时计入投资收益。

例7-8　2009年3月20日，甲公司委托某证券公司从上海证券交易所购买A上市公司股票100万股，并将其划分为交易性金融资产。该笔股票在购买时公允价值1 000万元。A公司未宣告发放现金股利，在购买股票时另支付相关交易费用2.5万元。

甲公司账务处理如下。

（1）2009 年 3 月 20 日，购买 A 公司股票时。

借：交易性金融资产——成本　　10 000 000

　贷：其他货币资金——存出投资款　　10 000 000

（2）支付相关交易费用时。

借：投资收益　　25 000

　贷：其他货币资金——存出投资款　　25 000

主题 5　交易性金融资产的现金股利和利息如何记账?

问题：某企业持有交易性金融资产。对于被投资单位宣告发放的现金股利和在资产负债表日分期付息、到期一次还本的债券投资分期计算出的利息收入，是否应确认为投资收益?

解答：应确认为投资收益。

例 7-9　2008 年 1 月 8 日，甲公司用银行存款购入丙公司 2007 年 7 月 1 日发行的面值为 250 万元、票面利率为 4%、按年分期付息的公司债券。甲公司将其划分为交易性金融资产，支付价款 260 万元（其中包含已到付息期的债券利息 5 万元），另支付交易费用 3 万元，2008 年 2 月 5 日，甲公司收到该批债券利息 5 万元。2008 年年末确认本年的利息，2009 年 2 月 10 日，甲公司收到债券利息 10 万元。

甲公司对以上业务应做以下会计分录。

（1）2008 年 1 月 8 日，购入丙公司债券时。

借：交易性金融资产——成本　　2 550 000

　　应收利息　　50 000

　　投资收益　　30 000

　贷：银行存款　　2 630 000

（2）2008 年 2 月 5 日收到该笔债券利息时。

借：银行存款　　50 000

　贷：应收利息　　50 000

（3）2008 年 12 月 31 日，确认 2008 年债券利息时。

借：应收利息　　（2 500 000×4%）100 000

　贷：投资收益　　100 000

（4）2009 年 2 月 10 日，收到丙公司债券的利息时。

借：银行存款　　100 000

　贷：应收利息　　100 000

主题 6　处置交易性金融资产如何记账?

问题：某公司出售交易性金融资产。是否将该金融资产出售时的公允价值与账面余额之间的差额计入投资收益？是否将交易费用也计入投资收益，同时调整公允价值变动损益?

解答：处置交易性金融资产时，应按实际收到的金额，借记“银行存款”科目，按该金融资产的账面余额，贷记“交易性金融资产”科目，按其差额，贷记或借记“投资收益”科目。

例 7-10　甲企业所持丙公司债券，“交易性金融资产——成本”明细账户借方余额 250 万元，“交易性金融资产——公允价值变动”明细科目借方余额 5 万元。2008 年 1 月 15 日，甲公司出售了该批债券，售价为 258 万元。不考虑其他费用。甲公司应做以下会计处理。

借：银行存款　　2 580 000

　贷：交易性金融资产——成本　　2 500 000

　　　　——公允价值变动　　50 000

　　投资收益　　30 000

同时，按“交易性金融资产——公允价值变动”明细科目的余额，调整公允价值变动损益，会计分录如下。

借：公允价值变动损益　　50 000

　贷：投资收益　　50 000

主题 7　收支两条线的子公司与母公司往来账务如何处理?

问题：某母、子公司实行收支两条线管理。子公司和母公司之间的往来业务如何进行账务处理?

解答：母公司、子公司各为独立的法人。虽然子公司处于被母公司实际控制的地位，许多方面都要受到母公司的管理，有时甚至类似于总公司的分支机构，但法律上，子公司仍是具有法人地位的独立企业，它有自己的公司名称和公司章程，并以自己的名义进行经营活动，其财产与母公司的财产彼此独立，各有自己的资产负债表。在财产责任上，子公司和母公司也各以自己所有财产为限承担各自的财产责任，互不连带。所以，应当按照两个独立的法人主体、纳税主体来看待两个公司的往来。

（1）从子公司角度。

将收到的货款上交母公司：

借：应付账款（货款）

其他应收款（利润部分，按规定上交，在法律上属于子公司的资产）

贷：银行存款

收到母公司的经费：

借：银行存款

贷：其他应收款（冲减其他应收款）

期末子公司其他应收款的余额，实际上就是子公司当期的利润：

借：利润分配——未分配利润

贷：应付股利

借：应付股利

贷：其他应收款（将子公司当年的利润进行分配，即其他应收款科目结平）

（2）从母公司角度。

收到子公司上交的货款，从集团角度是为了完善内部资金管理，实现收支两条线，但从母公司个别财务报表的角度，收到的货款应形成母公司的负债。

借：银行存款

贷：其他应付款

给子公司拨费用时：

借：其他应付款（冲减收到的利润部分）

贷：银行存款

年末母公司“其他应付款”的余额，是收到的子公司的当期利润：

借：应收股利（子公司分配利润）

贷：投资收益

借：其他应付款

贷：应收股利

将子公司当年的利润确认为母公司的投资收益，由于之前已经收到该款项，直接将其他应付款科目结平。

主题 8　向分公司拨款如何进行账务处理？

问题：某公司在上海设立了一个分公司。从总公司拨款至分公司是算拨出经费还是投资？这种方式应如何进行账务处理？

解答：拨出经费是指行政事业单位按核定的预算拨付所属单位的预算资金，企业一般没有拨出经费的说法。总公司对分公司拨款，一般不作为投资处理，可以作为内部借款处理：

借：其他应收款

　贷：银行存款

主题 9　同一控制下企业间固定资产划拨如何进行账务处理？

问题：甲公司与乙公司同在 A 公司控制下，甲公司向乙公司划转一项价值 2 000 万元的供热管路（作为固定资产核算），现在还没确定是无偿划转还是有偿划转。不论哪种划转，是否都涉及增值税、营业税、所得税？甲公司与乙公司如何进行财税处理？

解答：不管是有偿还是无偿划拨，在税法上都视同销售处理，需要缴纳相关的税费。税务机关会确认这条供相管路是动产还是不动产，如果是不动产，则要缴纳 5%的营业税；如果是动产，若原来增值税抵扣，则要按 17%税率计算销项税，或原来增值税没有抵扣，则现在销售要按 4%税率计算并减半征收增值程（计入销项税）。

（1）甲公司账务处理如下。

① 将固定资产价值转入固定资产清理。

借：固定资产清理

　　累计折旧

　　固定资产减值准备

　贷：固定资产

② 如果是有偿划拨。

A. 收到款时：

借：银行存款

　贷：固定资产清理

B. 计提相关税金时：

借：固定资产清理

　贷：应交税费——应交营业税（或未交增值税）

C. 把固定资产清理的余额转入营业外收入或营业外支出。年末计算所得税时，营业外收入增加应税所得，营业外支出减少应税所得。

③ 如果是无偿划拨，可以作为捐赠处理。

A. 计提相关税金时：

借：固定资产清理

贷：应交税费——应交营业税（或未交增值税）

B. 把固定资产清理转入营业外支出，因为是非公益性捐赠，所以计入营业外支出的金额在汇算清缴时全部调整增加应纳税所得额。

（2）乙公司的账务处理如下。

① 有偿划拨时，如果作为动产处理且取得增值税专用发票，进项税可以抵扣，否则不允许抵扣：

借：固定资产

应交税费——应交增值税（进项税额）（不允许抵扣时无此科目）

贷：银行存款

② 无偿划拨时，如果作为动产处理且取得增值税专用发票的进项税可以抵扣，否则不允许抵扣：

借：固定资产

应交税费——应交增值税（进项税额）（不允许抵扣时无此科目）

贷：营业外收入（期末时应计入应税所得，缴纳企业所得税）

主题 10 母子公司编制合并报表如何处理抵消项目?

问题：母公司与二级企业法人的子公司编制合并报表，子公司的所有者权益是否应该抵消？应如何抵消？

解答：这种情况需要将所有者权益进行抵消，资产负债表日抵消的分录如下。

（1）如果是非同一控制下的企业合并，则：

借：股本

资本公积——年初

——本年

盈余公积——年初

——本年

未分配利润——年末（子公司）

商誉（借方差额）

贷：长期股权投资（母公司）

少数股东权益（子公司所有者权益×少数股东投资持股比例）

未分配利润——年初（合并当期为“营业外收入”）（贷方差额）

（2）如果是同一控制下的企业合并，则合并日编制合并报表时，母公司长期股权投资和子公司所有者权益抵销的分录如下。

借：股本

资本公积

盈余公积

未分配利润

商誉

贷：长期股权投资

少数股东权益

未分配利润——年初（当期“营业外收入”）

同时

借：资本公积

贷：盈余公积

未分配利润

资产负债表日抵销的分录如下。

借：股本

资本公积——年初

——本年

盈余公积——年初

——本年

未分配利润——年末（子公司）

贷：长期股权投资（母公司）

少数股东权益（子公司所有者权益×少数股东投资持股比例）

主题 11 以企业合并之外的方式取得长期股权投资如何核算?

问题：某以非企业合并的方式取得长期股权投资应该如何核算?

解答：（1）以支付现金取得的长期股权投资，应当按照实际支付的购买价款作为初始投资成本，包括购买过程中支付的手续费等必要支出，但所支付价款中包含的被投资单位已宣告但尚未发放的现金股利或利润应作为应收项目核算，不构成取得长期股权投资的成本。

例 7-11 甲公司于 2009 年 2 月 10 日自公开市场中买入乙公司 20%的股份，实际支付价款 16 000 万元。另外，在购买过程中支付手续费等相关费用 400 万元。甲公司取得该部分股权后能够对乙公司的生产经营决策施加重大影响。

甲公司应当按照实际支付的购买价款作为取得长期股权投资的成本，其账务处理为：

借：长期股权投资　　164 000 000

　贷：银行存款　　164 000 000

（2）以发行权益性证券方式取得的长期股权投资，其成本为所发行权益性证券的公允价值，但不包括应从被投资单位收取的已宣告但尚未发放的现金股利或利润。

确定发行的权益性证券的公允价值时，所发行的权益性证券存在公开市场，有明确市价可供遵循的，应以该证券的市价作为确定其公允价值的依据，同时应考虑该证券的交易量、是否存在限制性条款等因素的影响；所发行权益性证券不存在公开市场，没有明确市价可供遵循的，应考虑以被投资单位的公允价值为基础确定权益性证券的价值。

为发行权益性证券支付给有关证券承销机构等的手续费、佣金等与权益性证券发行直接相关的费用，不构成取得长期股权投资的成本。该部分费用应从权益性证券的溢价发行收入中扣除，权益性证券的溢价收入不足冲减的，应冲减盈余公积和未分配利润。

例 7-12 2009 年 3 月，A 公司通过增发 6 000 万股本公司普通股（每股面值 1 元）取得 B 公司 20%的股权，按照增发前后的平均股价计算，该 6 000 万股股份的公允价值为 10 400 万元。为增发该部分股份，A 公司向证券承销机构等支付了 400 万元的佣金和手续费。假定 A 公司取得该部分股权后能够对 B 公司的生产经营决策施加重大影响。

本例中 A 公司应当以所发行股份的公允价值作为取得长期股权投资的成本：

借：长期股权投资　　104 000 000

　贷：股本　　60 000 000

　　　资本公积——股本溢价　　44 000 000

发行权益性证券过程中支付的佣金和手续费，应冲减权益性证券的溢价发行收入：

借：资本公积——股本溢价 4 000 000

贷：银行存款 4 000 000

（3）投资者投入的长期股权投资，应当按照投资合同或协议约定的价值作为初始投资成本，但合同或协议约定的价值不公允的除外。

投资者投入的长期股权投资，是指投资者以其持有的对第三方的投资作为出资投入企业，接受投资的企业原则上应当按照投资各方在投资合同或协议中约定的价值作为取得投资的初始投资成本，但有明确证据表明合同或协议中约定的价值不公允的除外。

在确定投资者投入的长期股权投资的公允价值时，有关权益性投资存在活跃市场的，应当参照活跃市场中的市价确定其公允价值；不存在活跃市场，无法按照市场信息确定其公允价值的情况下，应当将按照一定的估值技术等合理方法确定的价值作为其公允价值。

例 7-13 A 公司设立时，其主要出资方之一甲公司以其持有的对 B 公司的长期股权投资作为出资投入 A 公司。投资各方在投资合同中约定，作为出资的该项长期股权投资作价 4 000 万元，该作价是按照 B 公司股票的市价经考虑相关调整因素后确定的。A 公司注册资本为 16 000 万元，甲公司出资占 A 公司注册资本的 20%。取得该项投资后，A 公司根据其持股比例，能够派人参与 B 公司的财务和生产经营决策。

本例中，A 公司对于投资者投入的该项长期股权投资，应进行的会计处理为：

借：长期股权投资 40 000 000

贷：实收资本 32 000 000

资本公积——资本溢价 8 000 000

（4）以债务重组、非货币性资产交换等方式取得的长期股权投资，其初始投资成本应按照《企业会计准则第 12 号——债务重组》和《企业会计准则第 7 号——非货币性资产交换》的原则确定。

（5）企业进行公司制改造，对资产、负债的账面价值按照评估价值调整的，长期股权投资应以评估价值作为改制时的认定成本。

第八章

企业其他环节的财税疑难问题与会计处理

第一节　发票涉及的问题及会计处理

一、疑难问题处理

主题1　增值税专用发票如何申请提高开票限额?

问题：某公司是2009年2月登记注册的一家贸易公司，已转为正式的一般纳税人，因公司单笔业务额度较大，现申请将现用的万元版增值税发票改版为十万元版的增值税发票，税务局对企业有什么要求？

解答：《增值税专用发票使用规定》(国税发［2006］156号)第五条明确，专用发票实行最高开票限额管理。最高开票限额是指单份专用发票开具的销售额合计数不得达到的上限额度。

最高开票限额由一般纳税人申请，税务机关依法审批，税务机关审批最高开票限额应进行实地核查。批准使用最高开票限额为10万元及以下的，由区县级税务机关派人实地核查；批准使用最高开票限额为100万元的，由地市级税务机关派人实地核查并审批；批准使用最高开票限额为1000万元及以上的，由地市级税务机关派人实地核查后将核查资料报省级税务机关审核。防伪税控系统的具体发行工作由区县级税务机关负责。

一般纳税人申请最高开票限额时，需填报《最高开票限额申请表》。

因此，只要单位销售业务扩大，单笔收入增加，原来的发票限额规定已经无法满足需要，则可以申请提高限额。

税务机构实地核查时，可以通过申请单位的销售合同、发货单、提货单等资料核实。

主题2　取得未加盖公章的发票能否报销?

问题：某公司在日常报销中，遇到同事报销的餐饮定额发票没有餐饮公司的章，但税号都是齐全的。这可以入账吗？

解答：《发票管理办法实施细则》(国家税务总局令第25号)第四条规定，发票的基本内容包括发票的名称、发票代码和号码、联次及用途、客户名称、开户银行及账号、商品名称或经营项目、计量单位、数量、单价、大小写金额、开票人、开票日期、开票单位（个人）名称（章）等。企业在经济业务中取得相关发票，必须符合上述规定才能入账报销。

因此，该公司取得定额发票也要加盖使用发票单位公章。根据所述情形，该票据为不符合规定的发票，应依照《发票管理办法》，不得作为财务报销凭证，任何单位和个人都有权拒收。

主题3 企业取得不符合规定的发票如何处理？

问题：在税收实践工作中，对于企业使用不符合规定的发票如何进行处理，各地各级税务机关的做法可谓五花八门、莫衷一是，有的直接调增应纳税所得额，作为补税罚款处理；有的允许扣除。对于企业使用不符合规定的发票到底如何处理呢？

解答：应当按照《国家税务总局关于进一步加强普通发票管理工作的通知》（国税发［2008］80号）第八条第二款规定处理。即：在日常检查中发现纳税人使用不符合规定的发票特别是没有填开付款方全称的发票，不得允许纳税人用于税前扣除、抵扣税款、出口退税和财务报销。对应开不开发票、虚开发票、制售假发票、非法代为开具发票，以及非法取得发票等违法行为，应严格按照《发票管理办法》的规定处罚；有偷逃骗税行为的，依照《中华人民共和国税收征收管理法》的有关规定处罚；情节严重触犯刑律的，移送司法机关依法处理。

下面试对上文做如下解析。

（1）不符合规定的发票不得税前扣除、抵扣税款、出口退税和财务报销，也即企业失去了企业所得税可以税前抵减的成本、费用、损失和其他支出，失去了抵扣增值税进项税款条件，失去了申请出口退还增值税、消费税条件，最为关键的是不得报销，即不得作为原始凭证纳入财务核算体系。如果企业在税务检查或纳税评估过程中被发现有不符合规定的发票，且不能重新取得，则面临着纳税调整、补征税款等一系列涉税问题。

（2）为什么发现不符合规定的发票不意味着就要纳税调整、补征税款？其一，发现不符合规定发票即行纳税调整、补征税款违反了税法公平宗旨，取得不符合规定的发票的原因有多种，有主观故意，也有客观原因，一概而论有失公平；其二，发票只是表明一项业务存在的表征，而并不代表这项业务的真实性，只以表征违规而行对真实性业务的调整、补税，显然极不合理；其三，税收在具惩戒功能之时，教育功能也不可少，发现不符合规定发票时应当允许企业限期取得发票，或提供能证明其真实性的其他合法凭据，而不宜不问青红皂白，不给企业以改正机会就做纳税调整、补征税款等。

（3）处罚要视情况而定。对应开不开发票、虚开发票、制售假发票、非法代为开具发票，以及非法取得发票等违法行为，应严格按照《发票管理办法》的规定处罚。上述诸项行为可以总结为主观故意，如果企业并非主观故意而获取了不符合规定的发票，显然就不应当按照《发票管理办法》处罚。比如 A 企业从 B 企业购进一批货物，B 企业却突然消失，而使 A 企业无法获取符合规定的发票，再比如 A 企业采购人员将购货发票遗失，这些情况均不应当予以处罚。

有偷逃骗税行为的，依照《税收征管法》的有关规定处罚，此条规定实质是体现了真实性原则，即无论企业是否取得符合规定的发票，只要业务不真实，造成偷逃骗税行为，均应按照税收征管法相关条文处罚，如果没有造成偷逃骗税行为就不能按照征管法处罚；情节严重触犯刑律的，移送司法机关依法处理，即上述应开不开发票、虚开发票、制售假发票、非法代为开具发票、非法取得发票、偷逃骗税等行为如果触犯了刑法，就应当移送公安、检察院等司法机关予以处理。

由上述三点分析，对待企业取得不符合规定的发票应当做如下处理。

（1）鉴别业务真实与否，如果业务不真实但未造成偷逃骗税后果的按《发票管理办法》处罚，如果同时造成偷逃骗税后果，在按照《发票管理办法》处罚的同时，应对照税收征管法相关条款予以处罚，涉及触犯刑律的，移送司法机关处理。

（2）业务真实，但未取得符合规定发票，应当责令企业限期取得发票，同时对应开而不开具发票、虚开发票、制售假发票、非法代为开具发票、非法取得发票等行为按照《发票管理办法》处罚，如果确实不能取得发票，可以能证明业务真实性的其他合法凭据作为业务真实性发生的依据。假设不能证明业务真实性，则视同企业放弃税前扣除、抵扣税款、出口退税权益，由此而增加的税收成本由企业自行消化。

假设一个极端的例子，某税务局对采用查账征收方式的 A 建材建造有限公司进行税收检查，发现 A 公司制造建材购进的黄沙、水泥、钢材等基本上没有取得正式增值税销售发票，于是全额调增，即成本基本上得不到扣除，对 A 公司按收入额的 25%来征收企业所得税。假设收入额是 1 000 万元，则应缴纳 250 万元企业所得税。

我们再假定 A 公司是核定征收企业，核定应税所得率 10%，则应缴纳企业所得税 1 000×10%×25%=25 万元。

结果是什么？采用查账征收方式的企业，企业所得税税负居然是核定征收方式企业的 10 倍。这显然是不合理的，税务机关这种全额调增的方式也是错误的，像 A 公司这种情况，应当责令限期取得发票，如果在限期内仍不能取得发票，则应按照成本费用核算不清而采用核定征收方式，而不是调增后计算企业所得税。否则势必造成税负的剧增，违反了企业所得税的公平原则。

主题 4　对虚开发票如何处理？

问题：某单位为一般纳税人。对于购买普通发票虚开的行为，会受到何种处罚？如果只是购买，但并非从税务局购买，未虚开，会受到什么处罚？如果没有非法购买，仅虚开，又会受到什么处罚？

解答：虚开普通发票，非法购买、但非从税务局购买、未虚开，以及没有非法购买、仅虚开的行为，均违反《发票管理办法》，由税务机关责令期改正，没收非法所得，可以并处 1 万元以下的罚款。

《发票管理办法》第三十五条规定，有下列情形之一的，由税务机关责令改正，可以处 1 万元以下的罚款；有违法所得的予以没收。

（1）应当开具而未开具发票，或者未按照规定的时限、顺序、栏目，全部联次一次性开具发票，或者未加盖发票专用章的；

（2）使用税控装置开具发票，未按期向主管税务机关报送开具发票的数据的；

（3）使用非税控电子器具开具发票，未将非税控电子器具使用的软件程序说明资料报主管税务机关备案，或者未按照规定保存、报送开具发票的数据的；

（4）拆本使用发票的；

（5）扩大发票使用范围的；

（6）以其他凭证代替发票使用的；

（7）跨规定区域开具发票的；

（8）未按照规定缴销发票的；

（9）未按照规定存放和保管发票的。

第三十六条规定，跨规定的使用区域携带、邮寄、运输空白发票，以及携带、邮寄或者运输空白发票出入境的，由税务机关责令改正，可以处 1 万元以下的罚款；情节严重的，处 1 万元以上 3 万元以下的罚款；有违法所得的予以没收。丢失发票或者擅自损毁发票的，依照前款规定处罚。

第三十七条规定，违反本办法第二十二条第二款的规定虚开发票的，由税务机关没收违法所得；虚开金额在 1 万元以下的，可以并处 5 万元以下的罚款；虚开金额超过 1 万元的，并处 5 万元以上 50 万元以下的罚款；构成犯罪的，依法追究刑事责任。非法代开发票的，依照前款规定处罚。

主题 5　跨年度发票如何报销?

问题：某企业为一般纳税人。请问单位跨年度的发票可以在本年度列支吗？如 2011 年的餐费发票可以在 2012 年度报销吗？对跨年度的发票报销如何处理才符合财务规范？

解答：会计上是可以列支的，但是不能超过一年，比如，2011 年 10 月的发票在 2012 年来列支一定是不行的。按《企业所得税法实施条例》规定，企业应纳税所得额的计算，以权责发生制为原则，属于当期的收入和费用，不论款项是否收付，均作为当期的收入和费用；不属于当期的收入和费用，即使款项已经在当期收付，均不作为当期的收入和费用。本条例和国务院财政、税务主管部门另有规定的除外。因此，只能在 2011 年列支。

主题 6　“四技”发票如何处理?

问题：某企业为一般纳税人，业务涉及“四技”收入（“四技”收入是指从事技术转让、技术开发业务和与之相关的技术咨询、技术服务业务取得的收入）。四技发票在哪些地方可以使用？如购买一项设备，使用的四技收入发票是否可以入账？

解答：根据《营业税暂行条例》的规定，纳税人兼营免税、减税项目的，应当单独核算免税、减税项目的营业额；未单独核算营业额的，不得免税、减税。因此，需单独核算免征营业税的技术转让、开发的营业额。其具体指：

（1）以图纸、资料等为载体提供已有技术或开发成果的，其免税营业额为向对方收取的全部价款和价外费用。

（2）以样品、样机、设备等货物为载体提供已有技术或开发成果的，其免税营业额不包括货物的价值。对样品、样机、设备等货物应按有关规定征收增值税。转让方（或受托方）应分别反映货物的价值和技术转让、开发的价值，如果货物部分价格明显偏低，主管税务机关将按有关规定核定计税价格。也就是说，如果纳税人有意压低货物部分价格，抬高技术转让、开发的价格，将会受到调整。

（3）提供生物技术时附带提供的微生物菌种母体和动、植物新品种，其价格包括在免征营业税的营业额内。但对批量销售的微生物菌种应当征收增值税。

办理免税应携带的资料包括：营业执照、税务登记证件、经纳税人所在地省级科技主管部门审核认定同意列为“四技”免税范围的已签订的技术转让、开发的书面合同。对外籍企业和个人从境外向中国境内转让技术需要免征营业税的，还需提供技术转让或技术开发书面合同、纳税人或其授权人的书面申请，以及技术受让方所在地的省级科技主管部门审核意见证明。

办理程序：纳税人持技术转让、开发的书面合同，到纳税人所在地省级科技主管部门进行认定，填写减免税申请表格，持上述所需资料到当地省级主管税务机关办理；属外籍企业和个人的，经省级主管税务机关审核后，还需报国家税务总局批准。

综上所述，“四技”发票对应的设备可以入账，没有形成设备的应作为无形资产核算。

主题 7　发票抬头填写不全属于不符合规定的发票吗？

问题：某公司报销的发票抬头开的是简称，如顺美有限公司，对方开具的是顺美公司。这样的发票可以在税前扣除吗？

解答：《发票管理办法实施细则》第二十八条规定，单位和个人在开具发票时，必须做到按照号码顺序填开，填写项目齐全，内容真实，字迹清楚，全部联次一次打印，内容完全一致，并在发票联和抵扣联加盖发票专用章。

《国家税务总局关于进一步加强普通发票管理工作的通知》（国税发[2008]80 号）规定，在日常检查中发现纳税人使用不符合规定发票特别是没有填开付款方全称的发票，不得允许纳税人用于税前扣除、抵扣税款、出口退税和财务报销。

所以该公司取得的发票属于上述不能在税前扣除的情形。

主题 8 差旅费发票丢失了怎么办?

问题：某单位部分人员外出参加培训或出差期间将培训发票或火车票因各种原因丢失，因开票方不可能再为其提供发票而无法办理报销。应该如何处理？

解答：根据《会计基础工作规范》第五十五条的规定，从外单位取得的原始凭证如有遗失，应当取得原开出单位盖有公章的证明，并注明原来凭证的号码、金额和内容等，由经办单位会计机构负责人、会计主管人员和单位领导人批准后，才能代作原始凭证。如果确实无法取得证明的，如火车、轮船、飞机票等凭证，由当事人写出详细情况，由经办单位会计机构负责人、会计主管人员和单位领导人批准后，代作原始凭证。

所以，该单位应该根据上述文件两种不同情况分别处理。

主题 9 丢失增值税普通发票怎么办?

问题：某公司的一家子公司在某年 8 月 16 日给一位客户开具了金额为 394.5 万元的增值税普通发票，后又于 8 月 19 日开具了金额为 105 万元的增值税普通发票。客户由于名称变更要求重新开发票，公司又于收到对方退回的原发票的当天开具了新的发票，金额为 499.5 万元。由于当时客户不愿意支付货款，故公司的销售人员计划待对方有付款意向时再提供发票，但由于其保存不当，大约在半年后将发票遗失。现在开具发票的子公司已经注销，债权债务已经转让给总公司，总公司应当如何来处理这件事？增值税普通票丢失，是否与增值税专用发票的规定是一致的？公司是否会受到处罚？

解答:《发票管理办法》第三十五条规定了违反发票管理法规的行为，包括：

（1）应当开具而未开具发票，或者未按照规定的时限、顺序、栏目，全部联次一次性开具发票，或者未加盖发票专用章的；

（2）使用税控装置开具发票，未按期向主管税务机关报送开具发票的数据的；

（3）使用非税控电子器具开具发票，未将非税控电子器具使用的软件程序说明资料报主管税务机关备案，或者未按照规定保存、报送开具发票的数据的；

（4）拆本使用发票的；

（5）扩大发票使用范围的；

（6）以其他凭证代替发票使用的；

（7）跨规定区域开具发票的；

（8）未按照规定缴销发票的；

（9）未按照规定存放和保管发票的。

对有上述行为之一的单位和个人，由税务机关责令限制改正，没收非法所得，可以并处 1 万元以下的罚款。

对于丢失增值税普通发票，该公司的情形是开具了发票，但是未转交，然后丢失。从上述陈述信息看，税务机关无法准确确定该发票的具体去向和用途，税务机关可以按照上述的（九）对该单位进行处罚。

建议及时向税务机关说明情形，以寻求较轻的处罚。

除此外，财务人员应当提高自身素质，严格按照《发票管理办法》操作，将各种可能存在的发票违法行为消灭在萌芽状态中，以减少可能的损失。

主题 10　转开增值税专用发票行为是否违法？

问题：某企业 A 是以批发及零售为主的商业企业，与该企业常年往来的个人客户 B，购货时以现金方式支付，同时，B 要求 A 提供发票，B 将从 C 企业取得的支票交给 A，让 A 将发票开给没有购销业务的 C。这种情况下是否可以开具增值税专用发票？如果开了，属于违法行为还是违规行为？税务部门能否查到？

解答：《中华人民共和国刑法》第二百零五条规定，虚开增值税专用发票或者虚开用于骗取出口退税、抵扣税款的其他发票的，处 3 年以下有期徒刑或者拘役，并处 2 万元以上 20 万元以下罚金；虚开的税款数额较大或者有其他严重情节的，处 3 年以上 10 年以下有期徒刑，并处 5 万元以上 50 万元以下罚金；虚开的税款数额巨大或者有其他特别严重情节的，处 10 年以上有期徒刑或者无期徒刑，并处 5 万元以上 50 万元以下罚金或者没收财产。

虚开增值税专用发票或者虚开用于骗取出口退税、抵扣税款的其他发票，是指有为他人虚开、为自己虚开、让他人为自己虚开、介绍他人虚开行为之一的。

一般认为“虚开”包含两层含义：一是行为在没有任何实际商品交易的情况下，凭空真开货名、数量、价款和销项税款等商品交易的内容；二是行为人在有一定商品交易的情况下，在填开发票时随意改变货名，虚增数量、价款和销项税款等。

从上述分析可知，对于A企业来说，给没有交易关系的C开具发票，属于为他人虚开，已经构成虚开增值税专用发票罪，这是违法行为。这些行为均是国家打击的重点，有非常大的风险，切莫触及。

主题11　增值税进项税票超过抵扣期限如何处理？

问题：某企业为一般纳税人，如果该企业在收到增值税进项税票时已超过180天认证期，或收到后忘记抵扣，发现时已过180天认证期，这时该怎么办？如果是货物发票，可以去税务局申请开具红字增值税专用发票申请单，让对方开红票后，重新开蓝票吗？如果是运输发票，又该怎么办？

解答：对于上述超过180天的情况，现在控制得非常严格，是没有办法操作开具红字专用发票的。运费也使用税控发票，所以也没有办法操作。

主题12　发票是所得税税前扣除的前提条件吗？

问题：某企业为一般纳税人。如果没有取得发票，就不允许税前扣除吗？是否只要取得发票，就可以税前扣除？

解答：目前，我国对发票出台了一系列基本规定和特殊规定。实践中，需要根据业务性质，区分不同的发票和税种进行开具和取得。否则，就有可能违反规定而被处以罚款，或者导致所得税税前不能扣除而多缴所得税。

依据现行税法精神，企业超出税前扣除范围、超过税前扣除标准或者不能提供真实、合法、有效凭据的支出，一律不得税前扣除。

《国家税务总局关于进一步加强普通发票管理工作的通知》（国税发[2008]80号）规定，在日常检查中发现纳税人使用不符合规定发票特别是没有填开付款方全称的发票，不得允许纳税人用于税前扣除、抵扣税款、出口退税和财务报销。

从上述规定看，对外交易取得发票是税前扣除的基本依据，没有合规、合法的发票，所得税税前不允许扣除。

在税前扣除上，还要注意特殊规定，比如，财税[2009]29号文件规定，除委托个人代理外，企业以现金等非转账方式支付的手续费及佣金不得在税前扣除；企业为发行权益性证券支付给有关证券承销机构的手续费及佣金不得在税前扣除。即对于税法有特殊规定的，即使取得发票，也要按税法规定进行扣除。税法规定扣除有限额的，此时不能按发票金额进行扣除，而应该按税法规定来扣除；要求必须通过银行转账的，只有符合了该条件才能扣除。

主题 13　如何鉴别发票的真伪？

问题：某企业财务经常收到假发票，如何鉴别发票真伪？

解答：现在没有提供鉴别发票真假的单位，税务机构也不提供这种服务。只能从几个方面去判断。

（1）对于普通发票。

① 看水印：普通发票联发票采用专用水印纸印刷，水印图案为菱形，中间标有 SW 字样，发票联不加印底纹。

② 看颜色：发票监制章和发票号码采用有色荧光油墨套印，印色为大红色，在紫外线灯下呈橘红色。部分省（市）税务机关还用无色荧光油墨在发票联加了防伪暗记，在紫外线照射下呈绿色荧光反应。

③ 看公章：普通发票必须套印全国统一发票监制章，“发票监制章”为椭圆形，长轴为 3 厘米，短轴为 2 厘米，边宽为 0.1 厘米，内环加刻一细线，上环刻制“全国统一发票监制章”字样，下环刻制“国家税务局监制”或“地方税务局监制”字样，中间分别刻制“××省××市”或“××省××县”字样。“发票监制章”环内字样均为楷体。

（2）对于增值税专用发票，应同时印有如下三项防伪标记，缺一不可。

① 水印防伪图案。专用发票发票联（第二联）和抵扣联（第三联）使用带防伪图案的水印专用纸印制，如将发票联和抵扣联背面对光检查，可以看见水印防伪图案。每组图案外边是由四个边长为 33mm，宽为 25mm 的标准税徽图案组成的环珙，中间为正反”税”字拼音字母 SHUI，左右两组图案连环构成整体画面。

② 红色莹光防伪标记。专用发票发票联（第二联）和抵扣联（第三联）使用红色莹光油墨印全国统一发票监制章。用专用发票鉴别仪检查发票联和抵扣联，可以看见红色的全国统一发票监制章。“全国统一发票监制章”形状为椭圆形，规格长轴为 3 厘米，短轴为 2 厘米，边宽为 0.1 厘米，内环加细线。上环刻制“全国统一发票监制章”字样，下环刻制“税务局监制”字样，中间刻制监制税务机关所在地省（市、区）、市（县）的全称或简称，字体为正楷，印色为大红色。

③ 无色莹光防伪标记。专用发票发票联（第二联）和抵扣联（第三联）使用无色莹光油墨套印“国家税务总局监制”字样和相应的团花图案。只有用专用发票鉴别仪检查，才可以看见这一防伪标记。

第二节　其他项目涉及的问题及会计处理

一、疑难问题解答

主题 1　如何处理代扣个税的手续费？

问题：单位代扣个税，税务局会按年退还给代扣代缴企业 2%的手续费，而且是企业申请就有，没有申请就没有。这是真的吗？是哪个文件规定的？现在还适用吗？退回的手续费是作为营业外收入吗？可以在企业所得税前抵扣吗？

解答：不是退还，是给单位代扣代缴的劳务费。《个人所得税法》第十一条明确规定，对扣缴义务人按照所扣缴的税款，付给 2%的手续费。

该部分收入是企业因为提供代扣劳务而取得的，由于不是企业的日常生产经营项目，所以，会计上计入营业外收入科目比较合适，所得税上，应该征收企业所得税，不是抵扣。

主题 2　个人进行公益捐赠怎样扣除个税？

问题：某公司一名普通员工通过李连杰的壹基金向青海省玉树藏族自治州玉树县地震灾区捐款 1 000 元。有关的个税扣除政策是怎样的？如何扣除？

解答：根据《个人所得税法》及其实施条例规定，纳税人将其所得通过中国境内的社会团体、国家机关向教育或其他社会公益事业以及遭受严重自然灾害地区、贫困地区的捐赠，捐赠额未超过纳税人申报的应纳税所得额 30%的部分，可以从其应纳税所得额中扣除。

$$捐赠扣除限额=应纳税所得额\times30\%$$

如果实际捐赠额大于捐赠扣除限额时，只能按捐赠扣除限额扣除；如果实际捐赠额小于或者等于捐赠扣除限额，则按照实际捐赠额扣除。

在扣除实际捐扣除赠额（或捐赠扣除限额）情形下，应纳税额的计算公式为：

应纳税额=（应纳税所得额-允许扣除的捐赠额）×适用税率-速算扣除数

李连杰的壹基金是合法的社会公益组织，通过该组织向玉树灾区捐赠，会取得合法的捐赠收据，单位可以在下月发工资时根据员工提供的捐赠收据，进行个税的公益扣除。

主题 3　房产装修是否涉及房产税？

问题：某公司进行房屋装修，房屋装修费用计入固定资产——房屋（装修）科目，请问，这部分价值在计算房产税时是否也要缴税？

解答：根据《国家税务总局关于进一步明确房屋附属设备和配套设施计征房产税有关问题的通知》（国税发［2005］173 号）的规定，为了维持和增加房屋的使用功能或使房屋满足设计要求，凡以房屋为载体，不可随意移动的附属设备和配套设施，如给排水、采暖、消防、中央空调、电气及智能化楼宇设备等，无论在会计核算中是否单独记账与核算，都应计入房产原值，计征房产税。对于更换房屋附属设备和配套设施的，在将其价值计入房产原值时，可扣减原来相应设备和设施的价值；对附属设备和配套设施中易损坏、需要经常更换的零配件，更新后不再计入房产原值。如果该公司在房屋装修过程中更换了上述文件列明的房屋附属设施和配套设施，则无论会计上如何核算，都要并入房产原值缴纳房产税。

如果房屋装修过程中不涉及上述列明的房屋附属设施和配套设施的更换，仅是装饰性的普通装修，根据《财政部、国家税务总局关于房产税、城镇土地使用税有关问题的通知》（财税［2008］152 号）的规定，房屋原价应根据国家有关会计制度规定进行核算，对纳税人未按国家会计制度规定核算并记载的，应按规定予以调整或重新评估。根据《企业会计准则——固定资产》的规定，固定资产的更新改造、装修修理等后续支出，如果使可能流入企业的经济利益超过了原先估计，如延长了固定资产的使用寿命，或者使产品质量实质性提高、产品成本实质性降低，则应当计入固定资产账面价值；除此之外的后续支出，应当确认为当期费用。企业在核算时，应依据上述原则判断固定资产后续支出是否资本化，从而确定装修费用是否应纳入房产原值缴纳房产税。

也就是说，如果符合资本化条件的，是要缴纳房产税的。

主题 4　无租使用房屋如何缴纳房产税？

问题：甲、乙为同一个法人的关联企业，甲单位有一处房产，是房产的所有权人，乙单位没有产权，无租使用甲的房产，甲已全额缴纳房产税（按房产原值的 70%×1.2%），并且，甲乙两个单位在同一个城市的不同地区注册。现在税务部门检查认为：乙单位的一部分实际经营地在甲所有房产的座落处，两个单位签订的协议为无租使用，根据税法的相关规定，应由乙单位补缴所使用房产的房产税。这样的说法对吗？

解答：税务机关的要求是合理的，应该是乙单位即无租使用单位纳税，而不是由甲单位纳税。《财政部、国家税务总局关于调整房产税有关减免税政策的通知》（财税［2004］140 号）规定，纳税单位和个人无租使用房产管理部门、免税单位及纳税单位的房产，应由使用人代缴房产税。

甲单位已经缴纳了房产税，可按《税收征收管理法》规定申请退税，乙单位应该向税务机关补缴房产税。

主题 5　法人合伙企业如何纳税？

问题：某企业为一般纳税人，投资一个合伙企业。法人合伙企业如何纳税？

解答：在一般情况下，合伙企业大都是自然人合伙组建，但偶尔也有法人投资合伙企业的现象，自然人合伙与法人合伙，其计税方法是不一样的。

（1）自然人合伙企业，取得利润进行分配，合伙企业要按各股东分配的利润及其相应税率，计算缴纳个人所得税；

（2）法人合伙企业，取得利润进行分配，合伙企业要按各股东分配的利润及其相应的法人企业所得税税率，计算缴纳企业所得税；

（3）自然人和法人混合合伙企业，取得利润进行分配，合伙企业要分别计算各自的税款：自然人各股东按其分配的利润及其相应税率，计算缴纳个人所得税；法人各股东按其分配的利润及其企业所得税税率，计算缴纳企业所得税。

（4）合伙企业各股东所持股份如果在投资时已经约定，各股东要按所持股份应分配的利润计算缴纳个人所得税或企业所得税；如果没有约定，则按利润总分配额除以股东人数——按股东人均分配利润分别计算缴纳各个股东的个人所得税或企业所得税。在此，一个投资法人视同一个投资自然人。

以上内容的法律依据如下。

《财政部、国家税务总局关于合伙企业合伙人所得税问题的通知》（财税［2008］159 号），其对合伙企业合伙人的所得税问题通知如下：

（1）本通知所称合伙企业是指依照中国法律、行政法规成立的合伙企业。

（2）合伙企业以每一个合伙人为纳税义务人。合伙企业合伙人是自然人的，缴纳个人所得税；合伙人是法人和其他组织的，缴纳企业所得税。

（3）合伙企业生产经营所得和其他所得采取“先分后税”的原则。具体应纳税所得额的计算按照《财政部、国家税务总局关于调整个体工商户业主、个人独资企业和合伙企业自然人投资者个人所得税费用扣除标准的通知》（财税[2011]62号）的有关规定执行。

前款所称生产经营所得和其他所得，包括合伙企业分配给所有合伙人的所得和企业当年留存的所得（利润）。

（4）合伙企业的合伙人按照下列原则确定应纳税所得额：

① 合伙企业的合伙人以合伙企业的生产经营所得和其他所得，按照合伙协议约定的分配比例确定应纳税所得额。

② 合伙协议未约定或者约定不明确的，以全部生产经营所得和其他所得，按照合伙人协商决定的分配比例确定应纳税所得额。

③ 协商不成的，以全部生产经营所得和其他所得，按照合伙人实缴出资比例确定应纳税所得额。

④ 无法确定出资比例的，以全部生产经营所得和其他所得，按照合伙人数量平均计算每个合伙人的应纳税所得额。

合伙协议不得约定将全部利润分配给部分合伙人。

⑤ 合伙企业的合伙人是法人和其他组织的，合伙人在计算其缴纳企业所得税时，不得用合伙企业的亏损抵减其赢利。

⑥ 上述规定自2008年1月1日起执行。此前规定与本通知有抵触的，以本通知为准。

主题6 印花税滞纳能否在年度所得税前扣除？

问题：某企业在2011年向其他单位多次借款，没有签订借款协议，于2011年12月一并签订，企业计划计提并缴纳印花税。企业能否将此部分合同印花税在2011年计提，在2012年3月缴纳？该部分印花税可否在2011年税前列支？

解答：印花税应该在纳税义务发生时进行贴花纳税。即签订合同时应该进行印花税的缴纳。

《中华人民共和国印花税暂行条例》第五条规定，印花税实行由纳税人根据规定自行计算应纳税额，购买并一次贴足印花税票（以下简称贴花）的缴纳办法。为简化贴花手续，应纳税额较大或者贴花次数频繁的，纳税人可向税务机关提出申请，采取以缴款书代替贴花或者按期汇总缴纳的办法。第六条规定，印花税票应当黏贴在应纳税凭证上，并由纳税人在每枚税票的骑缝处盖戳注销或者画销。

财税［2004］170 号文件规定，同一种类应纳税凭证，需频繁贴花的，纳税人可以根据实际情况自行决定是否采用按期汇总缴纳印花税的方式。汇总缴纳的期限为一个月。凡采用按期汇总缴纳方式的纳税人应事先告知主管税务机关。缴纳方式一经选定，一年内不得改变。

因此，该企业应及时进行完税，而且应该在书立和领受完税凭证时贴花完税。2011 年签订合同，2012 年 3 月才纳税，构成滞纳了。

只要在本年汇算清缴前取得合法的印花税完税凭据，应该可以在税前扣除。实践中，需要咨询主管税务机关，因为各个地方政策不完全一致，一般倾向于在汇算清缴前支付取得合法凭证的，即可税前扣除。

主题 7　滞纳金如何计算?

问题：某企业 2008 年度预缴企业所得税 10 万元，汇算清缴申报应纳所得额为亏损，未办理退税。2009 年 8 月税务检查时，确认 2008 年度应交企业所得税 25 万元。计算滞纳金时是按照 25 万元还是 10 万元计算?

解答：《税收征收管理法》第三十二条规定，纳税人未按照规定期限缴纳税款的，扣缴义务人未按照规定期限解缴税款的，税务机关除责令限期缴纳外，从滞纳税款之日起，按日加收滞纳税款万分之五的滞纳金。

根据上述规定，该单位 2008 年度还应补缴 25–10=15 万元的企业所得税，滞纳金应按 15 万元计算。

主题 8　多交了城建税和教育费附加如何退?

问题：某公司属于生产企业，既有内销业务，又有出口业务。由于计算错误，多缴纳了城建税和教育费附加，年度结算时发现，可以申请退回吗?

解答：是可以申请退还城建税的，但需要注意三年的年限规定。根据《税收征收管理法》第五十一条的规定，纳税人超过应纳税额缴纳的税款，税务机关发现后应当立即退还；纳税人自结算缴纳税款之日起 3 年内发现的，可以向税务机关要求退还多缴的税款并加算银行同期存款利息，税务机关及时查实后应当立即退还；涉及从国库中退库的，依照法律、行政法规有关国库管理的规定退还。

《税收征收管理法实施细则》第八十一条中，也规定了税收征管法第五十二条所称纳税人、扣缴义务人计算错误等失误，是指非主观故意的计算公式运用错误以及明显的笔误。

由于《税收征收管理法》只规范税收，不能规范教育费附加，因此教育费附加的退还需要另外与税务机关沟通。

主题 9　企业收到返回税金是否需要缴纳企业所得税?

问题：某公司收到乡政府返还的已交税金的 10%，收款时开具的收据上的收款事由是企业扩大再生产资金。这笔资金如何进行会计处理？是否需要纳税？

解答：根据《企业所得税法》及其实施条例的相关规定，企业的下列收入为免税收入：

（1）国债利息收入。

（2）符合条件的居民企业之间的股息、红利等权益性投资收益。

（3）在中国境内设立机构、场所的非居民企业从居民企业取得与该机构、场所有实际联系的股息、红利等权益性投资收益。

上述所称符合条件的居民企业之间的股息、红利等权益性投资收益是指居民企业直接投资于其他居民企业取得的投资收益。第（2）项和第（3）项所称股息、红利等权益性投资收益，不包括连续持有居民企业公开发行并上市流通的股票不足 12 个月取得的投资收益。

（4）符合条件的非营利组织的收入。

所称符合条件的非营利组织，是指同时符合下列条件的组织：

① 依法履行非营利组织登记手续；

② 从事公益性或者非营利性活动；

③ 取得的收入除用于与该组织有关的、合理的支出外，全部用于登记核定或者章程规定的公益性或者非营利性事业；

④ 财产及其利息不用于分配；

⑤ 按照登记核定或者章程规定，该组织注销后的剩余财产用于公益性或者非营利性目的，或者由登记管理机关转赠给予该组织性质、宗旨相同的组织，并向社会公告；

⑥ 投入人对投入该组织的财产不保留或者享有任何财产权利；

⑦ 工作人员工资福利开支控制在规定的比例内，不变相分配该组织的财产。

非营利组织的认定管理办法由国务院财政、税务主管部门会同国务院有关部门制定。

所称符合条件的非营利组织的收入，不包括非营利组织从事营利性活动取得的收入，但国务院财政、税务主管部门另有规定的除外。

因此，该公司收到的财政返回税金不属于规定的免税收入，需要计征企业所得税。其会计分录如下：

借：银行存款

　贷：营业外收入

主题 10　集资建房如何纳税？

问题：某公司为重型企业，目前为解决职工住房，决定集资建房 200 套。是否需要像房产公司那样缴纳营业税？

解答：根据国税函［2005］334 号文件的规定，纳税人自建住房销售给本单位职工，属于销售不动产行为，应照章缴纳营业税。

根据《营业税暂行条例》及其实施细则的规定，“集资建房”属于有偿转让不动产所有权的行为，均应按照“销售不动产”税目征收营业税。即“集资建房”房屋建成后，凡单位为集资者办理房屋产权手续，集资者拥有全部产权或有限产权的，应按“销售不动产”税目征收营业税；凡单位不与集资者办理产权转移手续，但集资者具有永久使用权的，视同销售不动产征收营业税。而对于符合当地住房制度改革规定的，按房改成本价、标准价出售给本单位职工的集资建房，经地税机关审核后，暂免征收营业税。

主题 11　水塘是否征收土地使用税？

问题：某公司有一块土地证书写明 200 亩，其中包括水塘 90 亩。应该怎样缴纳土地使用税？

解答：土地根据不同的用途有不同的征免规定。该单位水塘是何用途？假如直接用于养殖等农业生产，是免征土地使用税的，否则，要按规定全部征收土地使用税。假如水塘不免税，则该单位税额就是本年应纳土地使用税。

根据《中华人民共和国城镇土地使用税暂行条例》第六条的规定，下列土地免缴土地使用税：

（1）国家机关、人民团体、军队自用的土地；

（2）由国家财政部门拨付事业经费的单位自用的土地；

（3）宗教寺庙、公园、名胜古迹自用的土地；

（4）市政街道、广场、绿化地带等公共用地；

（5）直接用于农、林、牧、渔业的生产用地；

（6）经批准开山填海整治的土地和改造的废弃土地从使用的月份起免缴土地使用税5年至10年；

（7）由财政部另行规定免税的能源、交通、水利设施用地和其他用地。

主题12 计算土地增值税增值额时需要注意哪些问题？

问题：某会计人员是一家公司的新任会计，由于没有从事过该行业，对于公司申报土地增值税有些不熟悉，在计算增值额时需要注意哪些问题？

解答：在具体计算增值额时，要区分以下几种情况进行处理：

（1）房地产开发企业对取得土地或房地产使用权后，未进行开发即转让的，计算其增值额时，只允许扣除取得土地使用权时支付的地价款、缴纳的有关费用，以及在转让环节缴纳的税金，不得加计扣除。这样规定的目的主要是抑制炒买炒卖地皮的行为。

（2）房地产开发企业取得土地使用权后进行房地产开发建造的，在计算其增值额时，允许扣除取得土地使用权时支付的地价款和有关费用、开发土地和新建房及配套设施的成本和规定的费用、转让房地产有关的税金，并允许加计扣除 20%。这可以使从事房地产开发的纳税人有一个基本的投资回报，以调动其从事正常房地产开发的积极性。注意加计扣除的对象只能是房地产开发企业，不适用于其他纳税人。

（3）当纳税人转让新房时，可以扣除其已缴纳的契税；如果纳税人转让的是旧房，因为在旧房及建筑物的评估价中已包括此项，在计征土地增值税时，不另作为“与转让房地产有关的税金”予以扣除。

（4）转让旧房及建筑物的，在计算其增值额时，允许扣除由税务机关参照评估价格确定的项目金额（即房屋及建筑物的重置成本价乘以成新度折扣率后价值），以及在转让时缴纳的有关税金。这主要是考虑到按原成本价作为扣除项目金额不尽合理，而采用评估的重置成本价能够相对消除通货膨胀等因素的影响，比较合理。

主题 13　耕地占用税由谁交？

问题： 某公司所用地为开发区用地。由开发区“三通一平”后交付该公司使用，征地是由开发区征的。此种情况的耕地占用税应由开发区缴纳还是该公司缴纳？

解答：《中华人民共和国耕地占用税暂行条例》（中华人民共和国国务院令第 511 号）第二条规定，本条例所称耕地是指用于种植农作物的土地。

占用耕地建房或者从事其他非农业建设的单位和个人，都是耕地占用税的纳税义务人（以下简称纳税人），应当按照本条例的规定缴纳耕地占用税。耕地占用税以纳税人实际占用的耕地面积计税，按照规定税额一次性征收。假如公司自开发区购进土地，则应该由开发区缴纳耕地占用税，公司不用缴纳；假如开发区没有缴纳，开发区只是委托其他单位进行一级开发后卖给公司，则公司要缴纳耕地占用税。

假如公司占用耕地用来从事农业生产，也可以免征耕地占用税。

由于耕地占用税属于地方税收，而且开发区具有政府职能，所以公司要和当地主管财政机关沟通，以妥善处理该问题，防止产生涉税风险。

主题 14　资本公积增加如何缴纳印花税？

问题： 某公司在做投资业务时，按照新的《企业会计准则》，将可供出售金融资产的公允价值上升或下降计入资本公积中，资产负债表日会反映在资产负债表的资本公积项下。以上资本公积的增加是否需要缴纳印花税？是按月缴纳，还是按年缴纳？

解答：《关于资金账簿印花税问题的通知》（国税发［1994］25 号）规定，生产经营单位执行“两则”后，其“记载资金的账簿”的印花税计税依据改为“实收资本”与“资本公积”两项的合计金额。

由于年度类资本公积和实收资本可能变动，即增加或减少，所以是年度终了后，即结账之后对增加的资本公积贴花。

主题 15　民族贸易企业有哪些增值税优惠条件？

问题： 某单位是云南一家少数民族贸易企业，主要是从事民族生活用品销售业务，现在需要申请享受增值税优惠政策。要具备什么条件？提交哪些资料？

解答： 国家税务总局《关于加强民族贸易企业增值税管理的通知》（国税

函［2007］1289 号）明确，享受增值税优惠政策的民族贸易企业应同时具备以下条件：

（1）能够分别核算少数民族生产生活用品和其他商品的销售额；

（2）备案前 3 个月的少数民族生产生活用品累计销售额占企业全部销售额比例（以下简称“累计销售比例”）达到规定标准；

（3）有固定的经营场所。

同时，该文件对提请日期和提交资料做出了明确规定，享受增值税优惠政策的民族贸易企业，应在每月 1～7 日内提请备案，并向主管税务机关提交以下资料：

（1）《民族贸易企业备案登记表》或《新办民族贸易企业备案登记表》；

（2）备案前 3 个月的月销售明细表（新办企业除外）；

（3）主管税务机关要求提供的其他材料。

主题 16　企业生产军用物资如何办理增值税减免手续？

问题：某公司为一家生产企业，现受托生产一批军品物资，根据有关规定可以享受免征增值税的优惠政策。如何办理免税手续？

解答：可以参见纳税人减免税申请审批（适用于增值税）流程处理。

（1）业务概述：享受减免税的纳税人，依照法律、行政法规的规定向主管税务机关提出减免税书面申请，经审核批准后享受减免税优惠。

（2）法律依据：《税收征收管理法》第三十三条、《税收征收管理法实施细则》第十八条、《国家税务总局关于印发〈税收减免管理办法（试行）〉的通知》（国税发［2005］129 号）。

（3）纳税人应提供主表、份数：《纳税人减免税申请审批表》2 份。

（4）纳税人应提供资料：税务登记证》（副本）。

（5）纳税人办理业务的时限要求：无。

（6）税务机关承诺时限：提供资料完整、填写内容准确、各项手续齐全的，自受理之日起 2 个工作日内转下一环节；本涉税事项办结时限：县、区级税务机关负责审批的减免税，必须在 20 个工作日做出审批决定；地市级税务机关负责审批的，必须在 30 个工作日内做出审批决定；省级税务机关负责审批的，必须在 60 个工作日内做出审批决定。在规定期限内不能做出决定的，经本级税务机关负责人批准，可以延长 10 个工作日，并将延长期限的理由告知纳税人。

（7）工作标准和要求。

① 受理环节。

A. 查验资料。查验纳税人出示的证件是否合法、真实、有效。

B. 审核、录入资料。包括：审核纳税人申请的减免税项目是否需要由税务机关审查后执行，不需要的，当即告知纳税人不受理；《纳税人减免税申请审批表》填写是否完整准确，印章是否齐全；审核纳税人《纳税人减免税申请审批表》填写内容与附报资料是否一致，复印件是否注明“与原件相符”字样并由纳税人签章；申请的减免税材料不齐全或者不符合法定形式的，应在 5 个工作日内一次性告知纳税人需要补正的全部内容；申请的减免税材料不详或存在错误的，应当告知并允许纳税人更正。

符合条件的，通过系统正确录入《纳税人减免税申请审批表》信息，同时制作《文书受理回执单》（CTAISV2.0 ）或《税务文书领取通知单》（CTAISV 1.1 ）交纳税人。

C. 转下一环节。审核无误后，将纳税人报送的所有资料转下一环节。

② 后续环节。接收上一环节转来的资料后，对其进行案头审核和实地调查。

A. 案头审核。主要审核以下内容：纳税人提供的有关部门颁发的认定证书或批准文书与申请的减免期限是否相符；纳税人申请的减免事项（减免方式、减免额度、减免幅度、减免期限）是否符合相关政策规定。

B. 实地调查。需要对申请材料的内容进行实地核实的，按规定程序进行实地核查，并将核查情况记录在案。

根据上述审核和调查的情况，确定审批意见，在规定的期限内做出是否准予减免税的书面决定，并自做出决定之日起 10 个工作日内将 1 份《纳税人减免税申请审批表》送达纳税人，将有关资料归档。

主题 17　遗失税务登记证件怎么办？

问题：某企业财务人员不慎将税务登记证遗失。如何处理？

解答：纳税人、扣缴义务人遗失地方税务登记证件（包括税务登记证及其副本、临时税务登记证及其副本）的，应当自遗失税务登记证件之日起 15 日内，书面报告市地税登记机关，并在报刊上做遗失声明。

所需资料包括：

（1）按要求填写《税务登记证遗失声明》刊出申报表一式三联，并加盖公章或签章；

（2）工商营业执照（其他核准执业证件或有关部门批准设立文件）副本及复印件 1 份；

（3）在税务机关认可的报刊上刊登的遗失声明 1 份或刊登发票及复印件 1 份。

主题 18　政府补助与专项应付款有什么区别?

问题：某企业为一般纳税人。新《企业会计准则》中是否取消了“专项应付款”这个科目，新《企业会计准则》中的政府补助与专项应付款有区别吗?

解答：新《企业会计准则》并未取消“专项应付款”这个科目,《企业会计准则应用指南——会计科目和主要账务处理》对“专项应付款”科目的使用说明明确，本科目核算企业取得政府作为企业所有者投入的具有专项或特定用途的款项。

《企业会计准则第 16 号——政府补助》 第二条规定明确，政府补助是指企业从政府无偿取得货币性资产或非货币性资产，但不包括政府作为企业所有者投入的资本。

由上述规定和解释可以看出，“专项应付款”属于国家拨入有指定用途的权益性资本的投入；“政府补助”属于国家对企业资产性和收益性的补贴。前者是国家以投资者身份向企业投入资本，享有企业相应的所有权，企业有义务向投资者分配利润，国家与企业之间是投资者与被投资者的关系。国家拨入的投资补助等专项拨款中，国家相关文件规定作为“资本公积”处理的，也属于资本性投入的性质。政府的资本性投入无论采用何种形式，均不属于政府补助。

对国家拨付给企业的资金，企业应当根据有关文件规定的用途确定其会计处理方法：

（1）政府给予企业的无偿资助应作为政府补助来处理。即与资产相关的政府补助以及用于补偿企业以后期间的相关费用或损失的政府补助，确认为“递延收益”，以后再按相关规定分期计入“营业外收入”科目；

（2）政府作为企业所有者投入具有专门用途的资金作为“专项应付款”核算计入“专项应付款”科目，工程项目完工所形成的长期资产部分，转入“资本公积——资本溢价”科目，未形成长期资产需要核销的部分，冲销“在建工程”等科目，需要返还的拨款结余， 通过“银行存款”上交；

（3）政府作为企业所有者投入的资本，必须按照所有者权核算的有关规定执行。

主题 19　残疾人有哪些税收优惠？

问题：某企业拟招收残疾人就业。申请残疾人福利企业有哪些方面的政策规定和要求？残疾人福利企业、残疾人又能享受到哪些税收优惠？

解答：可以参阅最新的残疾人优惠政策的文件。该文件在增值税、营业税、企业所得税和个人所得税方面都做出了具体的规定。

《关于安置残疾人员就业有关企业所得税优惠政策问题的通知》（财税[2009]70号）规定如下：

（1）企业安置残疾人员的，在按照支付给残疾职工工资据实扣除的基础上，可以在计算应纳税所得额时按照支付给残疾职工工资的100%加计扣除。

企业就支付给残疾职工的工资，在进行企业所得税预缴申报时，允许据实计算扣除；在年度终了进行企业所得税年度申报和汇算清缴时，再依照本条第一款的规定计算加计扣除。

（2）残疾人员的范围适用《中华人民共和国残疾人保障法》的有关规定。

（3）企业享受安置残疾职工工资100%加计扣除应同时具备以下条件：

① 依法与安置的每位残疾人签订了1年以上（含1年）的劳动合同或服务协议，并且安置的每位残疾人在企业实际上岗工作。

② 为安置的每位残疾人按月足额缴纳了企业所在区县人民政府根据国家政策规定的基本养老保险、基本医疗保险、失业保险和工伤保险等社会保险。

③ 定期通过银行等金融机构向安置的每位残疾人实际支付了不低于企业所在区县适用的经省级人民政府批准的最低工资标准的工资。

④ 具备安置残疾人上岗工作的基本设施。

（4）企业应在年度终了进行企业所得税年度申报和汇算清缴时，向主管税务机关报送本通知第四条规定的相关资料、已安置残疾职工名单及其《中华人民共和国残疾人证》或《中华人民共和国残疾军人证（1至8级）》复印件和主管税务机关要求提供的其他资料，办理享受企业所得税加计扣除优惠的备案手续。

主题 20　新到一家单位，会计工作从何入手？

问题：某会计人员新到一家单位工作。该从何入手呢？需要从哪些方面重点把握？

解答：这种情况下，应先了解该单位原来的会计核算原则及处理思路。然后再进一步了解该单位规模的大小，以及公司的具体业务等信息。了解这些信息之后，分析判断之前的业务核算思路和原则是否合适，如果合适，继续以后的工作，如果有不合适的地方，要考虑是否需要调整以及如何调整。

主题 21　会计工作移交要注意什么问题？

问题：某会计人员接手一家企业的会计工作。会计人员及会计负责人移交会计工作应办理什么手续及程序？都需要做哪些工作？

解答：会计交接工作的程序如下。

（1）交接前的准备工作。会计人员在办理会计工作交接前，必须做好以下准备工作。

① 已经受理的经济业务尚未填制会计凭证的应当填制完毕。

② 尚未登记的账目应当登记完毕，结出余额，并在最后一笔余额后加盖经办人印章。

③ 整理好应该移交的各项资料，对未了事项和遗留问题要写出书面说明材料。

④ 编制移交清册，列明应该移交的会计凭证、会计账簿、财务会计报告、公章、现金、有价证券、支票簿、发票、文件、其他会计资料和物品等内容；实行会计电算化的单位，从事该项工作的移交人员应在移交清册上列明会计软件及密码、会计软件数据盘、磁带等内容。

⑤ 会计机构负责人（会计主管人员）移交时应将财务会计工作、重大财务收支问题和会计人员的情况等向接替人员介绍清楚。

（2）移交点收。移交人员离职前，必须将本人经管的会计工作，在规定的期限内，全部向接管人员移交清楚，接管人员应认真按照移交清册逐项验收。具体要求是：

① 现金要根据会计账簿记录余额进行当面点交，不得短缺，接替人员发现不一致或“白条抵库”现象时，移交人员在规定期限内负责查清处理。

② 有价证券的数量要与会计账簿记录一致，有价证券面额与发行价不一致时，按照会计账簿余额交接。

③ 会计凭证、会计账簿、财务会计报告和其他会计资料必须完整无缺，不得遗漏。如有短缺，必须查清原因，并在移交清册中加以说明，由移交人负责。

④ 银行存款账户余额要与银行对账单核对相符，如有未达账项，应编制银行存款余额调节表调节相符；各种财产物资和债权债务的明细账户余额要与总账有关账户的余额核对相符；对重要实物要实地盘点，对余额较大的往来账户要与往来单位、个人核对。

⑤ 公章、收据、空白支票、发票、科目印章以及其他物品等必须交接清楚。

⑥ 实行会计电算化的单位，交接双方应在电子计算机上对有关数据进行实际操作，确认有关数字正确无误后，方可交接。

（3）专人负责监交。为了明确责任，会计人员办理工作交接时，必须有专人负责监交。通过监交，保证双方都按照国家有关规定认真办理交接手续，防止流于形式，保证会计工作不因人员变动而受影响；保证交接双方处在平等的法律地位上享有权利和承担义务，不允许任何一方以大压小，以强凌弱，或采取非法手段进行威胁。移交清册应当经过监交人员审查和签名、盖章，作为交接双方明确责任的证件。对监交的具体要求是：

① 一般会计人员办理交接手续，由会计机构负责人（会计主管人员）监交。

② 会计机构负责人（会计主管人员）办理交接手续，由单位负责人监交，必要时主管单位可以派人会同监交。

所谓必要时由主管部门派人会同监交，是指有些交接需要主管单位监交或者主管单位认为需要参与监交。通常有三种情况：

一是所属单位负责人不能监交，需要由主管单位派人代表主管单位监交。如因单位撤并而办理交接手续等。

二是所属单位负责人不能尽快监交，需要由主管单位派人督促监交。如主管单位责成所属单位撤换不合格的会计机构负责人（会计主管人员），所属单位负责人却以种种借口拖延不办交接手续时，主管单位就应派人督促会同监交等。

三是不宜由所属单位负责人单独监交，而需要主管单位会同监交。如所属单位负责人与办理交接手续的会计机构负责人（会计主管人员）有矛盾，交接时需要主管单位派人会同监交，以防止发生单位负责人借机刁难等。此外，主管单位认为交接中存在某种问题需要派人监交的，也可派人会同监交。

（4）交接后的有关事宜。

① 会计工作交接完毕后，交接双方和监交人在移交清册上签名或盖章，并应在移交清册上注明单位名称、交接日期、交接双方和监交人的职务、姓

名、移交清册页数以及需要说明的问题和意见等；

② 接管人员应继续使用移交前的账簿，不得擅自另立账户以保证会计记录前后衔接，内容完整。

③ 移交清册一般应填制一式三份，交接双方各执一份，存档一份。

（5）会计交接注意事项。

① 交接表要写清楚。看交接表上的内容与事实是否相符。

② 发票要看仔细。发票本数要与事实相符，企业账要与银行账相符，现实要和实务往来否相符，保管账要与实务相符，要清点仓库，固定资产也要盘点。

③ 有时间的话，单位往来账要核对，个人账也要核对。

总之，会计交接一定要高度重视，否则后果自负，所以不要怕麻烦。涉及会计的方方面面一定要核实清楚。前任会计交接后就没有责任了。

主题 22　错账如何查找与更正?

问题：某企业为一般纳税人。对于发生的错账如何进行查找和更正？有哪些方法?

解答：（1）错账查找的方法主要有以下几种。

① 重记或漏记账户查找。其查找方法是：首先检查总账，将记账记录的账户金额分别加总与总账核对，以确定“标准账户”。然后再与日记账进行核对，如果日记账发生重记或漏记，则其增减发生额会与总账的增减发生额不符；如果日记账发生额大于总账，说明日记账发生重记，相反则为漏记。最后还应根据总账与日记账的差额，在账簿或记账凭证中查找与此相同的数额，如果有，即为重记或漏记数。

② 记反账户方向的查找方法。

记账反账户方向指应该记到增加方的数字记入了减少方，或者相反，这种错账往往是在登账时登错了栏次造成的。由于记账方向的错误，就会使账户的一方合计数加大，另一方合计数减少，从而使变动前后双方都产生了差数。这个差数就是数字的“2”倍。因此，把这个差数用“2”除，所得的商就是记错方向的数字。

③ 单纯笔误的查找方法。

A. 数字错位的查找方法。数字错位就是把数字的位数记错，错款金额能被 9 整除，则商为记错位的数字。然后，在账内查找此数，将商放大 10 倍或缩小 10 倍。

B. 数字颠倒的查找方法。数字颠倒就是把数字中的前后两个数字书写颠倒，例如把 58 写成 85，必然使错数 27 （85–58）成为颠倒了两位数的差额，用此数除以“9”，商为“3”，就是记颠倒了两位数字的差额。

C. 写错或写掉角、分尾数的查找方法。写错或写掉角、分尾数就是在记账过程中，把带有角、分的尾数丢掉或写错，查找方法就是与原始凭证核对。

（2）错账更正的方法主要有以下几种。

① 画线更正法。如果账簿记录有错误，且尚未结账，而其所依据的收款凭证或付款凭证没有错误，应采用画线更正法。具体做法是：将错误的文字或数字画一条红色横线注销，但必须原有字迹可辨认；然后，在画线的上方用蓝字或黑字填写正确文字和数字，并由更正人员在更正处盖章，以明确责任；错误的数字，应全部画线更正，不能只划掉其中个别错别数字。

② 红字更正法。它是指记账凭证的会计科目或金额发生错误，且已入账，应用红字更正法更正。“结账”以后，错账不用划线更正法。

A. 根据收款凭证和付款凭证记账以后，发现记账凭证中的应借、应贷会计科目或记账方向有错误，但记账凭证及账簿记录的金额没有错误，应采用红字更正法。更正的方法：用红字金额填写一张与错误内容相同的记账凭证，在摘要栏内注明“冲销某月某日的某凭证的错误”；然后，再用蓝或黑字填制一张正确的记账凭证，在摘要栏内注明“订正某月某日的某凭证”；最后，根据记账凭证登记入账。

B. 根据收、付款凭证记账以后，发现记账凭证中应借应贷会计科目正确，但记账凭证与账簿记录的金额大于应记的正确金额，可将多填的金额部分，填制一张红字金额记账赁证，并在摘要栏内注明“冲销某月某日某凭证多记数”，并据以入账，以冲销原来多记的金额。

主题 23　备查簿如何登记？

问题：某企业为一般纳税人。备查账簿是用三栏账登记吗？

解答：企业可以根据需要设置各种各样的备查账，并不一定是三栏式的，如存货就可以采用数量金额式的。备查账簿的种类很多，企业常设的有：

（1）应收账款备查簿。该备查簿用于登记财务报表内（或账内） 需要说明原因的重要应收款项或表外（或账外）的应收款项。例如，对于企业债务重组，如果未来应收金额大于应收债权账面金额的，则未来应收款项在债务重组时不做账务处理，但应在备查簿进行登记。待实际收到债权时，如果实际收到的金额大于应收债权账面金额，则将其差额作为当期营业外收入处理。在企业以应收债权取得质押借款的情况下，因用于质押的应收债权相关的风险和报酬并没有发生实质性变化，所以企业应设置备查簿，详细记录质押的应收债权的账面金额、质押期限及回款情况等。对金融机构应计利息在超过规定期限（如 90 天）尚未收回的，应冲回所计利息。同时，将应收利息转账外核算，并在备查簿上登记。企业的委托贷款按期计提的利息到付息期不能收回的，应当立即停止计提利息，并冲回原来已计提的利息，同时在备查簿上登记。

（2）应收票据备查簿。该备查簿用于逐笔登记每一应收票据的种类、号数、出票日期、票面金额、票面利率、交易合同号、付款人、承兑人、背书人的姓名或单位名称、到期日、背书转让日、贴现日期、贴现率、贴现净额、未计提的利息，以及收款日期和收回金额、退票情况等资料。应收票据到期结清票款或退票后，应当在备查簿内逐笔注销。对于到期不能收回的带息应收票据转入“应收账款”科目核算后，期末不再计提利息，其所包含的利息在有关备查簿进行登记，待实际收到时再冲减收到当期的财务费用。

（3）分期收款发出商品备查簿。该备查簿用于详细记录分期收款发出商品的数量、成本、售价、代垫运杂费、已收取的货款和尚未收取的货款等有关情况。

（4）受托加工来料备查簿。该备查簿用于登记企业对外进行来料加工装配业务而收到的原材料、零件等收发结存数额。收到的物资由于所有权不属于本企业，不应包括在“原材料”科目的核算范围内。

（5）代管商品备查簿。对已经办完销售手续、但购买单位在月末尚未提取的库存商品，单独在该备查簿中逐笔登记，不再在“库存商品”科目核算。企业以集资合作方式修建的职工住房建成后，按代管资产处理，并设置备查簿予以登记。

（6）在用低值易耗品备查簿。对于在用低值易耗品以及使用部门退回仓库的低值易耗品，应当加强实物管理，在该备查簿上进行登记。对于施工企业，在用周转材料以及使用部门退回仓库的周转材料，应当对其加强实物管理，并在备查簿上进行登记。

（7）出租出借包装物备查簿。该备查簿用于登记收回已使用过的出租出借包装物。

（8）临时租入固定资产备查簿。该备查簿用于登记临时租入的固定资产的有关情况。

（9）在建工程其他支出备查簿。该备查簿用于专门登记基建项目发生的构成项目概算内容但不通过“在建工程”科目核算的其他支出，包括按照在建设项目概算内容购置的不需要安装设备、现成房屋、无形资产以及发生的递延费用等。企业在发生上述支出时，应当通过“固定资产”、“无形资产”和“长期待摊费用”科目核算，并同时在在建工程其他支出备查簿中进行登记。

（10）应付票据备查簿。该备查簿用于详细登记每一应付票据的种类、号数、签发日期、到期日、票面金额、票面利率、合同交易号、收款人姓名或单位名称、付款日期和金额等资料。应付票据到期结清时，应当在备查簿内逐笔注销。

（11）应付债券备查簿。企业发行债券时，应将待发行债券的票面金额、债券票面利率、还本期限与方式、发行总额、发行日期和编号、委托代售部门、转换股份等情况在该备查簿中进行登记。

（12）实收资本（股本）备查簿。该备查簿用于登记企业资本（股本）的变化情况。对于投资者按规定转让其出资的，企业应当于有关的转让手续办理完毕时，将出让方所转让的出资额，在资本（股本）账户的有关明细账户及各备查簿中转给受让方。企业因减资而注销股份、发还股款，以及因减资而更新股票等的变动情况，在股本账户的明细账和有关备查簿中详细记录。

（13）持有股票备查簿。企业持有股票期间获得股票股利时，不做账务处理，但应在备查簿中登记所增加的股份。

（14）股权投资未确认亏损备查簿。采用权益法核算时，企业确认被投资单位发生的净亏损，以股权投资账面价值减记至零为限。若被投资单位以后继续发生亏损，则未确认的亏损额应在备查簿上登记。

（15）发票备查簿。该备查簿详细登记增值税专用发票、普通发票领购、缴销、结存等情况。

（16）账销案存资产备查簿。为了做好企业资产评估、财产清查中核销资产的变现、保管、销毁等工作，对处置的实物资产，应建立实物台账和处置档案。对核销的应收账款，应实行债销账留，继续保持追索权，建立备查簿单独反映和监督其回收情况。

（17）其他需要设置的备查簿。

主题 24　暂时性差异如何判断和确认？

问题：某一财务人员在具体操作中对暂时性差异的判断和确认很不熟悉。请总结一下主要有哪些资产、负债会产生暂时性差异，具体如何判断？

解答：对于暂时性差异可以分为可抵扣暂时性差异和应纳税暂时性差异。具体判断是可抵扣暂时性差异还是应纳税暂时性差异，要看资产或负债的账面价值和计税基础，通常而言，资产的账面价值大于计税基础，产生的是应纳税暂时性差异，资产的账面价值小于计税基础，产生的是可抵扣暂时性差异；负债的账面价值大于计税基础，产生的是可抵扣暂时性差异，负债的账面价值小于计税基础，产生应纳税暂时性差异。在记忆时可以只记住资产的一种情况，对于其他的情况就都可以推出来了。

通常来讲，主要用到的有下面一些资产、负债的账面价值和计税基础的判断问题。

（1）固定资产。

会计：账面价值=固定资产原价－累计折旧－固定资产减值准备

税法：计税基础=固定资产原价－税收累计折旧

（2）无形资产（外购等方式取得）。

会计：账面价值=无形资产原价－累计摊销－无形资产减值准备

税法：计税基础=实际成本－税收规定的累计摊销

（3）交易性金融资产。

会计：期末按照公允价值计量，公允价值变动计入当期损益

税法：按照成本计量

（4）可供出售金融资产。

会计：期末按照公允价值计量，公允价值变动计入资本公积

税法：按照成本计量

税法上对于会计上计提的减值准备都是在实际发生的时候才能扣除，所以减值准备的计提通常会引起账面价值和计税基础的不同。

（5）负债。

对于负债的计税基础和账面价值的确认一般是比较简单的，因为一般情况下负债的计税基础和账面价值都是相等的。产生差异的事项如下。

① 预计负债。

会计：按照或有事项的规定确认预计负债

税法：视情况而定

如债务担保，税法上无论是否实际支出都是不能税前扣除的，不产生暂时性差异；而产品售后保修费用和未决诉讼等情况是可以在实际发生的时候扣除的，产生暂时性差异。

② 预收账款。

会计：账面价值——入账金额

税法：计税基础是看税法是否确认收入

③ 应付职工薪酬。

会计：账面价值——入账价值

税法：有一定的标准。因为是在发生的当期一次性扣除，所以不产生暂时性差异。

④ 其他负债。

罚款和滞纳金在发生的当期全部加回来纳税，所以是不产生暂时性差异的。

二、会计处理方法

主题 1 如何补缴个人所得税？

问题：某公司没按规定的标准代扣代缴个人所得税。能不能补缴？如果补缴这部分费用由公司负担，会计分录又该如何做？

解答：根据述的情况，可以按规定补缴个人所得税。

税法规定，在扣缴义务人未按规定代扣代缴税款的情况下，纳税义务人超过税法规定的纳税申报期限，仍未获取扣缴义务人扣缴税款凭证，又不按规定主动向税务机关办理申报收入或缴纳税款的，为隐匿收入的行为，由此造成税款的少缴或不缴，属于偷税。该公司及时进行补缴后，将会减少单位的扣缴责任和纳税人的纳税风险。

如果由企业承担税款，就应将企业负担的税费和个人实得的工资金额合并计入应纳税所得额，计算扣缴个人所得税。在账务处理上应将代员工支付的个人所得税视同于工资支出并入工资总额。

比如，员工实得的工资是 5 000 元，企业代员工缴纳的所得税为 m 元，则：

借：管理费用等科目　　5 000+m

　贷：应付职工薪酬　　5 000+m

实际支付工资时：

借：应付职工薪酬　　5 000+m

　贷：银行存款　　5 000

　　应交税费——应交个人所得税　　m

如果是补缴以前应交的个人所得税：

借：管理费用等科目　　m

　贷：应付职工薪酬　　m

实际支付税款时：

借：应付职工薪酬　　m

　贷：银行存款　　m

如果为此支付了罚金：

借：营业外支出

　贷：银行存款（或库存现金）

主题 2　企业各种税费如何进行会计处理?

问题：企业涉及的各种税费如何进行会计处理?

解答：

（1）房产税、车船税、土地使用税、矿产资源补偿费。

借：管理费用

　贷：应交税费

注：与投资性房地产有关的房产税、土地使用税，借记“营业税金及附加”，贷记“应交税费”。

（2）印花税。

在租赁谈判和签订租赁合同过程中发生的，可归属于租赁项目的手续费、律师费、差旅费、印花税等初始直接费用，计入融资租赁固定资产价值；企业购买股权投资缴纳的印花税，计入股权投资的初始投资成本；其他情况为：

借：管理费用

　贷：银行存款

（3）营业税、消费税、城市维护建设税、资源税和教育费附加：

借：营业税金及附加

　贷：应交税费

（4）契税、车辆购置税。

借：固定资产／无形资产

　贷：银行存款

（5）土地增值税。

① 一般企业转让的土地使用权连同地上建筑物及其附着物一并在“固定资产”等科目核算的，转让时应交的土地增值税：

借：固定资产清理

　贷：应交税费——应交土地增值税

② 一般企业土地使用权在“无形资产”科目核算的，转让时按实际收到的金额：

借：银行存款

　　累计摊销

　贷：无形资产

　　应交税费——应交土地增值税

　　营业外收入（或借：营业外支出）

③ 兼营房地产业务的企业，应由当期负担的土地增值税通过“其他业务成本”科目核算：

借：其他业务成本

　贷：应交税费——应交土地增值税

（6）企业按规定计算缴纳耕地占用税时：

借：在建工程

　贷：银行存款

主题 3　退税如何进行会计处理？

问题：某单位 2010 年缴纳水利建设基金（按销售收入的 1‰征收）20 万元，因为单位是农业龙头企业，符合本地税务部门减免水利基金条件，故 2011 年通过申请，得到 20 万元退税。目前单位还未收到退税款，但税务部门已经按 20×25%万元征收所得税，并扣去了相应的滞纳金。会计上应如何做账，是作为以前年度损益调整，还是当期所得税费用？由于目前并未收到这笔钱，是否应该做递延所得税处理？

解答：因为 2010 年的征收是正常的业务，退费是在 2011 年，应该作为 2011 年的退费处理。因此，应根据税收和滞纳金凭证，在收到税务局的退税通知或税票时做分录：

借：其他应收款

营业外支出（滞纳金）

应交税费——应交所得税

贷：营业外收入

借：所得税费用

贷：应交税费——应交所得税

该业务没有形成暂时性差异，不会产生递延所得税。

主题 4　预缴土地增值税如何处理？

问题：某公司兼营开发房地产，预缴的土地增值税应如何核算？

解答：预缴土地增值税时的会计处理是：

借：应交税费——应交土地增值税

贷：银行存款

主题 5　纳税检查后企业怎么调账？

问题：某企业在纳税检查后需要调账，应如何操作呢？

解答：根据国家税务总局《增值税日常稽查办法》规定，增值税一般纳税人在税务机关对其增值税纳税情况进行检查后，凡涉及增值税涉税账务调整的，应设立“应交税费——增值税检查调整”专门账户。凡检查后应调减账面进项税额或调增销项税额和进项税额转出的数额，借记有关科目，贷记本科目；凡检查后应调增账面进项税额或调减销项税额和进项税额转出的数额，借记本科目，贷记有关科目；待全部调账事项入账后，应结出本账户余额，并对该余额进行处理，处理之后，本账户无余额。

值得关注的是，按照国家税务总局《关于增值税一般纳税人发生偷税行为如何确定偷税数额和补税罚款的通知》的规定，偷税款的补征入库，应当视纳税人不同情况处理，即：根据检查核实后的纳税人当期全部的销项税额与进项税额（包括当期留抵税额），重新计算当期全部应纳税额，若应纳税额为正数，应当做补税处理，若应纳税额为负数，应当核减期末留抵税额。因此，对于该文所述，企业在 8 月少记的收入造成漏记的增值税，不管税务机关的纳税检查是在企业上年度会计决算编报之前还是之后进行，都应通过“应交税费——增值税检查调整”科目调整。该科目的余额按照以上所述的原则进行处理，不能以税务机关的纳税检查是在企业上年度会计报表决算之后进行的，作为直接补税的依据。

根据应付税款的规定，涉及企业所得税的，还应设立“所得税”科目，该科目借方反映企业根据纳税所得计算出的所得税额，贷方反映税收减免或退回的所得税额。该科目余额在借方，月末应将其借方余额转入“本年利润”科目，结转后该科目无余额。

“以前年度损益调整”科目属于损益类科目，核算企业本年度发生的调整以前年度损益的事项。其借方发生额反映企业以前年度多计收益、少计费用而调整以前年度损益的数额；贷方发生额反映企业以前年度少计收益、多计费用而调整以前年度损益的数额。在处理补或退所得税等有关项目后，企业应将“以前年度损益调整”科目的余额转入“利润分配——未分配利润”科目，结转后，该科目无余额。

例 8-1 某生产机电产品的工业企业 2011 年度 8 月售给甲厂 A 产品 200 件，售价总额为 250 000 元，成本总额为 160 000 元，企业做如下分录：

借：银行存款　　250 000

　贷：其他应付款——甲厂　　250 000

借：其他应付款——甲厂　　160 000

　贷：库存商品——A 产品　　160 000

不通过“销售收入”账户，漏缴了增值税（销项税额）42 500 元，同时也少实现企业利润 47 500 元（207 500–160 000）。

第一步：如果税务机关的纳税检查是在企业上年度决算前进行的，因上年度尚未结账，可根据正常的会计核算程序，直接调整上年度账项，应通过“主营业务收入”科目核算产品（商品）的销售收入，通过“主营业务成本”科目核算产品（商品）销售成本，同时结转产品（商品）的销售利润。

其账务调整分录如下（250 000 元应是含税售价总额，应换算为不含税售价）。

（1）计入收入。

借：银行存款　　250 000

　贷：主营业务收入——A 产品　　213 675

　　　应交税金——增值税检查调整　　（213 675×17%）36 325

（2）结转成本。

借：主营业务成本　　160 000

　贷：库存商品——A 产品　　160 000

（3）将收入和成本结转入“本年利润”科目。

借：主营业务收入　　213 675

　贷：本年利润　　213 675

借：本年利润　　160 000

　贷：主营业务成本　　160 000

（4）计算企业所得税。该笔业务实现利润为 213 675-160 000=53 675 元，应交企业所得税 53 675×25%=13 418.75 元。

借：所得税　　13 418.75

　贷：应交税费——应交所得税　　13 418.75

上交时：

借：应交税费——应交所得税　　13 418.75

　贷：银行存款　　13 418.75

（5）结转“所得税”科目。

借：本年利润　　13 418.75

　贷：所得税　　13 418.75

（6）将“本年利润”科目余额结转到“利润分配——未分配利润”科目。

借：利润分配——未分配利润　　40 256.25

　贷：本年利润　　（213 675-160 000-13 418.75）40 256.25

第二步：如果税务机关的纳税检查是在企业上年度决算后进行的，且影响上年利润的项目，由于企业上年度已结账，所有的损益账户在当期都结转至“本年利润”账户，凡涉及调整会计利润的，不能通过正常的会计核算程序对“本年利润”科目进行调整，而应通过“以前年度损益调整”科目进行调整。

（1）依该例红字冲销分录不变，调整分录如下。

借：银行存款　　250 000

　贷：以前年度损益调整　　213 675

　　　应交税费——增值税检查调整　　（213 675×17%）36 325

借：以前年度损益调整　　160 000

　贷：库存商品——A 产品　　160 000

（2）计算企业所得税。

借：以前年度损益调整　　13 418.75

　贷：应交税费——应交所得税　　13 418.75

（3）上交时。

借：应交税费——应交所得税　　13 418.75

　贷：银行存款　　13 418.75

（4）将“以前年度损益调整”科目余额结转到“利润分配——未分配利润”科目。

借：利润分配——未分配利润　　40 256.25

　贷：以前年度损益调整　　40 256.25

企业出现以前期间的重大会计差错，如果影响损益，应将其对损益的影响数调整发现当期的期初留存收益，会计报表其他相关项目的期初数也一并调整。如查出以前年度利润增加的，即企业少提了法定盈余公积金，应调整期初留存收益，借记“利润分配——未分配利润”科目，贷记“盈余公积”科目；如查出以前年度利润减少的，即企业多提了法定盈余公积金，应借记“盈余公积”科目，贷记“利润分配——未分配利润”科目。

反侵权盗版声明

举报电话：（010）88254396；（010）88258888

传　　真：（010）88254397

E-mail：　dbqq@phei.com.cn

通信地址：北京市万寿路 173 信箱

　　　　　电子工业出版社总编办公室

邮　　编：100036